Les hommes viennent de Mars, les femmes viennent de Vénus

Mars et Vénus au travail, *J'ai lu* 6872
Mars et Vénus, petits miracles au quotidien, *J'ai lu* 6930
Mars et Vénus sous la couette, *J'ai lu* 7194
Une nouvelle vie pour Mars et Vénus, *J'ai lu* 7224
Mars et Vénus, les chemins de l'harmonie, *J'ai lu* 7233
Mars et Vénus, 365 jours d'amour, *J'ai lu* 7240
Comment obtenir ce que nous désirons
et apprécier ce que nous possédons, *J'ai lu* 7253
Les enfants viennent du paradis, *J'ai lu* 7261
Mars et Vénus ensemble pour toujours, *J'ai lu* 7284
Mars et Vénus se rencontrent, *J'ai lu* 7360

JOHN GRAY

Les hommes
viennent de Mars,
Les femmes
viennent de Vénus

Traduit de l'américain
par Anne Lavedrine

Bienêtre

Titre original :
MEN ARE FROM MARS,
WOMEN ARE FROM VENUS
First published by Harper Collins, New York

Je dédie ce livre à ma femme, Bonnie Gray,
avec mon amour et ma plus profonde affection.

Son amour, sa vulnérabilité, sa sagesse et sa force
m'ont inspiré pour faire de mon mieux
et pour communiquer aux autres
ce que nous avons appris ensemble.

Sommaire

Introduction

Une semaine après la naissance de notre fille Lauren, ma femme, Bonnie, et moi étions complètement épuisés. Chaque nuit le bébé nous réveillait. Bonnie, qui avait subi une déchirure du périnée au cours de l'accouchement, devait prendre des analgésiques et avait du mal à marcher. J'ai passé un peu de temps auprès d'elle pour la soutenir puis, au bout de cinq jours, je suis retourné au bureau car elle semblait aller mieux.

Pendant mon absence, ses comprimés contre la douleur vinrent à manquer. Au lieu de m'appeler au bureau, elle demanda à l'un de mes frères, qui était venu lui rendre visite, de lui en acheter d'autres. Mais mon frère ne les lui apporta jamais. Elle dut donc s'occuper du bébé toute la journée sans aucune possibilité de soulager ses souffrances. Quand je suis rentré, ne sachant rien de sa pénible journée, je vis qu'elle était furieuse, mais j'interprétai mal sa détresse et en conclus qu'elle me reprochait de l'avoir laissée seule.

Elle me dit : « J'ai souffert toute la journée. Je n'avais plus de médicaments et je suis restée clouée au lit sans que personne s'inquiète de mon sort !

– Pourquoi ne m'as-tu pas appelé ? lui ai-je répondu, sur la défensive.

– J'ai chargé ton frère de m'en racheter, mais il n'est pas venu de la journée. Qu'est-ce que tu voulais que je fasse ? Je peux à peine marcher. Je me sens complètement abandonnée ! » me rétorqua-t-elle.

C'est alors que j'ai explosé. J'étais moi aussi à bout de patience, ce jour-là, et je ne comprenais pas qu'elle ne m'ait pas appelé. Je jugeais ses reproches injustes puisque je n'avais pas été mis au courant de la situation. Et après quelques mots acerbes, je me suis dirigé vers la porte. J'étais fatigué, irritable, et j'en avais assez ! À ce moment-là, nous avions tous les deux atteint nos limites.

C'est alors que se produisit quelque chose qui devait changer toute ma vie.

Bonnie me dit : « Arrête ! Ne me quitte pas au moment où j'ai le plus besoin de toi. Je souffre et je n'ai pas dormi depuis plusieurs jours. Je t'en prie, écoute-moi. »

Je m'arrêtai un instant pour l'écouter.

Elle me dit : « John Gray, tu n'es qu'un amant des beaux jours ! Tant que je suis ta Bonnie aimable et gentille, tu restes à mes côtés, mais dès que je vais moins bien, tu pars en claquant la porte ! »

Elle s'arrêta, les larmes aux yeux. D'une voix radoucie, elle ajouta : « En ce moment, je souffre. Je n'ai rien à donner. C'est maintenant que j'ai le plus besoin de toi. Je t'en prie, viens ici et prends-moi dans tes bras. Je ne te demande pas de parler. J'ai seulement besoin de sentir tes bras autour de moi. S'il te plaît, ne t'en va pas. »

Je m'approchai et je l'enlaçai sans rien dire. Elle pleura contre mon épaule. Après quelques minutes, elle me remercia d'être resté et me répéta qu'elle avait seulement besoin que je la serre contre moi.

C'est à cet instant que j'ai commencé à comprendre la véritable signification du mot amour – amour inconditionnel. Moi qui avais toujours cru savoir aimer, je n'avais été pour Bonnie qu'un amant des beaux jours. Elle avait raison. Tant qu'elle était heureuse et souriante, je l'aimais en retour. Mais dès que je la sentais malheureuse ou contrariée, je le prenais comme un reproche et je m'énervais, ou alors je m'éloignais d'elle.

Ce jour-là, pour la première fois, je ne partis pas. Je restai avec elle et ce fut fantastique. Je réussis à lui donner de moi-même au moment où elle en avait vraiment besoin. Je sentis que c'était là le véritable amour. Penser à l'autre. Avoir confiance en l'amour commun. Être là pour l'autre. Je m'émerveillai qu'il se révèle si facile pour moi de soutenir ma femme dès lors qu'elle m'en indiquait le moyen.

Comment avais-je pu être aveugle si longtemps ? Bonnie avait seulement besoin que j'aille vers elle et que je la prenne dans mes bras. Une autre femme aurait instinctivement deviné ce besoin, mais en tant qu'homme, je n'avais aucune idée de l'importance qu'elle accordait au fait d'être simplement enlacée et écoutée. Découvrir cette différence fondamentale entre les sexes me dévoila du même coup un tout nouveau mode de communication avec mon épouse.

Je n'aurais jamais pensé que nos conflits puissent se résoudre aussi aisément.

Dans mes précédentes relations de couple, je m'étais montré dur et indifférent dans les moments difficiles, simplement parce que je ne savais pas quoi faire d'autre. Cette attitude avait fait de mon premier mariage une expérience pénible et douloureuse. Ma dispute avec Bonnie m'a révélé que je pouvais changer ma façon de réagir en situation de crise.

Cet événement m'a inspiré pendant les sept années de recherches qui m'ont permis de découvrir et de comprendre les subtiles différences entre les hommes et les femmes, qui sont l'objet de ce livre. En apprenant de manière aussi détaillée que pratique en quoi les hommes et les femmes diffèrent, j'ai peu à peu senti qu'il n'était pas inévitable qu'un mariage se transforme en un combat de tous les instants. En prenant conscience de nos différences, Bonnie et moi avons été capables d'améliorer de manière extraordinaire notre communication et de nous aimer davantage encore.

En poursuivant la reconnaissance et l'exploration de ces différences, nous avons découvert de nouveaux moyens d'améliorer notre couple. Nous avons acquis sur les relations humaines des notions que nos parents n'ont même jamais soupçonnées, et qu'ils ne nous ont donc jamais enseignées. Et quand j'ai partagé le fruit de nos trouvailles avec les patients qui me consultaient, leurs rapports de couple se sont à leur tour enrichis. Des milliers de personnes qui ont participé à mes séminaires ont vu leur relation se transformer radicalement du jour au lendemain.

Sept ans plus tard, des célibataires et des couples continuent à me faire part de résultats bénéfiques. Je reçois des photos de couples heureux entourés de leurs enfants, accompagnées de lettres me remerciant d'avoir sauvé leur mariage. Bien que ce soit leur amour qui ait réellement sauvé ce mariage, ils auraient inévitablement divorcé s'ils n'étaient pas parvenus à acquérir cette compréhension accrue du sexe opposé.

Ainsi, Susan et Jim étaient mariés depuis neuf ans. Comme la plupart des gens, ils avaient été très amoureux, mais après des années de frustrations et de déceptions de plus en plus nombreuses, leur passion s'était éteinte et ils envisageaient de se séparer. Toutefois, avant de demander le divorce, ils décidèrent de participer à l'un de mes séminaires.

Susan n'en voyait guère l'utilité : « Nous avons tout essayé pour être heureux ensemble, mais nous sommes trop différents », me déclara-t-elle.

Pendant le séminaire, ils découvrirent avec stupéfaction que non seulement leurs différences étaient normales, mais qu'elles étaient totalement prévisibles. Apprendre que d'autres couples avaient éprouvé les mêmes difficultés de communication les réconforta. Au bout de deux jours seulement, Susan et Jim percevaient de manière entièrement nouvelle les hommes, les femmes et leurs rapports amoureux.

Leur relation s'est miraculeusement transformée. Oubliant toute idée de divorce, ils ont retrouvé le désir de passer le reste de leur vie ensemble. Jim nous a dit : « Comprendre enfin nos différences m'a rendu ma femme. C'est le plus beau cadeau de ma vie, nous sommes de nouveau amoureux ! »

Six ans plus tard, lorsqu'ils m'ont invité à venir voir leur nouvelle maison et leur famille, ils étaient toujours aussi épris. Ils m'ont remercié encore une fois de les avoir aidé à se comprendre et d'avoir sauvé leur mariage.

Certes, nous sommes presque tous d'accord sur le fait que les hommes et les femmes sont différents, mais la plupart des gens ne savent toujours pas en quoi. Ces dix dernières années, de nombreux livres ont tenté de relever le défi et de définir ces dissemblances. Malheureusement, beaucoup d'entre eux, en se cantonnant à un unique point de vue, n'ont fait que renforcer la méfiance et la rancœur entre les sexes. Ils présentent généralement l'un des sexes comme la victime de l'autre. C'est pourquoi un guide précis était nécessaire pour expliquer que tout ce qui sépare un homme d'une femme est normal.

L'amélioration des relations entre les sexes passe par une connaissance de leurs dissimilitudes, permettant d'accroître estime de soi et dignité personnelle, tout en inspirant la confiance mutuelle, la responsabilité individuelle, une coopération accrue et un plus grand amour. Après avoir interrogé plus de vingt-cinq mille participants à mes séminaires, j'ai pu définir en termes plus clairs les différences entre les hommes et les femmes. Et vous-même, au fur et à mesure que vous les découvrirez, sentirez votre rancœur et votre méfiance fondre comme neige au soleil. Ouvrir son cœur permet de pardonner plus facilement et accroît notre faculté d'aimer et d'être aimé, de soutenir et d'être soutenu.

J'espère que, fort de cette nouvelle approche, vous dépasserez les suggestions de ce livre et que vous continuerez à développer des moyens de communiquer en toute tendresse avec le sexe opposé.

Tous les principes énoncés dans notre ouvrage ont été testés et éprouvés. Au moins 90 % des plus de vingt-cinq mille individus qui ont répondu à nos questions se sont parfaitement reconnus dans les descriptions que nous leur donnions. S'il vous arrive en lisant de hocher la tête et de penser : « Oui, c'est bien de moi qu'il s'agit », vous ne serez pas le seul. Et comme tant d'autres, vous profiterez à votre tour des idées développées dans l'ouvrage.

Les hommes viennent de Mars, les femmes viennent de Vénus propose de nouvelles méthodes pour réduire les tensions dans le couple et renforcer l'amour qui l'unit. Pour cela, il faut d'abord établir de manière très détaillée les divergences entre les hommes et les femmes. La suite du livre suggère des solutions pratiques pour limiter les frustrations et les déceptions, et pour favoriser un bonheur et une intimité croissants. Une relation de couple n'est pas par nature un parcours du combattant. C'est seulement en l'absence de compréhension de part et d'autre que naissent tensions, ressentiment et conflits.

Beaucoup de gens vivent des relations amoureuses insatisfaisantes. Ils aiment leur partenaire, mais lorsqu'une crise survient, ils ne savent pas quoi faire pour améliorer les choses. En constatant combien les hommes et les femmes sont fondamentalement dissemblables, vous apprendrez à mieux communiquer avec le sexe opposé, à écouter votre partenaire et à le soutenir avec succès. Vous apprendrez à créer vous-même l'amour que vous méritez... Et au fil de ces pages, vous en viendrez peut-être à vous demander comment quiconque a pu parvenir à réussir son couple sans les avoir lues !

Les hommes viennent de Mars, les femmes viennent de Vénus est le manuel des relations de couple des années 90. Un mot clé le ponctue : différence. Il révèle comment les hommes et les femmes diffèrent dans tous les domaines de leur vie. Car non seulement les hommes et les femmes communiquent différemment, mais ils pensent, ressentent, perçoivent, réagissent, se conduisent, aiment et apprécient différemment. Pour un peu, ils sembleraient venir de planètes différentes, tant leur langage et même leurs besoins diffèrent fondamentalement.

Mieux connaître ces dissemblances aide à comprendre le sexe opposé et à s'entendre avec lui, ce qui contribue à éliminer maintes frustrations et dissipe bien des malentendus, quand cela ne les évite pas tout simplement. Admettre que son partenaire est aussi différent de soi qu'un être venu d'une autre planète rend plus facile de tenter de s'accommoder de ses spécificités et de se détendre, au lieu de résister ou d'essayer de le changer. On n'attend plus de lui l'impossible.

Plus important encore : à la lecture de cet ouvrage, vous apprendrez des techniques pratiques pour résoudre les problèmes qui découlent de ces différences. Et ce livre n'est pas seulement une analyse théorique des disparités psychologiques, mais avant tout un manuel pratique pour réussir ses relations amoureuses.

La véracité des thèses développées est tout à fait évidente. Votre expérience propre et le bon sens le plus élémentaire vous le confirmeront. De nombreux exemples exprimeront de façon simple et concise des choses que vous aurez instinctivement perçues de longue date. Tout cela vous aidera à rester vous-même et à ne pas vous perdre dans vos relations de couple.

Face à ces révélations, les hommes disent souvent : « C'est tout à fait moi. M'avez-vous suivi et observé ? J'ai l'impression d'être guéri. »

Les femmes, elles, disent généralement : « Enfin, mon mari m'écoute. Je n'ai plus besoin de me battre pour me faire reconnaître. Lorsque vous expliquez nos différences, mon mari comprend. Merci ! »

Ce ne sont là que deux exemples parmi les milliers de commentaires révélateurs que les gens nous ont faits après avoir découvert que les hommes venaient de Mars et que les femmes venaient de Vénus. Et non seulement ce nouveau programme pour comprendre le sexe opposé a des résultats spectaculaires et immédiats, mais il est efficace à long terme.

Bien entendu, le chemin qui mène à une relation amoureuse harmonieuse peut être parfois très cahoteux. Les problèmes sont inévitables. Mais autant ils peuvent être source de rancœur ou de rejet, autant ils peuvent apporter des occasions d'approfondir l'intimité et d'accroître l'amour, l'attention et la confiance. Les révélations de ce livre ne fournissent pas de « trucs rapides » pour résoudre tous les soucis. En revanche, la nouvelle approche des relations amoureuses qu'elles proposent vous permettra de vous appuyer sur votre relation de couple pour surmonter les obstacles de la vie quotidienne.

Cette prise de conscience vous apportera les outils nécessaires pour conquérir l'amour que vous méritez et pour offrir en retour à votre partenaire l'amour et le soutien dont il est digne.

Dans ce livre, il m'arrivera souvent de faire des généralisations sur les hommes et les femmes. Vous trouverez probablement certains commentaires plus vrais que d'autres. Après tout, nous sommes tous des individus uniques dotés d'une expérience unique. Parfois, dans mes séminaires, certains couples et célibataires avouent qu'ils se reconnaissent dans les exemples donnés, mais pour le sexe opposé. C'est-à-dire que l'homme se reconnaît dans les descriptions du comportement féminin et la femme dans celles du comportement masculin. C'est ce que j'appelle le renversement des rôles. S'il vous arrive de vivre un tel renversement de rôle, je vous rassure : c'est tout à fait normal.

Lorsque vous ne vous reconnaissez pas dans un comportement décrit dans ce livre, vous pouvez simplement le laisser de côté et passer à quelque chose qui vous touche davantage, ou alors pousser plus avant votre analyse. Beaucoup d'hommes nient une part de leur masculinité afin de devenir plus aimants, plus tendres. À l'inverse, certaines femmes nient leur côté féminin pour réussir dans un milieu professionnel qui valorise davantage les hommes. Si c'est votre cas, agir selon les suggestions, les stratégies et les techniques de ce livre vous permettra non seulement d'insuffler plus de passion dans votre couple, mais aussi d'apprendre à mieux équilibrer le versant masculin et le versant féminin de votre personnalité.

Dans ce livre, je ne traite pas directement de ce « pourquoi » les hommes et les femmes sont différents. C'est là une question complexe appelant une foule de réponses, liées aux différences biologiques aussi bien qu'à l'influence parentale, à l'éducation, au rang de naissance au sein de la famille ou au conditionnement culturel inculqué par la société, les médias et l'histoire. (Toutes ces questions sont explorées en profondeur dans mon livre Les hommes, les femmes et leurs relations : faire la paix avec l'autre sexe.)

Les bienfaits des découvertes mises au jour dans ces pages sont immédiatement accessibles. Cependant la lecture de ce livre ne dispense pas les personnes issues de milieux familiaux difficiles de suivre des consultations et une thérapie de couple.

Même des individus « normaux » peuvent devoir recourir à des consultations ou à une thérapie dans une période particulièrement délicate. Je crois fermement aux bienfaits progressifs et déterminants que peuvent induire une thérapie individuelle ou de groupe et des conseils matrimoniaux.

Pourtant, j'ai très souvent entendu des personnes déclarer que cette nouvelle approche des relations de couple leur avait été plus profitable que de longues années de thérapie. Je crois pour ma part que leur thérapie avait créé une base pour leurs nouvelles connaissances, qui leur a permis de les mettre en pratique rapidement et avec succès dans leur vie de tous les jours.

Même après des années de thérapie individuelle ou de groupe, les personnes affligées d'un passé familial troublé auront toujours besoin d'une image positive de ce qu'est une relation amoureuse saine. Ce livre transmet cette vision. Par ailleurs, même si notre passé est empreint d'amour et de tendresse, les temps ont changé et une nouvelle approche des relations entre les sexes nous est tout de même nécessaire. Il est essentiel pour chacun de nous d'étudier des méthodes de communication nouvelles et saines. Pour toutes ces raisons, je crois que chacun peut tirer bénéfice des enseignements de ce livre. La seule réaction négative émanant de personnes ayant participé à mes séminaires, ou de correspondants, est d'ailleurs : « Pourquoi personne ne m'a-t-il appris cela plus tôt ? »

Il n'est jamais trop tard pour mettre plus d'amour dans votre vie. Il vous suffit d'une nouvelle méthode pour le faire. Que vous suiviez ou non une thérapie, si vous voulez entretenir de meilleures relations avec le sexe opposé, ce livre est pour vous. C'est un plaisir pour moi de le partager avec vous.

Puissiez-vous gagner chaque jour en sagesse et en amour. Puissent le nombre des divorces diminuer et celui des mariages heureux augmenter. Nos enfants méritent un monde meilleur.

John GRAY
15 novembre 1991,
Mill Valley, Californie.

1

Les hommes viennent de Mars, les femmes viennent de Vénus

Essayez de vous imaginer que les hommes viennent de Mars et les femmes de Vénus. Qu'un beau jour, il y a très très longtemps, les Martiens, regardant dans leur télescope, découvrirent les Vénusiennes. Que cette découverte éveilla en eux des sentiments absolument sans précédent. Et que leurs élans amoureux devinrent si forts qu'ils inventèrent les voyages interplanétaires et s'envolèrent vers Vénus.

Les Vénusiennes accueillirent les Martiens à bras ouverts : elles espéraient leur venue depuis si longtemps ! Leur cœur s'ouvrit à un amour qu'elles n'avaient jamais connu. Un amour magique ! À chaque instant, Martiens et Vénusiennes s'émerveillaient de s'être trouvés, de faire des choses ensemble et de vivre heureux. Issus de mondes différents, ils se délectaient de leurs différences. Ils passèrent des mois à découvrir ces dissemblances mutuelles dans leurs besoins, leurs préférences et leurs comportements. Ils les explorèrent, les apprécièrent, et pendant des années, ils vécurent dans l'amour et l'harmonie les plus parfaits.

Un jour, Martiens et Vénusiennes émigrèrent sur la Terre. Au début, tout leur parut merveilleux et magnifique. Mais l'atmosphère terrestre exerçant sur eux son influence maléfique, ils se réveillèrent, un beau matin, victimes d'une forme très particulière de perte de mémoire : l'amnésie sélective ! Les Martiens comme les Vénusiennes avaient oublié qu'ils venaient de planètes différentes et qu'ils ne pouvaient être qu'intrinsèquement dissemblables. En une nuit, tout ce qu'ils savaient de leurs dissimilitudes avait été effacé. Depuis lors, les hommes et les femmes sont perpétuellement en conflit.

NOUS RAPPELER NOS DIFFÉRENCES

Lorsqu'ils ne sont pas conscients de leurs différences essentielles, les hommes et les femmes sont en conflit. On est généralement irrité ou déçu par le sexe opposé parce qu'on ignore, ou qu'on a oublié, cette vérité fondamentale. On s'attend que l'autre soit semblable à nous. On voudrait qu'il désire ce qu'on désire et se sente comme on se sent soi-même.

Nous supposons à tort que si notre partenaire nous aime, il aura les réactions et le comportement qui sont les nôtres lorsque nous aimons quelqu'un. Cette attitude engendre inévitablement des déceptions répétées et nous empêche de prendre le temps nécessaire pour discuter avec amour de nos différences intrinsèques.

Nous supposons à tort que dès lors que notre partenaire nous aime, il aura les réactions et le comportement qui sont les nôtres lorsque nous aimons quelqu'un.

Les hommes s'attendent que les femmes pensent, communiquent et réagissent comme des hommes. De même, les femmes tiennent pour acquis que les hommes penseront, communiqueront et réagiront comme elles. C'est oublier cette lapalissade : les hommes et les femmes ne se ressemblent pas. Voilà pourquoi nos relations de couple se muent souvent en une succession de frictions et de conflits inutiles.

Connaître et respecter nos dissemblances permet d'aplanir de manière spectaculaire nos rapports avec le sexe opposé. Alors rappelons-nous toujours notre affirmation de départ : les hommes viennent de Mars, les femmes viennent de Vénus.

UN RAPIDE SURVOL
DE NOS PRINCIPALES DIFFÉRENCES

Dans ce livre, je vais traiter en détail de tout ce qui sépare les deux sexes. Chaque chapitre vous fournira des informations nouvelles et fondamentales.

Dans le chapitre suivant – le chapitre 2 – nous verrons en quoi les « valeurs » des hommes et celles des femmes sont essentiellement dissemblables. Nous tenterons d'expliquer les deux erreurs les plus communes, à savoir, d'une part, la propension des hommes à proposer des solutions sans prendre en compte la sensibilité de leurs compagnes et, d'autre part, l'habitude féminine de donner des conseils gratuits et de chercher à régenter la vie de leur partenaire. L'étude de nos comportements à la lumière de nos origines martiennes-vénusiennes permet de mieux comprendre pourquoi les hommes et les femmes commettent ces erreurs à leur insu. S'ils gardaient présentes à l'esprit leurs dissimilitudes, ils pourraient se corriger et améliorer leurs relations de couple.

Dans le chapitre 3, vous découvrirez les divers moyens employés par les hommes et les femmes pour gérer leur stress. Quand les Martiens cherchent à s'isoler et à méditer en silence sur ce qui les préoccupe, l'instinct des Vénusiennes les pousse à discuter de ce qui les tracasse. Vous apprendrez de nouvelles méthodes pour communiquer en temps de crise.

Dans le chapitre 4, nous verrons comment motiver le sexe opposé. Les hommes tirent leur motivation du fait de se sentir utiles, alors que c'est le fait d'être aimées qui stimule les femmes. Nous étudierons trois grandes mesures pour améliorer les relations homme-femme, et l'art et la manière de surmonter les difficultés propres à chaque sexe : pour les hommes, il s'agira de vaincre leur réticence à donner de l'amour, et pour les femmes, de dominer leur réticence à en recevoir.

Dans le chapitre 5, vous constaterez que l'incompréhension entre les hommes et les femmes provient aussi de divergences linguistiques. Un dictionnaire bilingue martien/

vénusien vous sera fourni, qui vous permettra de traduire les expressions le plus couramment génératrices de malentendus. Vous percevrez aussi les raisons diamétralement opposées qui poussent un homme et une femme à parler, ou à se taire. Les femmes apprendront que faire quand l'homme se mure dans le silence, et les hommes apprendront à mieux écouter leur compagne sans s'énerver.

Dans le chapitre 6, vous découvrirez en quoi les besoins d'intimité de l'homme et ceux de la femme sont différents. Ainsi, après une période de rapprochement, l'homme éprouvera immanquablement la nécessité de s'isoler. Les femmes apprendront à gérer cette réaction de manière que leur partenaire leur revienne comme s'il était retenu à elles par un élastique. Elles s'initieront aussi à l'art de déceler le moment le plus approprié pour une conversation à cœur ouvert.

Le chapitre 7 vous expliquera comment le comportement amoureux des femmes obéit, tout comme leur attitude globale, à un rythme cyclique, un peu similaire à celui des vagues. Les hommes apprendront à interpréter correctement leurs changements d'humeur parfois soudains, à discerner les moments où leur partenaire a le plus besoin d'eux, et comment lui offrir un soutien efficace sans avoir à faire trop de sacrifices.

Le chapitre 8 vous expliquera la tendance naturelle des hommes et des femmes à donner le genre d'amour qu'eux-mêmes souhaitent recevoir, plutôt que celui dont le sexe opposé a besoin. Les hommes recherchent avant tout un amour fait de confiance, de tolérance et d'admiration. Les femmes, elles, préfèrent qu'on leur voue un amour empreint de tendresse, de compréhension et de respect. À cette occasion vous seront présentées les six erreurs comportementales les plus communes que nous commettons inconsciemment et qui sont susceptibles de détourner notre partenaire de nous.

Le chapitre 9 vous indiquera comment éviter les disputes, toujours pénibles. Les hommes s'apercevront qu'en agissant comme s'ils avaient toujours raison, sans tenir compte de la sensibilité de leur compagne, ils suscitent chez elle une réaction de blocage. De leur côté, les femmes découvriront que, sans qu'elles le sachent, leur désaccord est souvent perçu par l'homme comme une manifestation de désapprobation qui l'incite à se retrancher dans une attitude défensive. Nous analyserons en détail une dispute et proposerons de nombreuses suggestions pratiques pour discuter de manière constructive au sein du couple.

Vous verrez dans le chapitre 10 qu'en amour les hommes et les femmes ne « comptent pas les points » de la même manière. Ainsi, les Vénusiennes accordent une valeur égale à n'importe quel cadeau d'amour, qu'il soit tout petit ou somptueux. On rappellera donc aux hommes qu'au lieu de se concentrer sur un seul cadeau important, il vaut mieux offrir une multitude de petits gages d'amour. Pour les y aider, une liste énumère 101 manières de marquer des points auprès des femmes. Et à ces dernières on indiquera comment canaliser leurs énergies de façon à obtenir un bon score auprès des hommes, en leur donnant ce qu'ils veulent.

Le chapitre 11 aborde l'art de communiquer avec le sexe opposé dans les moments difficiles. Après avoir étudié la manière dont les hommes et les femmes dissimulent leurs sentiments, on insistera sur la nécessité de surmonter ces attitudes. Partager ses émotions est essentiel. Vous pourrez ensuite vous familiariser avec la technique de la lettre d'amour, moyen idéal pour exprimer vos sentiments négatifs et mieux les analyser afin que les malentendus s'aplanissent et que votre amour s'épanouisse.

Grâce au chapitre 12, vous comprendrez pourquoi les Vénusiennes trouvent si difficile de solliciter un soutien moral et pourquoi les Martiens résistent si souvent aux demandes qu'elles expriment. Vous apprendrez en quoi les expressions « peux-tu » et « pourrais-tu » rebutent les hommes, et quels mots il vaut mieux employer. Et bientôt vous saurez encourager un homme à donner davantage de lui-même. Dans le même temps, vous prendrez conscience du pouvoir que procurent le recours à un discours bref et direct, et l'emploi de termes adéquats.

Le chapitre 13 vous révélera les « quatre saisons de

l'amour », une approche réaliste de la croissance et de l'évolution des sentiments qui vous aidera à surmonter les inévitables obstacles se dressant devant votre couple. Vous comprendrez comment votre passé et celui de votre partenaire peuvent affecter l'état présent de votre relation, sans parler de maintes autres découvertes essentielles grâce auxquelles vous pourrez garder votre amour bien vivant.

Chaque chapitre de *Les hommes viennent de Mars, les femmes viennent de Vénus* vous dévoilera de nouveaux secrets qui vous aideront à établir puis à entretenir une relation amoureuse solide et durable. Au fur et à mesure que vous les assimilerez, votre propre capacité à trouver le bonheur au sein d'une relation de couple grandira.

LES BONNES INTENTIONS NE SUFFISENT PAS

Tomber amoureux, c'est toujours magique. On a l'impression d'éprouver des sentiments éternels, un amour qui durera toujours. À cela s'ajoute une certitude aussi naïve qu'inexplicable d'être à l'abri des problèmes des autres couples ou de nos parents. Notre amour à nous ne risque pas de s'éteindre. Il était écrit que nous nous unirions et que nous vivrions heureux ensemble jusqu'à la fin de nos jours.

Mais à mesure que la magie des premiers temps fait place à la routine du quotidien, une nouvelle situation apparaît de plus en plus clairement : les hommes s'attendent que les femmes pensent et réagissent comme des hommes, et les femmes tiennent pour acquis que les hommes penseront et agiront comme des femmes. Faute de bien connaître nos différences, nous ne prenons pas le temps de nous comprendre et de nous respecter mutuellement. Nous devenons exigeants et intolérants, nous portons des jugements et les rancœurs s'installent.

Et là, malgré le désir d'éternité et les bonnes intentions, l'amour se flétrit peu à peu. Les problèmes se développent insidieusement et avec eux l'amertume, la communication se rompt, puis la méfiance gagne du terrain. Le rejet et la répression suivent... Et la magie de l'amour s'éteint.

Nous nous demandons alors : Comment cela est-il arrivé ? Pourquoi cela est-il arrivé ? Et, surtout : Pourquoi à nous ?

Pour essayer de répondre à ces questions, les plus grands penseurs ont développé des théories philosophiques et psychologiques complexes et tout à fait brillantes. Pourtant, ce sont toujours les mêmes vieux modèles qui se reproduisent. En fin de compte, l'amour meurt, et pratiquement personne n'est épargné.

À chaque instant, des millions d'individus sont à la recherche d'un partenaire pour satisfaire leur immense besoin d'amour. Chaque année, des millions de couples unissent leurs destinées puis se séparent parce qu'ils ont perdu cet amour en chemin. De ceux que l'amour soutient jusqu'au mariage, seulement 50 % restent mariés. Et on estime que la moitié de ces 50 % ne s'épanouissent guère dans leur vie de couple. Ces couples-là restent ensemble par loyauté ou par obligation, ou encore par peur de devoir recommencer de zéro une nouvelle relation.

Très peu de personnes sont en effet capables de faire croître leur amour. Et pourtant, cela arrive. Lorsqu'un homme et une femme apprennent à se respecter mutuellement et à accepter leurs différences, alors leur amour peut atteindre sa plénitude.

Lorsqu'un homme et une femme apprennent à se respecter mutuellement et à accepter leurs différences, alors leur amour peut atteindre sa plénitude.

Deviner les spécificités cachées du sexe opposé permet de mieux l'aimer et de mieux recevoir son amour. Savoir reconnaître et accepter nos différences nous aide à définir des solutions créatives afin que chacun voie ses désirs se réaliser. Plus important encore, cela nous apprend à mieux aimer les êtres qui nous sont chers.

L'amour est magique et il peut durer, si nous nous souvenons de nos différences.

2

Monsieur Réponse-à-tout
et le comité d'amélioration
du foyer

Ce que les femmes reprochent le plus souvent aux hommes, c'est de ne pas les écouter. Ou bien l'homme ignore complètement la femme quand elle lui parle, ou bien, à peine a-t-elle prononcé quelques mots qu'il croit savoir ce qui la tracasse, et, chaussant les bottes de monsieur Réponse-à-tout, lui suggère – tout fier de lui – une solution miracle pour régler son problème. Et il ne comprend pas pourquoi sa femme ne semble pas apprécier son aide, son geste d'amour. Elle a beau lui répéter qu'il n'écoute pas, il est incapable de saisir ce qu'elle entend par là et il ne change rien à son attitude. Elle veut de la compréhension, mais lui pense qu'elle veut des solutions.

De leur côté, les hommes reprochent le plus souvent aux femmes de toujours essayer de les faire changer. Quand une femme aime un homme, elle se croit obligée de l'aider à grandir et de le faire progresser. En somme, elle fonde à elle seule un comité d'amélioration du foyer, dont il est le principal sujet de préoccupation. Quelle que soit sa résistance à son zèle missionnaire, elle insiste, sautant sur la moindre occasion de l'aider ou de le conseiller. Alors qu'elle pense l'entourer de sa tendresse, lui se sent contrôlé. Il préférerait nettement qu'elle l'accepte tel qu'il est.

Pourquoi les hommes proposent-ils toujours des solutions, et pourquoi les femmes veulent-elles toujours perfectionner leur partenaire ? Faisons donc un petit voyage à rebours pour observer ce qui se passait sur Mars et Vénus avant que leurs deux populations se découvrent et émigrent sur la Terre.

LA VIE SUR MARS

Sur Mars, les valeurs primordiales sont le pouvoir, la compétence, l'efficacité et la réussite. Un Martien agit avant tout pour prouver sa valeur et affirmer son pouvoir et ses capacités. Chaque homme mesure sa valeur personnelle en fonction de son aptitude à obtenir des résultats et il tire avant tout satisfaction de ses réalisations et de ses succès.

Chaque homme mesure sa valeur personnelle en fonction de son aptitude à obtenir des résultats.

Sur Mars, tout reflète ces valeurs, même les vêtements. Les agents de police, les soldats, les hommes d'affaires, les scientifiques, les chauffeurs de taxi, les techniciens et les chefs cuisiniers portent tous un uniforme, ou au moins un couvre-chef symbolisant leur rôle et leur autorité.

Les Martiens ne lisent pas de magazines traitant du bienêtre, de la forme ou de la vie des célébrités. Leurs préférences vont plutôt aux activités extérieures telles que la chasse, la pêche ou les courses automobiles. Ils se tiennent au courant de l'actualité, de la météo et des événements sportifs, mais ne portent aucun intérêt aux romans à l'eau de rose ni aux ouvrages de psychologie.

En règle générale, ils s'intéressent plus aux choses et aux objectifs qu'aux personnes et aux sentiments. Aujourd'hui encore, sur la Terre, tandis que les femmes rêvent au grand amour, les hommes fantasment sur les voitures puissantes, les ordinateurs ultrarapides, divers gadgets et autres innovations technologiques. Les hommes s'attachent aux choses matérielles qui leur permettent de montrer leur efficacité en obtenant des résultats et en réalisant leurs objectifs.

Il est extrêmement important pour un Martien d'atteindre les buts qu'il s'est fixés parce que cela lui permet de prouver sa valeur et d'être fier de lui. Pour en arriver là, il doit réussir par lui-même. Personne ne peut le faire à sa place. Les Martiens se flattent de pouvoir tout accomplir sans aide extérieure. Leur autonomie symbolise leur efficacité, leur pouvoir et leur habileté.

Cette caractéristique martienne explique la répugnance des hommes à se laisser dicter leur conduite ou à admettre qu'on les contredise. Donner un conseil à un homme sans qu'il l'ait sollicité équivaut à présumer qu'il ne sait pas ce qu'il faut faire, ou qu'il est incapable de le faire par lui-même. Et comme faire preuve de compétence est à ses yeux une vertu cardinale, sa réaction sera ombrageuse.

Donner à un homme un conseil qu'il n'a pas sollicité équivaut à présumer qu'il ne sait pas ce qu'il faut faire, ou qu'il est incapable de le faire par lui-même.

Parce qu'il règle ses problèmes tout seul, un Martien les évoque rarement, à moins qu'il n'ait besoin des conseils d'un spécialiste. Son raisonnement est le suivant : « Pourquoi raconter ma vie puisque je peux me débrouiller seul ? » Il garde ses soucis pour lui aussi longtemps qu'il le peut car demander de l'aide quand ce n'est pas absolument indispensable lui semble un signe de faiblesse.

En revanche, quand c'est vraiment nécessaire, demander de l'aide devient pour le Martien un signe de sagesse. Dans ce cas, il s'adressera à quelqu'un qu'il respecte et il se confiera à lui. Sur Mars, parler d'un problème équivaut à solliciter le concours de son interlocuteur pour le résoudre. Tout bon Martien est honoré qu'on fasse appel à ses connaissances ou à ses services. Automatiquement, il coiffe sa casquette de monsieur Réponse-à-tout et se dispose à écouter, et surtout à dispenser quelques conseils, forcément brillants.

C'est à cette coutume martienne que les femmes doivent de se voir présenter des solutions dès qu'elles s'ouvrent de leurs problèmes à un homme. Lorsqu'une femme expose innocemment son désarroi ou ses petits tracas, son mari pense à tort qu'elle recherche l'avis d'un expert. Il entre alors dans la peau de monsieur Réponse-à-tout et commence à lui prodiguer des conseils. C'est sa façon à lui d'exprimer son amour et d'offrir son aide.

Il cherche à se rendre utile en fournissant à sa femme la clé de ses ennuis. Il pense qu'elle ne l'en aimera et ne l'en estimera que davantage. Et quand, malgré ses suggestions, sa femme demeure contrariée, il a de plus en plus de mal à écouter ce qu'elle dit, parce que ses bons offices viennent d'être rejetés et qu'il se sent inutile.

Il ne lui viendrait jamais à l'esprit qu'en prêtant tout simplement une oreille attentive et compréhensive à sa femme, il lui offrirait le soutien moral qu'elle attend. Il ignore que, sur Vénus, parler de ses problèmes n'équivaut nullement à demander à son interlocuteur de les résoudre.

LA VIE SUR VÉNUS

Les Vénusiennes ont un tout autre système de valeurs, fondé sur l'amour, la communication, la beauté et les rapports humains. Elles passent beaucoup de temps à s'entraider, à se soutenir mutuellement et à s'entourer les unes les autres d'affection. Leur valeur personnelle se mesure à la qualité de leurs sentiments et de leurs relations avec les autres. Vivre en société auprès de personnes avec qui elles peuvent échanger agréablement idées et menus services les comble.

La valeur personnelle d'une femme se mesure à la qualité de ses sentiments et de ses relations avec les autres.

Tout sur Vénus reflète ces valeurs. Au lieu de construire de grands édifices et des superautoroutes, les Vénusiennes se préoccupent de l'harmonie de leur vie, de leur entourage et de la réussite de leur couple. Les rapports humains leur importent plus que le travail ou la technologie. À bien des égards, leur monde est donc à l'opposé de celui de Mars.

À l'inverse des Martiens, les Vénusiennes n'affectionnent guère les uniformes (symboles de compétence). Elles préfèrent porter chaque jour des vêtements différents, choisis en fonction de leur humeur car, pour elles, s'exprimer et surtout exprimer leurs sentiments est primordial. Il leur arrive même de se changer plusieurs fois par jour, au gré de leurs variations d'humeur.

Sur Vénus, la communication passe avant tout. Il est beaucoup plus important de partager ses sentiments que d'atteindre ses objectifs ou de réussir. Converser et entretenir des contacts fréquents avec les autres Vénusiennes apporte une immense satisfaction.

Il est difficile pour un homme de saisir cela. Pour comprendre ce que les rapports humains et amicaux apportent à une femme, il lui faut songer à ce que lui-même ressent lorsqu'il gagne une course, atteint un but ou résout un problème.

Les hommes s'attachent aux résultats ; les femmes, aux relations entre êtres humains. Un exemple : deux Martiens vont au restaurant pour discuter d'un projet ou d'une affaire, c'est-à-dire parce qu'ils ont un problème à résoudre, et aussi parce que cela leur paraît pratique : pas de courses, ni de cuisine ni de vaisselle à faire. Pour une Vénusienne, déjeuner au restaurant, c'est avant tout déjeuner avec une amie, pour écouter ses soucis, lui raconter les siens et se soutenir mutuellement. Les conversations des femmes au restaurant peuvent être très ouvertes et intimes, presque de l'ordre d'un dialogue entre un thérapeute et sa patiente.

Sur Vénus, tout le monde étudie la psychologie et possède au moins une maîtrise de psychothérapie. Les Vénusiennes s'intéressent de très près à tout ce qui touche au développement personnel, à la spiritualité et, plus généralement, au bien-être, à la santé et au bonheur. Vénus foisonne ainsi de parcs, de potagers biologiques, de centres commerciaux et de restaurants.

Les Vénusiennes ont beaucoup d'intuition, un don intensifié par des siècles passés à anticiper les besoins des autres. Elles s'enorgueillissent de leur respect des besoins et des sentiments d'autrui. Proposer son aide ou son assistance à une autre Vénusienne sans que celle-ci les ait sollicitées est un acte d'amour.

Les Vénusiennes n'éprouvant pas le besoin de prouver

leur compétence, il ne leur paraît pas offensant d'offrir leur concours à leurs amies. De même, à leurs yeux, ce n'est nullement un signe de faiblesse que d'accepter l'assistance d'une autre personne. En revanche, un homme pourra se froisser des suggestions d'une femme parce qu'il en déduira qu'elle n'a pas confiance en sa capacité de se débrouiller tout seul.

Les femmes appréhendent mal ce genre de susceptibilité masculine, qui leur est totalement étrangère. Autant une femme qui se voit proposer un secours en conclura qu'on l'aime et qu'on la choie, autant un homme se sentira incompétent, minable et même mal aimé.

Sur Vénus, donner des conseils et exprimer des suggestions est signe de gentillesse. Les Vénusiennes croient que, même quand une chose fonctionne bien, on peut toujours essayer de la faire fonctionner encore mieux. Il est dans leur nature de chercher à rendre le monde meilleur. De même, lorsqu'une personne leur tient à cœur, elles n'hésitent pas à lui signaler ses points faibles et à lui suggérer comment y remédier. Pour elles, les conseils et les critiques constructives sont des actes d'amour.

Sur Mars, les choses sont très différentes. Fidèles à leur passion pour les solutions, les Martiens ont pour principe de ne rien changer quand cela va bien. Une de leurs expressions favorites est : « Ne touche à rien tant que ça marche. »

De ce fait, quand une femme tente d'inciter son mari à se perfectionner, son message est mal perçu. Elle ne devine pas que ses efforts empreints d'amour et de bonnes intentions humilient son conjoint. Elle pense, à tort, qu'elle l'aide seulement à s'améliorer.

ARRÊTER LES CONSEILS

S'il lui manque cette connaissance intime de la nature de l'homme, il est très facile pour une femme d'offenser, sans le vouloir, l'être qu'elle aime le plus au monde.

L'histoire de Mary est à cet égard exemplaire. Tom, son mari, et elle se rendaient à une soirée. Tom conduisait et s'était à l'évidence perdu. Après qu'ils eurent tourné pendant une vingtaine de minutes autour du même pâté de maisons, Mary lui suggéra de demander son chemin. Aussitôt, Tom se ferma comme une huître. Et même quand ils furent finalement arrivés à bon port, la tension suscitée par la suggestion de Mary persista. La pauvre Mary ne comprenait absolument pas pourquoi son époux était aussi contrarié. Dans son esprit, sa proposition signifiait : « Je t'aime et je te veux du bien. »

Mais Tom avait compris : « Je n'ai pas confiance en ton aptitude à nous conduire à destination. Tu es un incompétent ! » Ce qui l'avait blessé.

Ne connaissant pas les principes régissant la vie sur Mars, Mary ne pouvait pas deviner combien il était important pour Tom d'atteindre son objectif – trouver la maison de leurs amis – par ses propres moyens. Ni que sa suggestion représentait la pire des insultes. Comme nous l'avons vu, un Martien ne donne jamais de conseils si on ne lui en a pas demandé. À ses yeux, c'est une preuve de respect que de présumer que les autres peuvent résoudre leurs problèmes tout seuls. S'ils en éprouvent le besoin, à eux de solliciter une assistance.

Mais Mary ignorait tout de ces subtilités et ne pouvait imaginer qu'un banal trajet en voiture lui eût offert une occasion unique de prouver à Tom son amour, en un moment où il se sentait particulièrement vulnérable... en s'abstenant de lui suggérer de recourir à une aide extérieure. Son silence lui aurait procuré autant de bonheur qu'elle-même en retirait d'un bouquet de fleurs ou d'une lettre d'amour. Mais comment aurait-elle pu le soupçonner ?

Une fois avisée de nos découvertes relatives aux Martiens et aux Vénusiennes, Mary a appris comment soutenir efficacement son mari en temps de crise. Et lorsque Tom et elle se sont de nouveau égarés en voiture, elle a su réprimer son envie d'émettre des suggestions. Au lieu de cela, elle a pris une profonde inspiration et s'est efforcée d'apprécier à leur juste valeur les efforts de Tom pour la conduire à bon port. Et de son côté, Tom s'est réjoui du respect et de la confiance que sa femme lui témoignait.

En règle générale, une femme qui donne à un homme

des conseils qu'il n'a pas sollicités ou essaie de l'« aider » quand il n'a rien demandé ne soupçonne pas combien elle peut lui paraître critique et peu aimante. Malgré ses bonnes intentions, elle ne réussit qu'à l'offenser et à le blesser. Face à un tel affront, certains hommes réagissent de manière assez vive, notamment quand ils ont essuyé force rebuffades dans leur enfance, ou trop souvent vu leur mère critiquer leur père.

En règle générale, une femme qui donne à un homme des conseils qu'il n'a pas sollicités ou essaie de l'« aider » quand il n'a rien demandé ne soupçonne pas combien elle peut lui paraître critique et peu aimante.

Bien des hommes jugent primordial de prouver qu'ils peuvent atteindre tous leurs objectifs, fussent-ils aussi dérisoires que le fait de conduire sans encombre leur femme au restaurant ou à une réception. Curieusement, ils s'énervent même souvent plus pour les petits problèmes que pour les grands. Leur raisonnement pourrait s'exprimer ainsi : « Si ma compagne ne me croit pas capable de mener à bien une tâche aussi simple que l'accompagner ici ou là, elle ne peut sûrement pas me faire confiance pour les choses importantes. » Bref, dès qu'il doit réparer un objet, se rendre quelque part ou, plus généralement, résoudre un problème – toutes activités, rappelons-le, dans lesquelles il se pique d'être un expert, tout comme ses ancêtres martiens –, l'homme attend de sa femme amour et admiration, mais surtout pas de conseils ni de critiques.

APPRENDRE À ÉCOUTER

De la même façon, un homme qui ne comprend pas qu'une femme est différente de lui peut lui aussi commettre involontairement des erreurs en essayant d'être gentil et de l'aider. Les hommes doivent se rappeler que, si les femmes leur parlent de leurs problèmes, c'est beaucoup plus par souci de renforcer leur intimité que pour chercher à tout prix à résoudre les problèmes en question. Très souvent, une femme veut simplement raconter sa journée. Son mari, pensant lui rendre service, l'interrompt avec une avalanche de solutions à ses tracas. Et il ne comprend pas pourquoi elle est contrariée.

Très souvent, une femme veut simplement raconter sa journée. Son mari, pensant lui rendre service, l'interrompt avec une avalanche de solutions à ses tracas.

Par exemple, quand Mary rentre à la maison après une journée épuisante et ressent le besoin d'en parler, elle dit : « Il y a tellement à faire, je n'ai pas une minute à moi. »

Tom lui répond : « Tu devrais abandonner ton travail. Trouve donc quelque chose qui te plaise davantage. »

Alors Mary réplique : « Mais j'aime mon travail. C'est juste qu'ils veulent que je change tout à la dernière minute. »

Tom poursuit : « Ne te laisse pas bousculer. Fais seulement ce que tu peux faire. »

« Mais c'est ce que je fais ! rétorque Mary. Mon Dieu, j'ai complètement oublié d'appeler ma tante, aujourd'hui ! »

« Ne t'affole pas, elle comprendra », dit Tom.

Et Mary hausse légèrement le ton en disant : « Sais-tu ce qu'elle vit en ce moment ? Elle a besoin de moi ! »

Tom tente de la rassurer : « Tu t'inquiètes trop, c'est pour cela que tu es malheureuse. »

Mais Mary se fâche : « Je ne suis pas malheureuse ! Tu ne m'as pas écoutée ? »

Tom se récrie : « Mais bien sûr que si ! Que crois-tu que je fasse en ce moment ? »

Et Mary, désespérée, abandonne la partie : « Bah ! De toute façon, il est impossible de discuter avec toi ! »

À l'issue d'une telle conversation, Mary se sent encore plus énervée que lorsqu'elle est arrivée après sa dure journée de travail, quêtant tendresse et soutien auprès de son compagnon. Tom est lui aussi agacé car il ne comprend pas la réaction de sa femme. Pourquoi Mary a-t-elle ainsi rejeté toutes les solutions qu'il lui a proposées ?

Ne connaissant pas les coutumes de Vénus, Tom ne pouvait pas deviner qu'il aurait mieux fait de se contenter d'écouter Mary. Ses suggestions n'ont fait qu'envenimer la situation car, sur Vénus, on n'interrompt jamais quelqu'un pour lui donner la clé de ses soucis. Le respect exige que l'on écoute le récit de son interlocutrice jusqu'au bout, avec patience et sympathie, en s'efforçant de vraiment comprendre ce qu'elle cherche à exprimer.

Tom ignorait que le simple fait de se voir prêter une oreille attentive et bienveillante suffirait à apporter à Mary soulagement et satisfaction. Après avoir été mis au courant des coutumes des Vénusiennes et de leur grand besoin de parler, il apprit peu à peu à écouter sa femme.

Et maintenant, lorsque Mary rentre de son travail excédée et épuisée, leur conversation prend une tout autre allure. Si, par exemple, Mary se plaint d'avoir trop de travail et de manquer de temps pour elle-même, Tom ne brandit plus de solution toute prête. Il commence par prendre une profonde inspiration pour se détendre, puis répond gentiment : « Hum, tu as l'air d'avoir eu une dure journée. »

Mary poursuit : « Ils veulent que je change tout à la dernière minute, je ne sais plus quoi faire. »

Tom marque une pause, avant d'émettre un « Ah ! » encourageant.

Mary continue : « J'ai même oublié d'appeler ma tante. »

Plissant un peu le front, Tom dit : « Oh, non ! »

Mary ajoute : « Elle a tant besoin de moi en ce moment, je m'en veux terriblement. »

Et là-dessus Tom lui dit : « Tu es la femme la plus aimante et la plus merveilleuse qui soit ! Viens dans mes bras. »

Après quelques secondes dans ses bras, Mary déclare à Tom, avec un grand soupir de soulagement : « Cela me fait un bien fou de parler avec toi. Merci de m'avoir écoutée ! Je me sens vraiment mieux maintenant. »

Et, curieusement, Tom aussi se sent beaucoup mieux. Il s'émerveille de rendre sa femme heureuse simplement en l'écoutant. En prenant conscience de l'abîme qui sépare les comportements féminins des comportements masculins, il a appris à écouter sans offrir de solutions, tandis que Mary assimilait l'art de laisser son mari agir à sa façon en lui épargnant conseils et critiques non sollicités.

En bref, les deux erreurs les plus courantes que nous commettons dans nos relations de couple sont :

1 – L'homme qui, pour consoler sa femme quand elle est bouleversée, se transforme en monsieur Réponse-à-tout et, ce faisant, lui propose des solutions qui heurtent sa sensibilité.
2 – La femme qui, dans son désir de perfectionner son mari, s'improvise comité d'amélioration du foyer et se permet de lui donner des conseils ou de critiquer ses actes sans y avoir été invitée.

À LA DÉFENSE DE MONSIEUR RÉPONSE-À-TOUT ET DU COMITÉ D'AMÉLIORATION DU FOYER

Attention, l'accent mis sur ces deux écueils ne signifie pas que je pense que monsieur Réponse-à-tout et le comité d'amélioration du foyer ont toujours tort. Leurs comportements ne sont d'ailleurs en eux-mêmes pas en cause. Seule la manière dont ils s'exercent – choix du moment et méthode d'intervention – constitue des erreurs.

Ainsi, excepté quand elle est bouleversée, la femme apprécie beaucoup monsieur Réponse-à-tout. Les hommes doivent absolument se rappeler de refréner leur désir de proposer des solutions lorsque leur femme leur confie ses soucis. Ce n'est pas ce qu'elle attend d'eux. Une oreille attentive et un peu de réconfort suffisent à la remettre d'aplomb. Elle n'a pas besoin d'être « réparée ».

De son côté, l'homme sait lui aussi apprécier les interventions du comité d'amélioration du foyer, à condition qu'il les ait lui-même requises. N'oubliez pas, mesdames, qu'un homme – surtout quand il est dans l'erreur – perçoit les conseils et les critiques gratuits comme des ordres voilés et en déduit que vous ne l'aimez pas réellement. Pour tirer des enseignements de ses bévues, l'homme a bien plus besoin de se sentir accepté par sa femme que de recevoir ses recommandations. Et d'ailleurs, une fois convaincu qu'elle l'aime tel qu'il est sans chercher à le perfectionner, il se montre beaucoup plus disposé à lui demander son avis.

Quand notre partenaire nous résiste, c'est généralement parce que nous avons mal choisi notre moment ou parce que nous nous y prenons mal.

Quand on comprend bien les différences entre les sexes, il est beaucoup plus facile de soutenir son partenaire et de respecter sa sensibilité. Et on s'aperçoit de surcroît que ses réticences résultent le plus souvent d'une approche maladroite ou d'un mauvais choix en termes de moment. Voyons cela plus en détail.

QUAND UNE FEMME REJETTE LES SOLUTIONS PROPOSÉES PAR SON MARI

Lorsqu'une femme résiste aux suggestions de son mari, celui-ci l'interprète comme une remise en question de sa compétence. Il en déduit donc qu'elle ne lui fait pas confiance et ne l'apprécie pas à sa juste valeur, et il se montre moins disposé à l'écouter.

Mais s'il se remémorait les origines vénusiennes de sa femme, il comprendrait mieux ses réticences. Et en y repensant, il s'apercevrait probablement qu'il a commis l'erreur de chercher à résoudre les problèmes de sa moitié alors qu'elle ne lui demandait qu'un peu d'attention et de tendresse.

Voici quelques exemples d'involontaires bourdes masculines. Voyons si vous trouverez en quoi chacune de ces petites phrases est susceptible de susciter chez une femme une réaction d'antagonisme.

1. « Tu ne devrais pas t'en faire autant. »
2. « Mais ce n'est pas ce que j'ai dit. »
3. « Oh ! ce n'est pas si important. »
4. « OK ! je m'excuse. Est-ce qu'on peut changer de sujet, à présent ? »
5. « Pourquoi ne le fais-tu pas carrément toi-même ? »
6. « Mais c'est ce qu'on fait, on parle ! »

7. « Ne le prends pas mal ! Ce n'est pas du tout ce que je voulais dire. »
8. « Alors, qu'est-ce que tu veux dire ? »
9. « Tu ne devrais pas le prendre comme ça. »
10. « Comment peux-tu dire ça ? La semaine dernière, on a passé toute une journée ensemble, et on s'est bien amusés. »
11. « Parfait, oublie ça. »
12. « D'accord, je vais nettoyer le jardin. Ça te fait plaisir ? »
13. « Ça y est, j'ai trouvé ! Voici ce que tu devrais faire. »
14. « C'est comme ça ! On ne peut rien y faire. »
15. « Si tu dois te plaindre après, ne le fais pas ! »
16. « Pourquoi laisses-tu ces gens te traiter comme ça ? Envoie-les au diable ! »
17. « Si tu n'es pas heureuse, on n'a qu'à divorcer. »
18. « D'accord ! À l'avenir, tu n'auras qu'à le faire toi-même. »
19. « Désormais c'est moi qui m'occuperai de ça. »
20. « Bien sûr que je tiens à toi, c'est évident ! »
21. « Explique-toi, qu'est-ce que tu veux dire ? »
22. « Tout ce qu'on a à faire, c'est... »
23. « Ça ne s'est pas du tout passé comme ça. »

Toutes ces remarques ont en commun de nier le tracas ou la contrariété exprimés par l'interlocutrice, de chercher à les expliquer de manière un brin simpliste et de proposer une solution miracle pour transformer en un clin d'œil des sentiments négatifs en sentiments positifs. La première démarche qu'un homme puisse faire pour améliorer la communication au sein de son couple est tout simplement de s'abstenir de ce genre de propos (ce sujet est d'ailleurs exploré de manière plus détaillée dans le chapitre 5). Apprendre à écouter sa femme sans céder à l'envie de l'assaillir de conseils et de solutions est évidemment un – grand – pas supplémentaire sur la bonne voie.

Dès lors qu'il aura compris que ce sont le moment et la manière dont il les présente et non pas ses propositions elles-mêmes qui sont rejetées, l'homme supportera beaucoup mieux les réticences de sa femme et s'en offensera nettement moins. Et à mesure qu'il apprendra à l'écouter comme elle souhaite l'être, il s'apercevra qu'elle apprécie davantage ses efforts, même quand elle est fâchée contre lui.

QUAND UN HOMME RÉSISTE AU COMITÉ D'AMÉLIORATION DU FOYER

Si un homme rejette ses conseils, une femme en conclut qu'il ne tient pas à elle et qu'il se moque de ses besoins. Conséquence logique, elle se sent abandonnée et sa confiance en son conjoint s'effrite.

Se rappeler que les hommes viennent de Mars lui épargnerait bien des angoisses en l'aidant à comprendre pourquoi son partenaire se braque. Et en réfléchissant, elle découvrirait sans doute qu'en croyant se borner à évoquer un souhait, à communiquer une information, ou simplement à lui demander quelque chose, elle l'a en fait agressé avec ses conseils ou ses critiques malvenus.

Voici quelques exemples d'impairs féminins, de petites remarques en apparence inoffensives qui irritent les hommes et peuvent, en s'accumulant, bâtir de véritables montagnes de réticences et de ressentiment. Parfois, la critique ou le conseil sont apparents, parfois ils sont voilés. Voyons si vous devinerez en quoi un homme peut se sentir menacé.

1. « Tu ne vas pas acheter ça ? Tu en as déjà un. »
2. « La vaisselle est encore mouillée, elle va prendre des taches en séchant. »
3. « Tu commences à avoir les cheveux plutôt longs, non ? »
4. « Il y a une place de stationnement là-bas, fais demi-tour. »
5. « Tu veux voir tes amis de ton côté ? Et moi alors, qu'est-ce que je deviens, pendant ce temps-là ? »
6. « Tu travailles trop, prends donc une journée de congé. »

7. « Ne mets pas ça ici, on va le perdre. »
8. « Tu devrais appeler un plombier. Lui saurait quoi faire. »
9. « Pourquoi doit-on attendre une table, tu n'as pas réservé ? »
10. « Tu devrais passer plus de temps avec les enfants. Ils se plaignent de ne jamais te voir. »
11. « Ton bureau est encore en désordre. Comment peux-tu travailler là-dedans ? Tu penses le ranger un jour ? »
12. « Tu as encore oublié de le rapporter à la maison. Tu devrais le poser en évidence pour t'en souvenir. »
13. « Tu roules trop vite. Ralentis ou tu vas avoir une contravention. »
14. « La prochaine fois, on devrait lire les critiques avant d'aller voir un film. »
15. « Je ne savais pas où tu étais. » (Sous-entendu : « Tu aurais dû m'appeler. »)
16. « Il y a quelqu'un qui a bu à la bouteille. »
17. « Ne mange pas avec tes doigts, tu donnes le mauvais exemple aux enfants. »
18. « Tu ne devrais pas manger ça. C'est trop gras et c'est mauvais pour ton cœur. »
19. « Tu te lèves trop tard, c'est pour cela que tu dois toujours te dépêcher. »
20. « Tu devrais m'avertir un peu plus longtemps à l'avance. Je ne peux pas tout abandonner comme ça pour venir déjeuner avec toi. »
21. « Ta chemise ne va pas avec ton pantalon. »
22. « Ça fait trois fois que Jean t'appelle. Quand est-ce que tu vas le rappeler ? »
23. « Il y a un tel fouillis dans ta boîte à outils qu'on ne trouve rien. Tu devrais la ranger. »

Quand une femme ne sait pas comment demander carrément de l'aide à son mari (chapitre 12) ou lui exprimer son désaccord de manière constructive (chapitre 9), elle peut se croire obligée de recourir au biais des critiques et des conseils gratuits (encore une fois, ce sujet sera développé plus en détail ultérieurement). Pourtant, si elle apprend à accepter son époux et à garder pour elle avis et reproches importuns, un grand pas sera déjà franchi dans leurs bonnes relations.

Prendre conscience du fait que son mari ne repousse pas ses requêtes, mais la façon dont elle les formule, lui permettra de mieux accepter la situation, sans trop s'en offusquer, et de mettre au point des méthodes d'expression plus positives. Et puis, peu à peu, elle constatera que l'homme n'est pas réfractaire aux améliorations du foyer dès lors qu'on le traite en pourvoyeur de solutions, et non plus comme la source du problème.

Un homme n'est pas réfractaire aux améliorations dès lors qu'on le traite en pourvoyeur de solutions, et non plus comme la source du problème.

Si vous êtes une femme, je vous suggère, en guise d'exercice, d'essayer de vous abstenir de *toute critique* et de *tout conseil* pendant une semaine entière. Vous verrez que, non contents de vous en être reconnaissants, les hommes de votre entourage se montreront soudain plus attentifs et plus compréhensifs.

Si vous êtes un homme, efforcez-vous, au cours de la prochaine semaine, d'écouter votre femme *chaque fois* qu'elle vous parle, en tentant sérieusement de saisir le sens profond de ses paroles et les sentiments qu'elles expriment. Apprenez à vous taire quand vous avez envie de proposer une solution ou d'inviter votre femme à changer d'état d'esprit. Vous n'imaginez pas comme son attitude à votre égard changera.

3

Les hommes s'enferment dans leur caverne et les femmes bavardent

L'une des différences fondamentales entre les hommes et les femmes réside dans leur façon de réagir au stress. Les hommes se focalisent et se ferment, les femmes laissent parler les émotions qui les envahissent. Dans ces moments-là, leurs besoins sont totalement à l'opposé : pour se sentir mieux, l'homme doit résoudre ses problèmes seul, tandis qu'il est nécessaire à sa compagne d'en parler. Ne pas saisir ou ne pas accepter cette dissimilitude essentielle génère des frictions au sein du couple. Voici par exemple ce qui pourra se passer...

Quand Tom rentre de son travail, il veut avant tout se relaxer en lisant tranquillement son journal. Il est tendu à cause des problèmes qu'il a dû laisser en suspens au bureau, et cela le soulage de pouvoir les oublier momentanément.

Son épouse, Mary, a eu elle aussi une dure journée. Mais elle, pour pouvoir se détendre, a besoin de la raconter.

En son for intérieur, Tom la trouve bien bavarde et préférerait qu'elle se taise. Et comme il ne l'écoute que d'une oreille, Mary se sent délaissée. Résultat : une tension naît, qui ne tardera pas à se muer en rancœur. Et s'ils ne prennent pas conscience de leurs différences, ils s'éloigneront inexorablement l'un de l'autre.

Ce récit éveille sans doute en vous des échos familiers. Rien de plus normal à cela : il ne s'agit pas là d'un problème spécifique à Tom et à Mary, loin s'en faut. Et ce n'est qu'un exemple parmi d'autres de conflits qui secouent tous les couples.

Quelle que soit la force de l'amour qui unit Tom et Mary, leurs difficultés ne pourront s'aplanir que si chacun d'eux se familiarise avec le mode de pensée du sexe opposé.

Tant qu'il n'aura pas saisi que les femmes ont réellement besoin de raconter leurs soucis, Tom continuera à penser que Mary parle trop, et à faire la sourde oreille. Et tant qu'elle ne comprendra pas que Tom s'immerge dans son journal pour dominer son stress, Mary persistera à se sentir ignorée et négligée, et insistera pour qu'il lui parle alors qu'il n'en a nulle envie.

Pour tenter de combler l'abîme d'incompréhension qui les sépare, étudions en détail comment l'homme et la femme réagissent face au stress. Nous allons pour ce faire retourner sur Mars et sur Vénus afin d'observer comment les choses s'y déroulaient. Cela devrait nous permettre de glaner maints éclaircissements utiles...

GESTION DU STRESS SUR MARS ET SUR VÉNUS

Quand un Martien est perturbé, il ne parle jamais de ce qui le tracasse. Il ne se permettra d'accabler un autre Martien de ses soucis que s'il a besoin de son assistance pour les résoudre. Si ce n'est pas le cas, il se replie sur lui-même et se réfugie en esprit dans sa caverne privée, pour réfléchir à son affaire et la retourner en tous sens jusqu'à ce qu'il en trouve la solution. Puis, son problème réglé, il ressort à l'air libre, soulagé et ravi.

Si la clé du puzzle lui échappe, il cherchera à se changer les idées en lisant le journal ou en jouant à un jeu vidéo. Et, l'esprit ainsi délivré de ses préoccupations immédiates, il parviendra peu à peu à se détendre. En cas de stress particulièrement violent, il devra recourir à des activités plus « musclées » pour le vaincre, comme conduire à toute vitesse, courir un marathon ou escalader une paroi rocheuse.

Quand cela ne va pas, les Martiens s'enferment dans leur caverne pour résoudre leurs problèmes tout seuls.

Lorsqu'une Vénusienne est contrariée ou stressée par sa journée, elle recherche la compagnie d'une personne de confiance à qui elle pourra raconter ses tracas dans leurs moindres détails. Partager ses doutes et ses angoisses avec une autre Vénusienne la soulage immédiatement. C'est ainsi que l'on procède, sur Vénus.

Quand cela ne va pas, les Vénusiennes discutent ouvertement de leurs problèmes entre elles.

Sur Vénus, confier ses problèmes à autrui est un signe d'amour et de confiance, pas un fardeau inconvenant. Les Vénusiennes n'ont pas honte d'avoir des ennuis. Leur ego se soucie moins d'une quelconque apparence de compétence que de leur capacité à entretenir des rapports humains harmonieux. Elles n'éprouvent aucune réticence à étaler au grand jour leurs sentiments d'impuissance, de confusion, de désespoir ou d'épuisement.

Une Vénusienne est fière d'elle-même quand elle est entourée d'amies avec qui elle peut disséquer ses problèmes et discuter de tout et de rien. Un Martien, lui, est satisfait quand il réussit à résoudre un pépin sans l'aide de personne. Les hommes et les femmes d'aujourd'hui obéissent toujours à ces règles.

LA CAVERNE DISPENSATRICE DE SOULAGEMENT

Nous l'avons vu, un homme stressé se réfugie en esprit au fin fond d'une caverne et consacre son énergie à chercher une solution à ses soucis. En règle générale, il commence par s'attaquer au plus urgent ou au plus sérieux d'entre eux. Et cela l'obnubile tant qu'il en perd pour un temps tout sens des proportions et relègue ses autres préoccupations et responsabilités au second plan.

Avec sa partenaire, il se montre distant, distrait, indifférent, en un mot : préoccupé. Quand elle parle avec lui, elle éprouve la déplaisante impression qu'il ne lui consacre que 5 % de ses capacités cérébrales, les autres 95 % étant occupés ailleurs. Et, de fait, c'est bien ce qui se passe. Quoique physiquement présent, il n'est pas vraiment là car son esprit continue inlassablement à chercher une solution à son problème. Plus celui-ci est grave, plus notre homme est absorbé et incapable d'accorder à sa femme l'attention et la considération auxquelles elle est accoutumée et qu'elle mérite. En revanche, dès que son problème sera réglé, il redeviendra disponible pour sa relation de couple.

Mais, jusque-là, il demeurera prisonnier de ses préoccupations. Pour tenter de débloquer la situation, il va lire le journal, regarder la télévision, faire un tour en voiture ou une série d'abdominaux, regarder un match de football, jouer au tennis, ou pratiquer toute autre activité ne mobilisant pas plus de 5 % de ses capacités intellectuelles. Ainsi « débloqué », il pourra donner à ses réflexions une impulsion nouvelle.

Examinons plus en détail quelques exemples. En période de stress, Jim aime à se plonger dans la lecture de son journal. Délivré de ses propres difficultés, il peut consacrer les 5 % libres de son cerveau à considérer les problèmes du monde et à songer à la meilleure manière de les résoudre. Peu à peu, son esprit en vient à oublier ses préoccupations personnelles au profit des événements nationaux ou internationaux... dont il n'est pas directement responsable. Ce processus le libère de l'emprise de ses soucis pour le rendre de nouveau disponible pour sa femme et sa famille.

Tom, lui, préfère regarder un match de football. Les difficultés de son équipe favorite se substituent progressivement aux siennes. Avantage supplémentaire, il a l'impression de surmonter un obstacle à chaque étape de la partie. Quand son équipe marque un but ou gagne, un sentiment de succès l'envahit ; si elle perd, il ressent cette défaite comme la sienne, mais dans un cas comme dans l'autre, il ne pense plus à ses vrais problèmes.

Et l'inévitable sensation de détente qui accompagne la fin d'un événement sportif, d'un journal télévisé ou d'un film apaise les nerfs à vif de Tom, de Jim et de nombre de leurs congénères.

LES FEMMES ET LA CAVERNE

Nous l'avons vu, en période de réclusion au fond de sa caverne, l'homme est incapable de vouer à sa partenaire l'attention qu'elle mérite. Celle-ci a d'autant plus de mal à l'admettre qu'elle ignore à quel point il est stressé, puisque, en bon Martien, il lui tait ses soucis. Si bien qu'au lieu de fondre de compassion, elle se laisse envahir par le ressentiment : non seulement son mari l'ignore tout bonnement, mais il paraît évident qu'il ne tient pas vraiment à elle ; sinon, il lui confierait ses préoccupations.

Les femmes comprennent mal le mode de gestion martien du stress. Elles pensent que les hommes feraient mieux de discuter ouvertement de leurs difficultés comme le font les Vénusiennes et se sentent blessées lorsqu'ils se renferment en eux-mêmes, et plus encore quand ils consacrent plus d'attention à la télévision ou à leur ballon de football qu'à elles.

Pourtant, attendre d'un homme enseveli dans sa caverne qu'il redevienne en un éclair disponible et aimant est aussi irréaliste qu'espérer qu'une femme bouleversée va se calmer en quelques secondes et tenir un discours rationnel. Un homme ne peut pas plus demeurer à tout instant tendre et attentif qu'une femme ne peut maintenir en permanence ses sentiments sous la coupe de la logique.

Quand ils s'enferment dans leur caverne, les Martiens ont tendance à oublier que leurs amis aussi ont des soucis. Leur instinct profond leur dicte de résoudre leurs propres problèmes avant de songer à aider les autres. Cette attitude horrifie généralement les femmes. Et le plus souvent, elles montent sur leurs grands chevaux, réclamant d'un ton sans réplique l'attention de leur partenaire, prêtes à se battre pour obtenir ce qu'elles estiment leur revenir de droit.

Si elles se rappelaient que les hommes viennent de Mars, elles comprendraient que le comportement de leur partenaire constitue sa façon à lui de lutter contre le stress et non l'expression de ses sentiments envers elles. Et elles pourraient réagir de manière plus constructive pour elles comme pour lui.

Sachez aussi que la plupart des hommes n'ont pas conscience de se montrer particulièrement inaccessibles lorsqu'ils se terrent dans leur caverne. Faire l'effort de percevoir cette réalité est un grand pas vers une relation de couple harmonieuse. Fort de ce nouveau savoir, l'homme pourra en effet deviner quand sa compagne se sent négligée et délaissée, et l'entourer de compassion. Se rappeler les origines vénusiennes des femmes l'aidera à mieux comprendre et respecter les réflexes et les sentiments de la sienne. En revanche, tant qu'il n'admet pas la spécificité des réactions féminines, l'homme se défend, et le couple se dispute. Voici cinq exemples de discussions orageuses résultant de ce malentendu.

1 – Madame se plaint : « Tu ne m'écoutes pas ! »
   Monsieur répond : « Comment ça ? Je peux te répéter tout ce que tu viens de dire. »
   C'est que, du fond de sa caverne, l'homme utilise les 5 % de son cerveau encore disponibles pour enregistrer tout ce que sa femme lui dit. Il appelle cela écouter, puisqu'il entend ce qu'elle lui dit, mais ce qu'elle aimerait, ce serait qu'il lui accorde toute son attention, à 100 %.

2 – Madame dit : « J'ai l'impression que tu n'es même pas ici. »
   Monsieur réplique : « Qu'est-ce que tu veux dire ? Ouvre les yeux ! Je suis là, devant toi ! »
   Sa présence physique est à ses yeux un fait incontestable. Mais sa femme, elle, sent bien qu'une bonne partie de son esprit est ailleurs. C'est ce qu'elle entend par « tu n'es pas ici ».

3 – Madame constate, amère : « Tu ne tiens pas à moi. »
Monsieur se récrie : « C'est la meilleure ! Et pourquoi crois-tu que je me donne tant de mal pour résoudre notre problème ? »
À ses yeux, en s'efforçant de trouver la solution qui lui échappe, il prend soin de sa compagne et lui témoigne son amour. Elle devrait le comprendre. Seulement, la question de Madame signifie qu'elle préférerait recevoir son attention et sa tendresse de manière moins détournée...

4 – Madame dit : « J'ai l'impression de ne pas compter pour toi. »
Monsieur la rassure : « Pourquoi dis-tu cela ? Bien sûr que tu es importante pour moi. »
Pourquoi va-t-elle se mettre martel en tête alors que tous ses actes, tous ses efforts prouvent combien elle compte pour lui ? s'étonne-t-il. Il ne réalise pas que n'importe quelle femme réagirait ainsi et l'accuserait de la négliger en le voyant porter toute son attention sur un seul problème et se désintéresser des siens.

5 – Madame reproche : « Tu n'as pas de cœur, tu ne sais te servir que de ta tête. »
Monsieur répond : « Cela tombe plutôt bien, sinon comment ferais-je pour résoudre nos problèmes ? »
En son for intérieur, il ajoute qu'il ne peut pas être à la fois au four et au moulin. Sa femme est vraiment trop exigeante et n'apprécie même pas ce qu'il fait pour elle. Comme beaucoup d'hommes, il ne se rend pas compte que les reproches de sa femme ne sont pas toujours injustifiés. Il ne voit pas qu'il passe d'un extrême à l'autre avec la rapidité de l'éclair, aimant et attentif un instant, puis indifférent et distant l'instant d'après. Et d'ailleurs, il est trop absorbé par sa tâche pour se préoccuper de telles broutilles.

Pour établir de meilleurs rapports, les hommes et les femmes doivent chercher à mieux se comprendre mutuellement. Quand un homme se met à ignorer sa femme, elle le prend généralement plutôt mal. Et le fait de savoir que c'est sa façon à lui de combattre le stress ne la soulage que très modérément. Quand cela arrive, elle peut ressentir le besoin de lui parler de ses sentiments. C'est dans ces moments qu'il est primordial pour l'homme de faire l'effort d'interpréter correctement les sentiments de sa femme. Il doit admettre la légitimité de son besoin de parler, de son impression d'être ignorée et négligée, tout comme elle doit accepter qu'il se terre parfois dans sa caverne et ne s'exprime plus que par monosyllabes.

Mais tant que la femme demeurera incomprise, sa souffrance intérieure ira croissant.

LA PAROLE QUI SOULAGE

Une femme stressée éprouve le besoin instinctif de décrire son état, et de raconter les causes de son mal en long, en large et en travers. Elle n'accorde aucune priorité à un souci plutôt qu'à un autre ; lorsqu'une femme est bouleversée, elle l'est à propos de tous ses problèmes, les petits comme les grands. Elle ne cherche pas tant à les résoudre qu'à se soulager en les racontant à un interlocuteur capable de les comprendre. Et, à force de déballer au hasard tout ce qui la préoccupe, elle commence à se sentir mieux.

Une femme stressée cherche moins à résoudre ses problèmes qu'à se soulager en les racontant à un interlocuteur capable de les comprendre.

Alors qu'en situation de stress, l'homme est porté à se concentrer sur un problème et à oublier les autres, la femme considère dans son ensemble la masse de tous ses problèmes et se sent écrasée sous leur poids. En revanche, le simple fait de le dire, sans résoudre le problème, la soulage. En se racontant, elle explore ses sentiments, comprend mieux ce qui la préoccupe vraiment, et bientôt se sent moins affligée.

Une femme qui se sent dépassée par les événements se

rassure en disséquant ses tracas dans leurs moindres détails. Quand elle épuise un thème, elle en aborde un nouveau, après une brève pause. Cela lui permet de couvrir tout l'éventail de ses soucis. Aucun ordre d'aucune sorte ne régit la succession des sujets. Ils peuvent aussi bien traiter de problèmes passés que de problèmes futurs, de problèmes virtuels ou même de problèmes insolubles. Mais qu'ils soient graves ou véniels, le simple fait d'en discuter longuement rassérène une femme. C'est ainsi que les femmes fonctionnent, et attendre d'elles une autre attitude reviendrait à nier leur nature profonde.

Si une femme pense qu'on ne la comprend pas, son stress s'accentue, et de nouveaux sujets d'inquiétude viennent grossir le cortège de ceux qui l'angoissent déjà. Dans ce cas, par un processus similaire à celui qui conduit l'homme dans sa caverne à recourir au petit écran pour se distraire et « débloquer » ses cellules grises, la femme va chercher un délassement en se penchant sur des problèmes moins aigus ou sur ceux de ses amies, de ses parents ou même d'inconnus. De toute manière, il s'agit toujours de discussions, c'est-à-dire de la réaction naturelle et normale d'une Vénusienne confrontée à un stress.

Pour oublier ses propres souffrances, une femme se plonge parfois dans les problèmes d'autrui.

LES HOMMES ET LE BESOIN QU'ONT LES FEMMES DE PARLER

En général, quand les femmes essaient de leur parler de leurs problèmes, les hommes se rebiffent parce qu'ils imaginent à tort qu'elles le font parce qu'elles les tiennent pour responsables de leurs malheurs. De ce fait, plus les soucis évoqués sont nombreux et sérieux, plus ils se butent. Ils ne réalisent pas qu'elles cherchent seulement une oreille compatissante.

Rappelons que les Martiens n'expriment leurs problèmes que dans deux cas de figure précis : lorsqu'ils veulent faire des reproches à quelqu'un, et lorsqu'ils quêtent un conseil. Aussi, si la femme qui leur narre ses ennuis est visiblement irritée, ils en déduisent qu'elle leur reproche quelque chose et, si elle semble moins perturbée, qu'elle leur demande un conseil.

Si l'homme croit que l'on sollicite son avis, il s'empresse de coiffer sa casquette de monsieur Réponse-à-tout, et s'il sent venir un blâme, il dégaine ses armes pour contrer l'attaque. Dans les deux cas, le malentendu ne tarde pas à s'épaissir.

En effet, quand un homme l'assaille de solutions dont elle n'a que faire, la femme les écarte et poursuit son récit, abordant un sujet d'inquiétude après l'autre. De son côté, au bout de deux ou trois propositions, l'homme pense que sa compagne doit commencer à se sentir mieux – car un Martien réagirait ainsi – et, comme il voit qu'il n'en est rien, en déduit qu'elle rejette son aide, et lui avec. Dans l'hypothèse où il se sent attaqué, l'incompréhension s'installe aussi. L'homme cherche à se défendre, à s'expliquer, ce qui ne fait qu'accroître l'agacement de son interlocutrice. Il ne saisit pas qu'elle n'a pas besoin d'explications. Elle a besoin qu'il comprenne ses sentiments et lui permette de continuer et de parler d'autres problèmes. S'il avait la sagesse de se taire et d'écouter patiemment sa femme, il verrait que, très vite, elle cesserait de se plaindre de lui pour passer à d'autres motifs de tracas. Cela lui éviterait bien des frustrations, car rien ne déprime plus un homme que de se voir dans l'incapacité de secourir sa femme dans l'adversité.

Malheureusement, leur obsession des solutions conduit les hommes à souffrir quand les femmes évoquent des problèmes insolubles, ou du moins qu'ils sont incapables de résoudre, tels que :

« Je suis mal payée. »

« Ma tante Louise est très malade et chaque année son état s'aggrave. »

« Notre maison est vraiment trop petite. »

« Quelle sécheresse épouvantable... Quand va-t-il enfin pleuvoir ? »

« Notre compte en banque est presque à découvert. »

Pour une femme, de telles affirmations servent seulement à exprimer ses inquiétudes, ses déceptions et sa révolte face à l'inéluctable. Elle sait pertinemment qu'il n'existe aucune réponse à ces questions, mais elle éprouve tout de même le besoin d'en parler pour se soulager et elle se sent soutenue si celui qui l'écoute sympathise avec sa tristesse et sa révolte. Son partenaire en concevra cependant un profond malaise, tant qu'il ne comprendra pas qu'elle n'attend de lui aucun miracle.

Plus une femme donne de détails sur ses problèmes, plus son partenaire s'impatiente. Persuadé que chacun de tous ces détails est nécessaire pour élaborer la solution adéquate, il s'évertue en effet à en évaluer l'importance précise... et se décourage. Une fois de plus, il oublie que son interlocutrice n'attend pas de lui la clé de tous ses soucis.

Pour ne rien arranger, sa structure mentale martienne le pousse à s'épuiser à chercher dans le récit de sa compagne une logique inexistante. En réalité, elle saute d'un sujet à l'autre, parfois du coq à l'âne, au gré des pensées qui traversent son esprit. Une fois qu'elle a exposé deux, trois ou quatre problèmes, il craque parce qu'il ne trouve pas la ligne directrice qui les relie entre eux.

Et pour finir, il attend avec impatience la conclusion du récit. C'est logique : comment pourrait-il commencer à élaborer une solution tant qu'il lui manque cet élément essentiel ? De ce fait, plus le récit est détaillé, plus il bout intérieurement.

Bref, les hommes s'épargneraient bien des contrariétés s'ils consentaient à admettre que leur partenaire n'énumère ces petits riens dans aucun but défini, mais juste pour se soulager en les exprimant. Tout comme l'homme tire satisfaction de l'élaboration d'une solution parfaite jusque dans ses moindres détails, la femme s'épanouit en relatant ses soucis avec une précision quasi chirurgicale.

Tout comme l'homme tire satisfaction de l'élaboration d'une solution parfaite jusque dans ses moindres détails, la femme s'épanouit en relatant ses soucis avec une précision quasi chirurgicale.

Pour encourager un homme à l'écouter jusqu'au bout, une femme peut recourir à un truc simple : lui communiquer dès l'abord la conclusion de son propos. Elle reviendra ensuite en arrière pour lui en décrire tous les aspects. Évitez, mesdames, d'infliger à vos interlocuteurs masculins un récit empreint de suspense. Vous trouvez cela plus excitant et vos amies aussi, mais les hommes détestent cela.

Sachez aussi qu'un homme qui refuse de prêter une oreille attentive aux doléances de sa femme est un Martien pur et dur qui ne connaît rien au sexe opposé. Au fur et à mesure qu'il se familiarisera avec le mode de pensée féminin, il lui paraîtra de moins en moins difficile d'écouter sans s'énerver. Et si sa partenaire prend la précaution de le rassurer avant d'entamer le récit de ses problèmes, en lui rappelant qu'elle n'attend de lui aucune solution, il pourra plus facilement se détendre et lui accorder attention et patience.

COMMENT LES MARTIENS ET LES VÉNUSIENNES ONT TROUVÉ LA PAIX

Les Martiens et les Vénusiennes sont parvenus à vivre ensemble en paix parce qu'ils ont su mutuellement respecter leurs différences. Les Martiens ont appris à respecter le besoin qu'ont les Vénusiennes de parler pour se sentir mieux. Et ils ont compris qu'ils pouvaient leur manifester un utile soutien moral simplement en les écoutant. Les Vénusiennes, elles, ont appris à respecter la réaction martienne de retrait en soi-même en temps de stress et la fameuse caverne masculine a fini par perdre à leurs yeux son caractère mystérieux et alarmant.

CE QUE LES MARTIENS ONT APPRIS

Les Martiens ont réalisé que les attaques, les reproches et les critiques des Vénusiennes à leur endroit n'étaient que temporaires et que, très vite, celles-ci se sentaient mieux, les acceptaient et les appréciaient de nouveau.

En apprenant à écouter leurs compagnes, les Martiens ont découvert à quel point les Vénusiennes appréciaient de pouvoir parler de leurs problèmes. Dans le même temps, ils ont retrouvé la paix de l'esprit en comprenant enfin que le besoin des Vénusiennes de se raconter n'était pas lié à quelque déficience de leur part à eux. Ils ont aussi découvert qu'une fois qu'une Vénusienne sait qu'elle a été entendue, elle cesse de se plaindre et réagit de manière très positive. Forts de cette information, les Martiens ont ouvert leurs oreilles et leur cœur aux Vénusiennes.

Beaucoup d'hommes, et même certaines femmes, critiquent vivement les conversations basées sur les récits de soucis parce que eux-mêmes n'en éprouvent pas le besoin et en ignorent les bienfaits. Ils n'ont jamais vu une femme bouleversée et énervée se calmer, retrouver le sourire et même parvenir à évoluer vers une attitude positive juste parce que quelqu'un a pris la peine de l'écouter. En revanche, la plupart d'entre eux ont observé une femme – souvent leur mère – qui, sachant que nul ne s'intéressait à ses tracas, les ressassait sans fin. C'est ce qui arrive aux femmes qui manquent d'amour et de soutien pendant de trop longues années. Cependant, leur véritable drame n'est pas leur propension à évoquer leurs problèmes mais le fait qu'elles se sentent mal aimées.

Une fois que les Martiens se sont mis à écouter leurs compagnes, ils ont fait une découverte assez surprenante : accueillir les confidences d'une Vénusienne pouvait produire sur eux le même effet que regarder les nouvelles à la télévision ou lire un journal, et les aider tout aussi efficacement à ressortir de leur caverne. Bien entendu, en cas de stress violent et d'incursion au plus profond de leur caverne, ils en reviendront aux distractions plus « classiques ».

CE QUE LES VÉNUSIENNES ONT APPRIS

Les Vénusiennes ont quant à elles retrouvé la paix de l'esprit quand elles ont enfin compris que ce n'était pas parce que leur Martien chéri rentrait dans sa caverne qu'il ne les aimait plus autant. Elles ont appris à se montrer plus tolérantes avec lui dans les moments de stress, et notamment à cesser de s'offusquer lorsque leur partenaire se montrait anormalement distrait.

Aujourd'hui, lorsqu'une Vénusienne voit le regard de son interlocuteur masculin se perdre dans le vague pendant qu'elle lui parle, elle s'interrompt bien poliment et attend qu'il s'en rende compte, puis elle recommence à parler. Elle sait qu'il est parfois difficile pour un Martien de lui accorder toute son attention. Et, grâce à cette méthode douce, elle obtient de bien meilleurs résultats que lorsqu'elle se plaignait.

Les Vénusiennes ont aussi renoncé à prendre ombrage des retraites des Martiens en eux-mêmes. Pendant ces périodes, elles oublient pour un temps les conversations intimes et en profitent pour voir leurs amies et discuter de tout et de rien avec elles, ou pour faire du shopping.

Et les Martiens, se sentant aimés et acceptés tels qu'ils sont, ressortent beaucoup plus vite de leur isolement qu'ils ne le faisaient avant que les Vénusiennes n'aient étudié leur mode de pensée.

4

Comment motiver
le sexe opposé

Pendant des siècles, les Martiens et les Vénusiennes ont vécu très heureux dans leurs mondes séparés. Puis un jour, tout a changé : esseulés sur leurs planètes respectives, les Martiens et les Vénusiennes sont devenus dépressifs. C'est ce qui les a poussés à se fréquenter.

Et déjà, lors de cette crise initiale, leurs réflexes ont illustré tout ce qui sépare les modes de pensée martien et vénusien et la manière dont les habitants de ces deux planètes gèrent instinctivement leurs stress. L'étudier vous aidera à soutenir plus efficacement votre partenaire dans les moments difficiles, et à mieux accueillir ses efforts pour vous porter assistance quand vous souffrez moralement. Remontons le temps et observons ce qui se passa sur Mars et sur Vénus lorsque cette vague de mal de vivre s'empara de leurs habitants.

Mars virait au désert car tous les Martiens se terraient dans leurs cavernes respectives. En proie à un malaise croissant, ils en sortaient de moins en moins souvent. Peut-être auraient-ils fini totalement reclus en eux-mêmes si l'un d'eux n'avait aperçu les ravissantes Vénusiennes grâce à son télescope. Ce privilégié ayant eu l'idée généreuse de partager sa merveilleuse découverte – et son télescope – avec ses compatriotes, la chape de tristesse qui les emprisonnait se dissipa comme par miracle. Enfin, il leur semblait que quelqu'un avait besoin d'eux. Délaissant leurs cavernes devenues momentanément inutiles, ils entreprirent aussitôt la construction d'une flotte de vaisseaux spatiaux pour s'envoler vers Vénus.

Pendant ce temps, les Vénusiennes tentaient en vain de

combattre leur malaise en se réunissant par petits groupes pour discuter et se réconforter mutuellement. Leur abattement persista jusqu'à ce que leur intuition leur inspire une vision : des êtres séduisants et solides – les Martiens – allaient surgir des confins de l'espace pour les aimer, les choyer et les soutenir. Déjà, il leur semblait sentir la chaleur de leur tendresse. Dès que toutes les Vénusiennes eurent été avisées de cette réconfortante perspective, leur tristesse s'envola, et elles entamèrent de joyeux préparatifs pour accueillir leurs visiteurs.

Les hommes sont heureux et prêts à se surpasser quand ils sentent que l'on a besoin d'eux ; les femmes, quand elles se savent aimées.

Cette règle est intemporelle. Les hommes et les femmes d'aujourd'hui obéissent aux mêmes motivations que leurs ancêtres martiens et vénusiennes. Quand un homme ne se sent plus indispensable à sa partenaire, il se replie sur lui-même et devient froid et distant. Quand, au contraire, il la sait consciente de ses efforts pour répondre au mieux à ses besoins, et devine qu'elle les apprécie, il déborde d'énergie et se consacre beaucoup plus à leur couple. De même, quand une femme doute de l'ardeur de son partenaire, elle s'épuise à le couvrir d'une tendresse compulsive et s'angoisse. Si, en revanche, elle s'estime choyée et respectée, elle sera comblée et également capable d'apporter beaucoup plus à sa relation amoureuse.

QUAND UN HOMME AIME UNE FEMME

Les premiers instants du processus amoureux chez un homme sont similaires à ceux vécus par le premier Martien lorsqu'il a pour la première fois aperçu les Vénusiennes. Enfermé dans sa caverne, il scrutait le ciel à l'aide de son télescope, y cherchant des solutions, quand lui apparurent des créatures qu'il devait plus tard décrire comme les incarnations de la beauté et de la grâce. En un seul et merveilleux instant, sa vie fut bouleversée à jamais aussi brutalement que s'il avait été frappé par la foudre. Il lui sembla d'ailleurs que son corps venait de prendre feu... Et en admirant les déesses dont il venait de découvrir l'existence, il éprouva pour la première fois de sa vie de l'amour et de la tendresse pour un autre être. Sa vie tout entière prit aussitôt un sens nouveau, et il oublia son mal de vivre.

Les Martiens ont une philosophie fondée sur la dualité victoire/défaite, qui pourrait s'exprimer ainsi : « Je veux gagner, même si cela implique que quelqu'un d'autre perde ! » Tant que chaque Martien ne s'occupait que de lui-même, cette formule convenait très bien. Mais, malgré son succès séculaire, l'arrivée des Vénusiennes la rendit caduque : à présent que les Martiens se souciaient d'autres êtres, ils désiraient les voir aussi « gagner ».

Les derniers vestiges du code de conduite martien originel se retrouvent dans les règles sportives. Par exemple, au cours d'une partie de tennis, non seulement on tente bien évidemment de gagner, mais on s'efforce de surcroît de faire perdre son adversaire, en le bombardant de services aussi difficilement rattrapables que possible. Et la victoire qui en résulte n'est en rien gâchée par le fait qu'elle implique la défaite du partenaire.

Ce mode de pensée n'est pas dépourvu de pertinence dans bien des situations, mais il peut aussi nuire gravement aux rapports entre adultes. Il paraît évident que si chacun de nous s'efforce de satisfaire ses besoins et envies au détriment de ceux de son partenaire, le malheur, la rancœur et les conflits se dresseront immanquablement sur notre chemin. En amour, comme en toute autre chose, le secret d'un partenariat réussi réside dans sa capacité de faire « gagner » les deux parties.

LES CONTRAIRES S'ATTIRENT

Le Martien qui, le premier, repéra les Vénusiennes fut tellement séduit qu'il fabriqua aussitôt des télescopes pour ses congénères. À la suite de ce précurseur, tous s'éprirent des habitantes de la planète voisine et le mal de vivre qui les minait ne fut bientôt plus qu'un mauvais souvenir. À la suite de ce bouleversement, leur système de valeurs tout entier se modifia : choyer les Vénusiennes devint rapidement pour les Martiens aussi important que satisfaire leurs propres besoins.

Les étranges et superbes Vénusiennes exerçaient sur eux un attrait aussi mystérieux qu'irrésistible, en partie parce qu'elles étaient si différentes d'eux. Les gracieuses rondeurs des Vénusiennes contrastaient avec les traits anguleux et les muscles durs des Martiens et elles étaient aussi tendres et douces qu'ils étaient froids. De plus, miracle, il semblait que ces dissimilitudes se complétaient parfaitement.

Toute l'attitude des Vénusiennes clamait clairement aux Martiens : « Nous avons besoin de vous, de votre puissance et de votre force. Seules, nous nous sentons creuses et insatisfaites, mais ensemble nous pourrions être très heureux. » Cet appel muet stimula et motiva très vivement les Martiens.

La plupart des femmes savent encore d'instinct transmettre un tel message aux hommes. Ainsi leurs relations amoureuses s'amorcent-elles souvent par un regard signifiant : « Tu pourrais être l'homme qui m'apportera le bonheur. » Cet encouragement subtil incite l'homme à dominer sa réserve naturelle et sa crainte de s'engager pour nouer une ébauche de relation avec une étrangère. Malheureusement, une fois leur couple établi, les femmes oublient le plus souvent de continuer à émettre ce message. Elles ignorent combien l'homme a besoin de cette marque de confiance.

La perspective d'apporter à la civilisation vénusienne des changements positifs attirait aussi grandement les Martiens. Leur race tout entière abordait une nouvelle étape de son évolution. Au lieu de consacrer leur énergie et leurs talents à prouver leur valeur et à renforcer leur pouvoir personnel, ils voulaient à l'avenir le placer au service des autres, surtout celui des Vénusiennes. À leur philosophie fondée sur la dualité victoire/défaite venait peu à peu se substituer un nouveau système de pensée du type victoire/victoire. Ils rêvaient d'un monde dans lequel chacun saurait à la fois se préserver et se soucier des autres.

L'AMOUR MOTIVE LES MARTIENS

Les Martiens bâtirent donc une flotte de vaisseaux spatiaux pour se rendre sur Vénus. Depuis qu'ils connaissaient l'existence des Vénusiennes, le ciel semblait plus bleu, le soleil plus brillant, et la vie dans son ensemble beaucoup plus exaltante qu'auparavant. Pour la première fois de leur histoire, les Martiens éprouvaient des sentiments altruistes.

De la même façon, quand un homme est amoureux, il cherche à donner le meilleur de lui-même, pour séduire, bien sûr, mais aussi parce que se savoir aimé lui procure une telle confiance en lui-même qu'il devient capable de toutes les audaces. Il suffit, pour qu'il persiste dans cette voie, de lui fournir l'occasion de montrer son potentiel. Si, en revanche, il sent venir l'échec, il régressera à son état antérieur et reprendra ses vieilles habitudes égoïstes.

Un homme à qui l'on fournit l'occasion de montrer son potentiel donnera le meilleur de lui-même. Si, en revanche, il sent venir l'échec, il régressera à son état antérieur et reprendra ses vieilles habitudes égoïstes.

L'homme touché par la grâce de l'amour se met soudain à se préoccuper du sort d'un autre être tout autant que du sien. Enfin délivré du carcan de l'égoïsme martien, il découvre la joie de donner sans rien attendre en retour et de rendre heureux. La satisfaction de sa partenaire lui important autant, sinon plus, que la sienne propre, il devient capable d'accomplir par amour les plus grands sacrifices. Le sourire de la femme de sa vie et son bonheur lui donnent des ailes.

Alors que, dans sa prime jeunesse, la satisfaction de désirs matériels égoïstes suffisait à le combler, à mesure qu'il gagne en maturité, l'homme aspire à des sensations plus élevées. Seul l'amour peut dorénavant lui apporter le véritable contentement. Être aimé, bien sûr, mais surtout, et avant tout, aimer.

La plupart des hommes cachent des trésors de tendresse. Ils meurent d'envie de chérir une femme... mais ils l'ignorent, tout comme ils ignorent ce qu'ils perdent à s'en abstenir, faute d'exemple paternel probant. Un homme qui n'a jamais, ou rarement, vu sa mère rayonner de bonheur sous l'effet des attentions de son époux ne peut deviner le plaisir inégalable qu'apporte l'acte de donner.

En revanche, en cas d'échec sentimental, l'homme sera la proie des idées noires et courra se terrer au plus profond de sa caverne. Ainsi protégé de tout contact intime avec le monde extérieur hostile, il pourra ressasser en toute quiétude ses malheurs. Dans ces moments, il ne pense plus qu'à lui et se ferme aux autres. À quoi ces efforts riment-ils ? s'interroge-t-il avec amertume. Et à quoi sert de se donner tant de mal pour des ingrates ? Il ne comprend pas que son indifférence et sa rancœur résultent d'un sentiment d'inutilité. S'il rencontrait une personne qui ait besoin de lui, il émergerait aussitôt de son état dépressif et retrouverait sa joie de vivre.

Se sentir inutile est pour un homme une mort lente.

Dès lors qu'un homme n'a plus le sentiment d'apporter une touche positive à la vie de sa partenaire, sa propre existence et ses rapports avec son entourage perdent pour lui tout intérêt. Il ne retrouvera l'espoir que lorsqu'il se sentira de nouveau nécessaire, apprécié et admiré.

QUAND UNE FEMME AIME UN HOMME

Ce qui se passe dans la tête d'une femme lorsqu'elle tombe amoureuse ressemble beaucoup à ce qu'a ressenti la Vénusienne qui, la première, a pressenti l'arrivée des Martiens sur sa planète : elle vit dans un rêve.

Son ancêtre avait eu la vision d'une flotte spatiale apparaissant à l'horizon pour atterrir sur Vénus et d'un homme grand, beau et jeune descendant de son vaisseau spatial et la prenant dans ses bras. Elle devinait que l'inconnu saurait la chérir comme elle aspirait à l'être et prendrait soin d'elle. À sa suite, toutes les autres Vénusiennes se mirent elles aussi à rêver de séduisants étrangers... et oublièrent comme par enchantement le mal de vivre qui les minait. Bientôt, elles ne seraient plus seules ! Bientôt, elles seraient aimées !

De leur côté, les Martiens, totalement subjugués par la beauté et la culture des Vénusiennes, ne demandaient pas mieux que de se dévouer à elles corps et âme. Enfin, leurs efforts, leur courage et leur compétence étaient utiles ; ils leur permettaient de plaire à ces êtres admirables et merveilleux, et peut-être même de les rendre heureux. Cela leur parut un véritable miracle !

Malheureusement, malgré des millénaires de cohabitation avec les descendantes de ces Vénusiennes, la plupart des hommes ignorent encore l'importance que revêt pour une femme le fait de se sentir épaulée par quelqu'un qui tient à elle. Pour être heureuse, une femme doit sentir que ses besoins seront comblés, que si elle est bouleversée, excédée, égarée, épuisée ou même désespérée, son compagnon demeurera à son côté pour la soutenir : en bref, qu'elle n'est pas seule et qu'on l'aime. Et plus son partenaire acquiescera à ses doutes, cherchera à comprendre ses angoisses et fera preuve de compassion, plus elle appréciera l'assistance qu'il lui apporte et lui en sera reconnaissante.

Les hommes le comprennent souvent mal car leurs instincts martiens les poussent à s'isoler quand ils sont contrariés. De ce fait, le premier mouvement d'un homme qui voit sa femme soucieuse sera de la laisser seule, par respect. Et s'il reste auprès d'elle, il risque d'ajouter encore à son malaise en essayant à toute force de l'aider à résoudre ses problèmes. Il ne perçoit pas de lui-même combien la simple présence d'un être cher et la possibilité de lui raconter ses maux sont importantes pour elle. Elle a avant tout besoin d'une oreille compatissante.

Exprimer ses sentiments lui permet de se détendre et de ramener ses angoisses à des proportions normales. Elle reprend peu à peu confiance en elle : oui, elle mérite d'être aimée, oui, elle va l'être. Et puisqu'elle est digne de l'amour de son partenaire, elle n'a nul besoin de s'épuiser comme elle le fait à chercher à le gagner. Elle le *mérite*. Retrouvant son sourire, elle donne moins d'elle-même, mais mieux, et aussitôt reçoit davantage.

Les angoisses et les doutes d'une femme s'estompent dès qu'elle se rappelle qu'elle mérite l'amour de son partenaire et que ce n'est pas une chose qu'elle doit gagner. Elle peut alors se détendre, donner moins, mais mieux, et recevoir davantage.

TROP DONNER EST ÉPUISANT

Quand le mal de vivre envahit leur planète, les Vénusiennes consacrèrent tout leur temps à discuter et à disséquer leur malaise. Peu à peu, elles parvinrent à identifier la cause de leur dépression : elles étaient fatiguées de toujours donner, lasses de se sentir en permanence responsables les unes des autres. Elles aspiraient à se décontracter et à se laisser vivre. Après tant de siècles de partage total, elles rêvaient de posséder des choses en propre et d'être appréciées en tant qu'individus. Elles ne voulaient plus se sacrifier, ni vivre pour les autres.

Jusque-là avait prévalu sur Vénus une philosophie fondée sur la dualité défaite/victoire définie par la formule : « Je perds pour que tu puisses gagner. » Et tant que chacune se sacrifiait pour les autres, les besoins de toutes étaient satisfaits. Mais à présent, les Vénusiennes souhaitaient évoluer. Tout comme les Martiens, elles étaient mûres pour adhérer à une philosophie permettant à tous de « gagner ».

Beaucoup de femmes modernes réagissent comme leurs ancêtres vénusiennes. Elles réclament un répit, un peu de temps pour se pencher sur leurs propres désirs, et le droit de penser parfois à elles-mêmes avant de penser aux autres. C'est pourquoi elles recherchent un partenaire capable de leur offrir le soutien moral dont elles ont besoin, et qui n'attendra pas d'elles qu'elles prennent soin de lui. Un Martien bon teint correspond parfaitement à ce descriptif.

Revenons à la rencontre des Martiens et des Vénusiennes. Au moment où les premiers prirent pied sur Vénus, ces deux peuples habitués à vivre en vase clos étaient prêts à évoluer vers un nouveau mode de pensée. Au contact des Vénusiennes, les Martiens apprirent à donner tandis que, de leur côté, les Vénusiennes apprenaient à recevoir.

On observe souvent un processus parallèle dans l'évolution des hommes et des femmes. Les jeunes femmes font mille efforts pour se plier aux besoins de leur partenaire, alors que les jeunes gens se préoccupent avant tout de leur propre bien-être et fort peu de celui des autres. Mais, en vieillissant, les premières réalisent qu'en agissant comme elles le font elles sacrifient leur épanouissement personnel à celui de leur partenaire, alors que les années enseignent à l'homme le plaisir de respecter et de servir son entourage. Tandis que l'homme découvre la joie de donner, la femme apprend à se fixer des limites pour ne pas se perdre et mieux recevoir ce qu'elle désire.

BLÂMER L'AUTRE EST INUTILE

Quand une femme s'aperçoit qu'elle a trop donné d'elle-même, elle tend souvent à en rejeter la faute sur son partenaire. Elle se sent victime d'une injustice et, de fait, elle n'a pas reçu l'attention et l'amour qu'elle méritait. Mais blâmer son conjoint est une erreur. Leur relation ne s'améliorera que si elle reconnaît sa propre responsabilité dans l'affaire. De même, un homme qui ne s'implique pas assez dans son couple ne doit pas chercher à se dédouaner en accusant sa partenaire de se montrer négative, ou peu réceptive à ses attentions. Dans ces deux cas, les reproches se révèlent totalement stériles.

La clé du problème réside dans une meilleure compréhension de l'autre. Confiance, tolérance, compassion et soutien moral produisent cent fois plus d'effet que des récriminations.

Au lieu de fustiger l'amertume de sa partenaire, l'homme pourra lui offrir sa tendresse et son appui, même si elle ne les lui demande pas. Il l'écoutera patiemment même si, au début, ses propos ne sont que reproches à son égard. Et il saura l'aider à se confier et à lui ouvrir son cœur en multipliant les petites attentions prouvant qu'il tient à elle. La femme adoptera elle aussi une attitude plus constructive, s'abstenant de reprocher à son mari son égoïsme pour l'accepter tel qu'il est, avec ses imperfections, même et surtout lorsqu'il la déçoit. Elle admettra une fois pour toutes que les apparences sont trompeuses et qu'un homme qui donne trop peu n'est pas un homme qui n'aime plus, mais un homme maladroit, qui ne sait comment lui apporter et lui exprimer son soutien. Et elle l'encouragera à donner plus en lui montrant sa reconnaissance pour ce qu'il a déjà fait, et en continuant à solliciter son assistance.

SE FIXER DES LIMITES ET LES RESPECTER

Mais avant toute autre chose, il est primordial pour une femme de prendre conscience de ses propres limites. Jusqu'où peut-elle pousser la générosité sans en concevoir de la rancœur à l'encontre de son partenaire ? Au lieu d'attendre un changement d'attitude de son partenaire, elle peut aussi rééquilibrer son couple en réduisant ses propres efforts.

Prenons l'exemple de Jim et de Susan, deux de mes patients, respectivement âgés de trente-neuf et quarante et un ans lors de leur première consultation avec moi. Susan souhaitait divorcer car elle disait avoir porté leur couple à bout de bras pendant leurs douze années de vie commune, tandis que Jim se laissait vivre. Après avoir déversé sur Jim un flot de reproches – elle cita pêle-mêle son égoïsme, ses comportements machos, sa propension à la léthargie et son manque de romantisme –, elle a conclu en déclarant qu'elle n'avait plus la force de continuer à vivre ainsi. Elle lui avait tant donné sans rien recevoir en retour qu'elle se sentait vidée. L'idée de recourir à une thérapie venait de Jim et elle laissait Susan très sceptique. Pourtant, il ne leur a fallu que six mois pour franchir les trois étapes de la reconstruction de leur couple. Et aujourd'hui, avec leurs trois enfants, ils forment une famille heureuse.

Première étape : Motivation

J'ai tout d'abord expliqué à Jim que sa femme souffrait d'un trop-plein d'amertume accumulé au cours des douze dernières années. Je lui ai dit que s'il voulait sauver son mariage, il lui faudrait l'écouter patiemment pour lui permettre de retrouver la motivation nécessaire afin de chercher à sauver leur relation.

Puis, pendant les six premières séances auxquelles tous deux assistaient, j'ai encouragé Susan à exprimer ce qu'elle ressentait, et aidé Jim à comprendre l'attitude négative de sa femme. Ce fut là le passage le plus délicat de leur cheminement.

Entendre Susan exprimer sa souffrance et ses besoins conforta Jim dans sa confiance en l'avenir de leur relation. Il se sentait tout à fait capable d'effectuer les changements nécessaires pour la reconquérir. Dès que Susan se sentit comprise, elle retrouva à son tour l'espoir. Et ils purent aborder ensemble la deuxième étape de leur thérapie.

Deuxième étape : Responsabilisation

À ce stade, je leur demandai de prendre leurs responsabilités. Jim devait reconnaître qu'il n'avait pas suffisamment soutenu sa femme et Susan admettre qu'elle n'avait jamais fixé de seuils d'acceptabilité des actes de son mari. Jim s'exécuta et s'excusa de l'avoir blessée. De son côté, Susan concéda que Jim ne se serait sans doute pas comporté avec elle comme il l'avait fait si elle avait pris la peine d'établir clairement les limites de son indulgence. Et, même si elle n'avait pas à s'excuser, elle accepta sa part de responsabilité dans leurs problèmes.

Peu à peu, elle comprit que sa propension à donner sans mesure avait contribué à leurs difficultés. Alors seulement, elle se sentit capable d'accorder à Jim son pardon. Ce travail sur eux-mêmes leur a permis à tous deux de retrouver le désir et la force nécessaires pour apprendre à se soutenir mutuellement dans le respect de leurs différences.

Troisième étape : Entraînement

Pour que leur couple fonctionne, Jim devait apprendre à respecter certaines limites, et Susan à les fixer. Et tous deux devaient s'accoutumer à discuter honnêtement et avec respect de leurs sentiments. La troisième étape de leur thérapie se traduisit donc par des exercices pratiques, au cours desquels je demandai à Jim et à Susan de garder présent à l'esprit le fait que des « rechutes » étaient non seulement possibles, mais tout à fait excusables. Ce droit à l'erreur devait constituer pour eux un filet de sécurité. Penchons-nous à présent sur les exercices eux-mêmes.

- En cas de dispute, Susan devait dire à Jim : « Je n'aime pas la façon dont tu me parles. Arrête de crier ou je vais m'en aller. »
  Quand elle eut réellement quitté la pièce à plusieurs reprises, Jim se conforma à ses désirs et elle n'eut plus jamais besoin de le faire.
- Si elle se trouvait confrontée à une requête de Jim à laquelle elle regretterait par la suite de s'être pliée, elle devait s'exercer à lui répondre : « Non, j'ai besoin de me reposer » ou bien : « Non, je suis trop occupée. »
  Et elle découvrit que sa nouvelle attitude rendait Jim plus attentionné car elle l'obligeait à admettre qu'elle pouvait être fatiguée ou occupée.
- Susan exprima à Jim son désir de prendre des vacances et, lorsqu'il lui déclara être trop pris par son travail pour partir, elle rétorqua que, puisqu'il en était ainsi, elle partirait seule. Aussitôt, comme par magie, Jim trouva le moyen de réorganiser son emploi du temps pour l'accompagner.
- Quand Jim l'interrompait en parlant, elle s'accoutuma à répliquer : « Je n'ai pas fini, laisse-moi parler. »
  Très vite, Jim perdit la déplorable habitude de couper la parole à sa femme et prit celle de l'écouter patiemment.

Pour Susan, l'exercice le plus ardu consista à apprendre à exprimer clairement ses souhaits à Jim. Elle n'en concevait même pas l'intérêt : « Pourquoi devrais-je lui demander quoi que ce soit, après tout ce que j'ai fait pour lui ? » me demanda-t-elle. Je lui expliquai que croire son mari capable de pressentir ses désirs était non seulement irréaliste, mais source d'une bonne part de ses problèmes. Elle devait aider Jim dans sa tâche en extériorisant ses besoins.

Pour Jim, le grand défi fut d'accepter le nouveau comportement de sa femme, et d'oublier l'épouse soumise des débuts de leur mariage. Il admit qu'il devait s'avérer aussi difficile pour elle de définir ses limites que pour lui de les respecter, mais se déclara persuadé qu'avec un minimum de pratique Susan et lui ne tarderaient pas à s'accoutumer à leurs nouveaux rapports.

Se heurter à des barrières incite l'homme à donner davantage à sa partenaire, et devoir respecter ces limites l'oblige à remettre son comportement en question et à s'ouvrir au changement. En contrepartie, une femme qui a assimilé la nécessité de donner moins pour recevoir plus sera davantage encline à l'indulgence et consacrera une énergie accrue à rechercher de nouvelles manières de demander et d'obtenir le soutien masculin dont elle a besoin. Et une fois les limites du don de soi établies, elle pourra se détendre et mieux jouir des attentions renouvelées de son partenaire.

APPRENDRE À RECEVOIR

Ne vous y trompez pas : il est terrifiant pour une femme de décider de donner moins à un homme pour recevoir plus de lui. Elle redoutera le plus souvent d'en venir à trop compter sur lui et d'être mal jugée, rejetée, ou même abandonnée par lui, ce qui lui serait d'autant plus pénible qu'au fond d'elle-même elle ne parvient pas à se défaire de la conviction erronée qu'elle ne mérite pas de recevoir davantage. C'est là une croyance qui remonte à son enfance, période où elle a souvent dû refouler ses sentiments, ses besoins ou ses désirs. Toutes les femmes se persuadent très facilement qu'elles sont indignes d'amour et plus encore celles qui, dans leur enfance, ont été victimes ou témoins de mauvais traitements. Ces dernières sont en effet totalement incapables de jauger leur propre valeur. Et, inconsciemment, les femmes en viennent à redouter d'avoir besoin des autres, par peur de ne pas obtenir l'appui qu'elles espèrent.

Cette crainte les incite parfois à repousser à leur insu l'aide dont elles auraient besoin. Pour ne rien arranger, quand leur partenaire perçoit cela comme de la défiance, il se sent rejeté et se bute. Alors, au désespoir mais incapable de surmonter ses démons, la femme se met à exprimer ses besoins légitimes comme autant d'appels dans le vide. Et curieusement, s'il est crucial pour un homme de sentir que sa femme a besoin de lui, il perd vite patience devant une assistée chronique.

Le malentendu va alors grandissant car la femme en déduit à tort que l'homme fuit devant ses besoins, alors que c'est elle-même qui l'a chassé, avec ses larmes et sa méfiance. Il lui faut absolument comprendre ce qui sépare, aux yeux d'un homme, un besoin d'un manque.

Exprimer un besoin consiste à rechercher ouvertement le soutien d'un homme dans un contexte de confiance mutuelle, en supposant qu'il fera son possible pour l'apporter à la personne qui le sollicite. De cette attitude, l'homme tire force et espoir. Clamer un manque est bien différent. Dans ce cas de figure, la femme quémande désespérément une assistance qu'elle n'est pas assurée de trouver. L'homme, dépité de la voir ainsi mettre en doute ses capacités, la laisse se débrouiller seule.

Or, pour une femme, toutes les formes de déception et de rejet sont terriblement blessantes. Se laisser aller à dépendre d'un homme pour se voir ensuite ignorée, oubliée ou abandonnée lui est insupportable. Et une telle déconvenue ne fait que renforcer en elle la certitude erronée de sa médiocrité.

Comment les Vénusiennes ont pris conscience de leur valeur

Longtemps, les Vénusiennes ont cherché à atténuer leur conviction profonde de ne pas mériter qu'on les aime en se montrant exagérément attentives aux besoins des autres et en se démenant pour les satisfaire. Elles donnaient, donnaient sans cesse, donnaient toujours, dans l'espoir de devenir enfin dignes à leurs propres yeux de recevoir quelque chose en retour. Il leur fallut de longs siècles pour comprendre qu'elles *méritaient* d'être aimées et aidées. Cette étape cruciale franchie, elles s'aperçurent rétrospectivement qu'il en avait toujours été ainsi.

Donner aux autres leur a permis de prendre conscience de leur propre valeur : puisque tout leur entourage méritait leurs attentions, cela signifiait que tout le monde méritait d'en recevoir... même elles.

Ici, sur la Terre, tout se passe beaucoup plus simplement. Une petite fille qui voit sa mère entourée de marques d'amour se sentira automatiquement digne d'en recevoir à son tour et surmontera sans peine sa propension vénusienne à trop donner d'elle-même. Elle assimilera naturellement la sagesse et la sérénité de sa mère.

Les Vénusiennes, elles, n'ayant pas d'exemple maternel sous les yeux, mirent des milliers d'années à juguler leur instinct de don compulsif. C'est au moment même où elles y parvinrent que les Martiens les découvrirent et mirent leur flotte spatiale en chantier.

Quand les Vénusiennes furent prêtes, les Martiens arrivèrent

Ce n'est que lorsqu'une femme réalise qu'elle mérite vraiment d'être aimée qu'elle ouvre pleinement les portes de son cœur à son compagnon. Mais quand elle en prend conscience au bout de dix ans d'une union au cours de laquelle elle a donné bien plus d'amour et de tendresse qu'elle n'en a reçu, elle hésite souvent à accorder une ultime chance à son époux. Si elle exprimait tout haut ce qu'elle pense, elle dirait sans doute quelque chose comme : « Je t'ai tout donné et toi, tu as tout pris, et, en retour, tu m'as ignorée. Je n'en peux plus. Tu as eu ta chance et tu n'as pas su la saisir. Tant pis pour toi. J'estime mériter un meilleur traitement. Je ne te permettrai pas de me blesser davantage. »

Lorsque c'est le cas, je rassure mes patientes en leur expliquant que nul ne leur demande de donner encore plus d'elles-mêmes pour sauver leur couple, bien au contraire. Quand un homme néglige sa femme, tout se passe comme si tous deux dormaient ; dès que la femme se réveille et se remémore ses besoins, son partenaire se réveille à son tour et s'attache à les combler.

Dès que la femme se réveille et se remémore ses besoins, son partenaire se réveille à son tour et s'attache à les combler.

Dès que la femme cesse de s'épuiser à trop donner, parce qu'elle a repris confiance en son mérite personnel, l'homme émerge de sa caverne, construit un vaisseau spatial et accourt auprès d'elle pour la choyer et s'efforcer de la rendre heureuse. Bien sûr, il lui faudra encore du temps pour apprendre à donner davantage, mais il a franchi le pas le plus important : il a pris conscience qu'il a négligé sa femme et il a le désir de changer les choses.

L'inverse est aussi vrai. Si un homme souhaite enrichir leur relation d'un surplus de tendresse et de romantisme, sa femme sera aussitôt beaucoup plus encline à lui pardonner ses maladresses et leur amour renaîtra de ses cendres. Si trop de rancœurs se sont accumulées, il faudra un certain temps pour qu'elles s'évanouissent entièrement, mais la chose est possible. Pour panser les plaies récalcitrantes, je donnerai un « traitement » simple dans le chapitre 11.

Souvent, quand un partenaire réussit à changer, l'autre évolue dans le même sens. La vie est faite de telles coïncidences, presque magiques : quand l'élève est prêt pour sa leçon, le maître arrive ; quand la question est posée, la réponse fait son apparition. Et quand on est réellement disposé à recevoir, ce dont on a besoin devient disponible. Quand les Vénusiennes furent prêtes à recevoir l'amour des Martiens, ils furent prêts à le leur donner.

APPRENDRE À DONNER

La plus grande crainte de l'homme est d'être incompétent, de ne pas se révéler à la hauteur d'une situation. Pour compenser cette peur, il concentre ses efforts sur sa force et sa compétence. Le succès, le rendement et l'efficacité deviennent ses priorités. Avant de rencontrer les Vénusiennes, les Martiens étaient tellement obnubilés par ces objectifs qu'ils ne se préoccupaient de personne ni de rien d'autre qu'eux. On remarquera d'ailleurs au passage que c'est lorsqu'il est paralysé par la peur que l'homme semble le plus indifférent.

La plus grande crainte de l'homme est de se révéler incompétent, ou pas à la hauteur d'une situation.

Tout comme les femmes ont peur de recevoir, les hommes ont peur de donner, car cet acte les expose à des rectifications, des réprimandes et même à un risque d'échec. Cela les paralyse d'autant plus qu'au fond de leur esprit rôde la conviction aussi tenace qu'erronée qu'ils ne sont pas vraiment à la hauteur de la situation. En général ancrée en eux au cours de leur enfance, elle s'est nourrie de chaque « peut mieux faire ». Toutes les fois qu'un de leurs succès passe inaperçu ou est insuffisamment applaudi, leurs craintes se confirment.

Les femmes ont peur de recevoir,
les hommes ont peur de donner.

Fragilisé par sa peur panique de l'échec, l'homme n'ose pas donner. Son instinct martien le pousse à éviter tout risque inutile. De ce fait, paradoxalement, plus un homme est attaché à sa compagne, moins il fait d'efforts car sa peur de l'échec croît proportionnellement à son amour...

Un homme miné par l'insécurité réagit parfois en affichant l'égoïsme le plus total. Son réflexe de défense est d'affirmer à tout propos : « Je m'en fiche ! » C'est ainsi que les Martiens en étaient arrivés à ne plus se préoccuper que d'eux-mêmes. Heureusement, leur succès et leur puissance grandissante ont fini par les rassurer. Il semblait bien, en effet, qu'ils étaient à la hauteur de la plupart des situations. D'ailleurs, à la réflexion, ils l'avaient toujours été : en regardant en arrière, ils ont constaté que chacun de leurs échecs passés avait été nécessaire pour les mener au succès final. De chaque erreur, ils avaient tiré une importante leçon indispensable pour atteindre leur objectif. Enfin rassérénés, ils devinrent capables de générosité. C'est alors qu'ils firent la connaissance des Vénusiennes.

L'homme a le droit à l'erreur

La première chose à faire pour apprendre à un homme à donner davantage, c'est de lui expliquer qu'il a le droit de se tromper, de commettre des erreurs, d'échouer, et qu'il n'est pas absolument nécessaire qu'il ait réponse à tout.

Je me souviens d'une femme qui se plaignait de la réticence de son partenaire à s'engager. Elle en venait à redouter qu'il tienne moins à elle qu'elle ne tenait à lui. Un jour, par hasard, elle lui dit combien elle était heureuse avec lui. Elle ajouta qu'elle préférerait vivre dans le dénuement mais auprès de lui plutôt que dans l'opulence et sans lui. Le lendemain, il la demanda en mariage. Pour comprendre combien sa compagne comptait pour lui, il avait besoin qu'elle lui dise qu'elle l'aimait tel qu'il était et qu'il était assez bien pour elle.

Les Martiens aussi ont besoin d'amour

Les hommes craignent tant de ne pas être à la hauteur quand leur femme leur relate ses problèmes que cela fait d'eux de piètres auditeurs. Ils voudraient tellement être le héros de leur compagne... Et lorsqu'ils la voient malheureuse ou déçue, pour quelque raison que ce soit, un intolérable sentiment d'échec les envahit. Ils voient se confirmer leur plus grande appréhension, celle de ne pas être assez efficaces pour lui porter assistance. C'est là un point trop souvent ignoré des femmes modernes. Elles sous-estiment le besoin d'amour de leur partenaire. Or n'oublions pas que c'est l'amour qui permet aux hommes de prendre conscience de leur capacité de satisfaire les besoins des autres.

Il est pénible pour un homme d'écouter parler une femme malheureuse ou déçue, parce qu'il se sent incompétent.

Un petit garçon qui a la chance de voir son père réussir à rendre sa mère heureuse aura, une fois devenu adulte, la conviction solide qu'il est capable de satisfaire les besoins de sa compagne. Il ne craindra donc pas de s'engager. Il sait aussi que ce n'est pas parce qu'il ne réussit pas toujours à 100 % qu'il n'est pas à la hauteur, ni digne d'être aimé et apprécié. Conscient qu'il n'est pas parfait, il fait cependant de son mieux, même s'il arrive parfois que cela ne suffise pas. Et au lieu de culpabiliser, il admet ses erreurs, parce qu'il devine qu'on va les lui pardonner.

Il sait que tout le monde commet des erreurs. Il a vu son père se tromper, mais sans perdre confiance en lui-même. Il a vu sa mère excuser son père et continuer à l'aimer en dépit de ses erreurs. Il l'a vue l'encourager, même quand il l'avait déçue.

Malheureusement, beaucoup d'hommes n'ont pas bénéficié de tels exemples. À leurs yeux, préserver leur amour et leur couple semble presque aussi ardu que piloter un avion sans entraînement. Si, par hasard, ils parviennent à décoller, le crash est presque inévitable. Et échaudés par cette catastrophe, ils rechignent de plus en plus à tenter de voler... Même chose s'ils ont vu leur père s'écraser en flammes. Toutes ces métaphores expliquent pourquoi, livrés à eux-mêmes, tant d'hommes et de femmes abandonnent tout espoir d'une relation amoureuse harmonieuse.

5

La confusion
des langages

À la suite de leur rencontre, les Martiens et les Vénusiennes se trouvèrent confrontés à bon nombre de problèmes que nous rencontrons souvent aujourd'hui encore dans nos relations. Mais, comme ils connaissaient leurs différences, ils purent les régler rapidement. C'est toujours vrai : une bonne communication est l'un des secrets d'un couple heureux.

Curieusement, le fait qu'ils parlent des langages différents les a plutôt aidés, car dès qu'une difficulté se présentait, ils avaient recours à un dictionnaire ou même à un interprète. Ils ne s'attendaient pas à se comprendre facilement.

Pourtant, les mots utilisés par les Martiens et les Vénusiennes étaient les mêmes mais, par leur façon de les utiliser, ils leur donnaient des sens différents. Leurs expressions aussi étaient similaires, mais ils leur donnaient des connotations différentes, ou une charge émotionnelle qui en faisait varier la signification. Il était très facile de se méprendre. Aussi, dès qu'un malentendu surgissait, ils le mettaient sur le compte d'une des mille petites méprises linguistiques qui émaillaient leurs conversations. Rien de grave, en somme. Il faut dire qu'il régnait entre eux une confiance mutuelle rarement atteinte entre les hommes et les femmes modernes.

Bien que les Martiens et les Vénusiennes aient utilisé les mêmes mots, ils ne leur donnaient pas la même signification.

LES UNES EXPRIMENT DES SENTIMENTS
LES AUTRES DONNENT DES INFORMATIONS

Aujourd'hui encore, les hommes et les femmes auraient bien besoin d'interprètes. Tout comme leurs ancêtres martiens et vénusiennes, ils veulent rarement exprimer la même chose avec les mêmes mots. Par exemple, une femme qui dit : « J'ai l'impression que tu ne m'écoutes jamais » ne donne pas au mot « jamais » son sens littéral. Elle l'utilise en guise de superlatif pour illustrer l'intensité de son malaise. Et ce mot ne doit pas être interprété comme s'il transmettait une information exacte.

Pour donner plus de force à leurs sentiments, les femmes n'hésitent pas à recourir à la licence poétique, aux superlatifs, aux métaphores ou aux généralisations.

Pour donner plus de force à leurs sentiments, les femmes n'hésitent pas à recourir à la licence poétique, aux superlatifs, aux métaphores ou à des généralisations parfois un peu abusives. Malheureusement, les hommes prennent ces expressions au premier degré et, puisqu'ils en ont mal interprété le sens, réagissent souvent mal. Le tableau suivant énumère les dix plaintes féminines le plus souvent mal comprises par les hommes.

PLAINTES FÉMININES
SOUVENT MAL INTERPRÉTÉES PAR LES HOMMES

Quand une femme dit...	L'homme répond...
« On ne sort jamais ! »	« Ce n'est pas vrai, on est sortis la semaine dernière. »
« Personne ne se préoccupe de moi ! »	« Je suis sûr qu'il y a des gens qui font attention à toi. »
« Je suis si fatiguée que je ne peux plus rien faire. »	« C'est ridicule, tu n'es pas infirme, tout de même ! »

« J'en ai marre de tout ! »	« Si tu n'aimes plus ton travail, changes-en ! »
« La maison est toujours en désordre. »	« Pas *toujours*, voyons ! »
« Plus personne ne m'écoute. »	« Regarde, moi, je t'écoute ! »
« Rien ne marche ! »	« C'est ma faute, je suppose ! »
« Tu ne m'aimes plus ! »	« Bien sûr que je t'aime. La preuve : je suis là ! »
« On est toujours en retard ! »	« Pas du tout, pas vendredi dernier ! »
« J'aimerais que tu sois plus romantique avec moi. »	« Tu ne me trouves pas romantique ? »

Remarquez comme une interprétation littérale du langage féminin peut facilement induire l'homme en erreur, d'autant plus que lui a pour habitude de toujours chercher le mot juste. On devine aussi que les réponses de l'homme pourraient rapidement déclencher une dispute en règle. Voilà comment un défaut de communication – qu'il soit d'ordre quantitatif ou qualitatif – peut provoquer des ravages au sein d'un couple. Ce n'est pas un hasard si le reproche que les femmes font le plus souvent à leur partenaire est : « J'ai l'impression qu'il ne me comprend pas. » Et même cette plainte est souvent mal comprise ou mal interprétée.

Le reproche que les femmes font le plus souvent à leur partenaire est : « J'ai l'impression qu'il ne me comprend pas. » Et même cette plainte est souvent mal comprise ou mal interprétée.

Bien sûr, en prenant au premier degré cette phrase, l'homme est amené à mettre en doute les sentiments de la femme et à s'expliquer pour se défendre. Il a entendu ses propos et pourrait les répéter sans erreur... Mais pour qu'il saisisse ce qu'elle a réellement voulu dire, il aurait fallu qu'elle lui dise : « J'ai l'impression que tu ne comprends pas ce que je cherche si désespérément à te dire, et que tu ne vois pas dans quel état je suis. Pourrais-tu donc me montrer que tu es réellement intéressé par ce que j'ai à dire ? »

Si l'homme avait vraiment compris sa plainte, il aurait pu réagir de manière positive, au lieu de s'énerver et d'entamer une dispute. D'ailleurs, la plupart des querelles entre hommes et femmes débutent par un malentendu d'origine sémantique. C'est pour cela qu'il est si crucial pour eux de s'efforcer de saisir et d'interpréter correctement les propos de l'autre.

Malheureusement, beaucoup d'hommes refusent encore d'admettre cette réalité et pensent que leur femme fait juste preuve de mauvaise volonté... et de mauvais caractère. Ce qui conduit presque immanquablement à la scène de ménage.

QUAND LES VÉNUSIENNES PARLENT

Vous allez découvrir ci-après quelques extraits du petit dictionnaire de conversation vénusien/martien. Chacune des dix plaintes féminines déjà mentionnées y est traduite en langage masculin, afin que les hommes puissent en saisir le sens réel. Et pour chaque phrase, j'ai aussi indiqué la réponse qu'une femme attendait d'eux.

Car quand une Vénusienne est bouleversée, elle ne se répand pas en généralités et autres métaphores pour le simple plaisir de parler. C'est sa façon à elle de solliciter l'appui de son interlocuteur. Elle ne le demandera toutefois jamais ouvertement, parce que sur Vénus tout le monde sait déceler l'attente que masquent de tels propos.

C'est ce sens caché que révèlent les traductions qui suivent. Et si l'homme savait le lire à travers les phrases d'une femme, il pourrait réagir en conséquence, si bien qu'elle sentirait enfin qu'il l'écoute réellement et qu'il l'aime.

Petit dictionnaire de conversation vénusien/martien

« **On ne sort jamais !** » signifie en langue vénusienne : « J'ai envie de sortir, j'aimerais qu'on fasse quelque chose ensemble. J'aime être avec toi, je passe toujours de bons moments auprès de toi. Qu'en dis-tu ? Tu n'as pas envie de m'emmener dîner ? Ça fait longtemps qu'on n'a rien fait, non ? »

Mais sans traduction, cela résonne aux oreilles d'un homme comme : « Tu ne fais pas ton devoir à mon égard. Tu me déçois beaucoup. On ne fait plus rien ensemble parce que tu n'es pas romantique et que tu es devenu pantouflard. En fait, je m'ennuie avec toi ! »

« **Personne ne se préoccupe de moi !** » veut dire en langage vénusien : « Aujourd'hui, je me sens ignorée et abandonnée, j'ai l'impression de passer inaperçue. Bien sûr, je sais qu'il y a des gens qui voient que je suis là, mais cela semble les laisser indifférents. Ils se moquent de ma présence et de mon existence. Je suis aussi un peu déçue que tu aies été si occupé ces derniers temps. Je sais que tu as beaucoup de travail et de responsabilités, mais parfois je me demande si tu as encore besoin de moi. Ton travail t'accapare tellement plus que moi... J'ai besoin que tu me serres fort dans tes bras et que tu me dises que tu m'aimes encore. »

Pourtant, au premier abord, Monsieur entendra plutôt : « Je suis malheureuse car je ne parviens pas à obtenir l'attention dont j'ai besoin. Même toi qui devrais m'aimer, tu ne fais plus attention à moi. Tu devrais avoir honte. Moi, jamais je ne te traiterais comme ça. »

Dans la bouche d'une femme, « **Je suis si fatiguée que je ne peux plus rien faire** » signifie : « Je me suis tellement démenée aujourd'hui que j'ai besoin de me reposer avant de pouvoir faire autre chose. Heureusement que tu es là pour me soutenir. Tu veux bien me serrer contre toi et me dire que je fais du bon travail et que je mérite de me reposer ? »

Malheureusement, l'homme non averti traduit cela par : « C'est moi qui fais tout ici pendant que toi, tu ne fais rien, et j'en ai assez. Tu devrais m'aider. Je ne peux pas tout faire toute seule. Si seulement je partageais la vie d'un homme véritable... j'ai commis une erreur en te choisissant. »

« J'en ai marre de tout ! » signifie en vénusien : « J'aime mon travail et j'aime ma vie, mais aujourd'hui je me sens dépassée et j'aimerais pouvoir souffler un peu avant de reprendre le collier. Pourrais-tu me demander ce qui ne va pas, puis simplement m'écouter avec compassion, sans essayer de me suggérer de solution ? J'aimerais seulement être sûre que tu comprends le poids qui repose sur mes épaules. Je me sentirais tellement mieux ; ça m'aiderait à me détendre, et demain je pourrais recommencer à assumer toutes mes responsabilités et à m'occuper de tout ce dont je dois m'occuper. »

Sans traduction, l'homme entend : « Je dois faire tant de choses que je n'ai pas envie de faire ! Tu me déçois terriblement. J'aimerais un meilleur partenaire, capable de rendre ma vie plus satisfaisante. Tu fais très mal ton devoir. »

En vénusien, **« La maison est toujours en désordre »** veut dire : « Aujourd'hui, j'aurais envie de me reposer, mais la maison est dans un tel état que je ne le peux pas et cela me frustre. J'ai besoin de repos et j'espère que tu ne t'attends pas que je nettoie tout maintenant. Pourrais-tu me dire, toi aussi, que tu trouves la maison en désordre, et que tu es prêt à m'aider à la ranger ? »

Sans traduction, l'homme pourrait entendre : « La maison est en désordre à cause de toi. Je fais tout mon possible pour la nettoyer mais chaque fois, avant même que j'aie fini, tu la remets en désordre. Tu es un paresseux et j'en ai assez. Range, ou je ne réponds plus de rien ! »

Quand une Vénusienne dit : « **Plus personne ne m'écoute** », elle pense : « Je crains de t'ennuyer et de ne plus t'intéresser. Je dois être hypersensible, aujourd'hui ; en tout cas, j'aimerais que tu me portes une attention spéciale. J'ai eu une dure journée et il me semble que personne ne veut écouter ce que j'ai à dire, pas même toi. J'aimerais que tu me poses des questions qui montrent que tu es intéressé, comme "Qu'est-ce que tu as fait aujourd'hui ?", "Qu'est-ce qui s'est passé ?", "Comment t'es-tu sentie ?", "Qu'est-ce que tu voulais ?", ou "Et ensuite, comment te sentais-tu ?"... J'aimerais aussi que tu m'offres ton soutien moral en me disant des choses affectueuses et rassurantes, comme "Parle-m'en donc" ou "Tu as raison" ou encore "Je comprends", ou alors, que tu m'écoutes seulement et, au moment où je fais une pause, que tu me rassures avec un "Oui !", "D'accord !" ou même un "Bravo !" à l'occasion. »

Les Martiens n'ont découvert ce genre de mots et d'expressions qu'une fois arrivés sur Vénus. Donc, quand sa femme lui dit : « Plus personne ne m'écoute », l'homme comprend : « Moi, je porte attention à ce que tu dis mais toi, tu ne m'écoutes pas. Pourtant, tu m'écoutais avant, mais tu es devenu bien ennuyeux. Moi qui rêve de partager mon existence avec un homme excitant et intéressant, je suis mal servie. Tu me déçois ; tu n'es qu'un égoïste, un indifférent et un bon à rien ! »

Venant d'une femme, l'expression « **Rien ne marche !** » signifie : « Je suis dépassée aujourd'hui. Heureusement que je peux partager mes sentiments avec toi ; ça m'aide beaucoup. J'ai vraiment l'impression que rien de ce que je fais ne réussit aujourd'hui. Je sais que ce n'est pas tout à fait vrai, mais c'est l'impression que j'ai quand je m'énerve en voyant tout ce qu'il me reste à faire. J'aimerais tant que tu me serres dans tes bras et que tu me dises que je fais du bon travail ! Cela me ferait tant de bien ! »

Mais sans cette traduction, son mari risque de comprendre : « Tu ne fais jamais rien de bon. Je ne peux pas avoir confiance en toi. Si je ne t'avais pas écouté, je ne serais pas dans ce pétrin. Un autre homme saurait arranger les choses, mais toi tu ne fais que les compliquer davantage. »

En vénusien, **« Tu ne m'aimes plus ! »** veut dire : « Aujourd'hui j'ai l'impression que tu ne m'aimes plus. J'ai peur de t'avoir sans le vouloir repoussé. Au fond de moi, je sais bien que tu m'aimes – tu en fais tellement pour moi ! – mais je souffre un peu d'insécurité aujourd'hui. Je voudrais que tu me rassures sur ton amour, et que tu me dises cet amour. Tu sais le bien que ça me fait ! »

Sans cette traduction, l'homme entend : « Je t'ai donné les meilleures années de ma vie, mais tu ne m'as rien donné en retour, tu m'as simplement utilisée. Tu es égoïste et indifférent, tu ne fais que ce qui te plaît et tu ne te préoccupes de personne d'autre que toi. J'ai été idiote de t'aimer ; maintenant, il ne me reste plus rien. »

« On est toujours en retard ! » est pour une femme une façon de dire : « Tout va trop vite aujourd'hui, je n'aime pas courir comme ça. J'aimerais qu'on ne soit pas toujours aussi pressés dans la vie. Je sais bien que ce n'est pas ta faute et je ne te blâme pas, je sais que tu fais ton possible pour qu'on soit toujours à l'heure, et je l'apprécie, mais j'aurais besoin que tu me soutiennes. Par exemple, tu pourrais me dire que tu sais que c'est fatigant d'être toujours pressé, et que toi non plus, tu n'aimes pas courir en permanence. »

Malheureusement, son partenaire ne saisira pas toutes ces nuances. Pour lui, cette phrase pourrait se traduire par : « Si tu étais moins irresponsable et si tu ne faisais pas toujours tout à la dernière minute, nous n'en serions pas là. Je ne suis jamais heureuse avec toi car nous passons notre vie à courir pour ne pas être en retard. Tu gâches tout avec cela. Je suis tellement plus heureuse et détendue quand tu n'es pas près de moi ! »

« J'aimerais que tu sois plus romantique avec moi » signifie : « Chéri, tu as énormément travaillé ces derniers temps, on devrait prendre un peu de temps pour nous deux, tout seuls. J'aime beaucoup quand on peut se reposer et passer du temps ensemble, loin des enfants et du bureau. Tu sais être si romantique ! J'aimerais que bientôt tu me surprennes avec des fleurs et que tu m'emmènes quelque part ; j'adore quand tu me fais la cour ! »

Encore une fois, sans traduction, les mêmes mots veulent dire autre chose. Pour un homme, ils résonnent plutôt comme : « Je veux plus d'amour. Tu ne me satisfais plus. Je ne suis plus attirée par toi car tu n'es vraiment pas à la hauteur en amour. En réalité tu ne m'as d'ailleurs jamais réellement satisfaite. J'aimerais tellement que tu sois comme d'autres hommes que j'ai connus ! »

Après avoir eu recours à ce dictionnaire pendant quelques années pour décoder les paroles de sa femme, l'homme n'a plus besoin d'y recourir chaque fois qu'il se sent blâmé ou critiqué. Il arrive à comprendre comment les femmes pensent, et comment elles réagissent. Il apprend à ne pas prendre leurs propos au pied de la lettre, parce qu'il sait qu'en réalité ils ne sont pour elles qu'un moyen d'extérioriser leurs sentiments.

C'est ainsi que les choses se passaient sur Vénus, et les habitants de Mars doivent s'en souvenir.

QUAND LES MARTIENS NE PARLENT PAS

Pour l'homme, interpréter correctement les dires de sa femme et la soutenir de manière adéquate lorsqu'elle cherche à s'exprimer constitue l'un des plus grands défis qui soient. Mais pour la femme, le plus grand des défis est de soutenir et de comprendre son mari quand il demeure silencieux. Le silence masculin est en effet une aussi grande source de malentendus que le langage féminin.

Le plus grand des défis, pour la femme, c'est de soutenir et de comprendre son mari quand il se mure dans le silence.

Il arrive très souvent qu'un homme cesse sans crier gare de communiquer pour se murer dans un silence obstiné. Ce comportement étant inconnu sur Vénus, sa femme commence par penser qu'il est devenu sourd : il ne réagit pas à ses paroles parce qu'il ne les entend pas.

On remarquera au passage la différence de traitement de l'information selon le sexe. La femme pense à voix haute, partageant ses découvertes avec celui ou celle qui lui prête son attention. Et souvent, cela lui permet d'affiner sa pensée. C'est ce processus, qui consiste à laisser jaillir ses idées librement en les exprimant tout haut, qui permet à la femme d'utiliser son intuition.

Chez l'homme, les choses se passent différemment. Avant de parler, il réfléchit et « digère » en silence tout ce qu'il a entendu ou expérimenté. Avant d'ouvrir la bouche, il cherche la meilleure réponse qu'il puisse donner et l'élabore soigneusement dans sa tête avant de l'exprimer. Ce processus peut durer quelques minutes, ou des heures. Et ce qui rend la chose encore plus déroutante pour la femme, c'est que si l'homme considère qu'il ne dispose pas de suffisamment d'informations pour formuler sa réponse, il peut ne pas répondre du tout !

Une femme devrait comprendre que le silence de son mari signifie : « Je ne sais pas encore quoi dire, mais j'y réfléchis. » Pourtant, son instinct la pousse à l'interpréter différemment, par exemple comme : « Je ne te réponds pas parce que tu ne m'intéresses pas. Comme ce que tu viens de dire n'a aucune importance, cela ne mérite pas de réponse. »

Comment la femme réagit au silence de l'homme

Le silence masculin est en général mal perçu par les femmes. Si elles sont d'humeur maussade, elles pourront même soupçonner le pire, comme : « Il me déteste, il ne m'aime plus, il va me quitter pour de bon. » Ce qui peut réveiller de vives appréhensions et s'achever en : « J'ai peur que, s'il me rejette, personne ne m'aime plus jamais. D'ailleurs, je suis nulle, je ne mérite pas qu'on m'aime. »

La femme réagit ainsi parce qu'elle-même ne recourt au silence que lorsque ce qu'elle voudrait dire est trop blessant, ou lorsqu'elle n'a plus confiance en quelqu'un et ne veut plus avoir affaire à lui. Quand on sait cela, il n'est guère surprenant qu'elle s'inquiète sérieusement du silence de son compagnon.

Quand son mari demeure silencieux, une femme imagine facilement le pire.

Quand une femme écoute une autre femme parler, elle l'assure constamment de son attention et de son soutien, en intervenant d'instinct à la moindre pause dans le récit de son interlocutrice avec des : « Oui ! », « Bien ! » ou « D'accord ! », ou encore, plus subtilement, par des hochements de tête ou des sourires. L'absence de ces petits signaux rassurants rend le silence de l'homme d'autant plus menaçant.

Tant qu'elle n'aura pas assimilé le principe de la caverne de l'homme, la femme continuera à se méprendre sur les silences de son partenaire, et à réagir maladroitement.

Comprendre la caverne de l'homme

Les femmes ont mille choses à apprendre sur les hommes avant de pouvoir aspirer à des relations de couple pleinement satisfaisantes. Le B.A.-BA de cet enseignement est que lorsqu'un homme est contrarié ou stressé, il s'arrête automatiquement de parler pour se réfugier en esprit dans une caverne imaginaire où il tentera de mettre de l'ordre dans ses idées. Pendant ce temps, personne, pas même son meilleur ami, n'est le bienvenu dans sa caverne. C'est ainsi que les choses se passaient sur Mars.

Voilà pourquoi un homme peut soudain paraître absent. Sa femme doit cesser de se creuser la cervelle pour comprendre ce qu'elle a fait afin de mériter une telle indifférence et admettre que cela n'a rien à voir avec elle. Elle doit apprendre que lorsqu'un homme peut se rendre sans encombre dans sa caverne dès qu'il en ressent le besoin, il ne tarde pas à en ressortir. Tout rentre alors dans l'ordre.

Cela est d'autant plus difficile à admettre pour une femme qu'une règle d'or vénusienne commande de ne jamais abandonner une amie en détresse. Tourner le dos à son Martien favori au moment où il est perturbé lui semble donc la négation de l'amour. Puisqu'elle tient à lui, elle cherchera plutôt à le suivre dans sa réclusion pour tenter de l'aider à arranger les choses. Et comme l'homme ne l'entendra pas de cette oreille, c'est là que les soucis commenceront.

Ajoutez à cela qu'une femme se berce souvent de l'illusion que si elle pouvait interroger son partenaire sur ses sentiments les plus intimes et écouter patiemment ses réponses, il se sentirait mieux (car, dans des circonstances similaires, elle-même réagirait favorablement à un tel traitement), et vous verrez l'abîme d'incompréhension qui les sépare. Car l'attitude pleine de bonnes intentions de sa compagne ne fait que perturber davantage notre Martien.

Les femmes et les hommes doivent cesser d'offrir à leur partenaire le genre de soutien moral qu'eux-mêmes souhaiteraient recevoir en période de détresse. Ils et elles doivent avant tout assimiler les modes de pensée, de sentiment et de réaction du sexe opposé.

Pourquoi les hommes se retirent dans leur caverne

Voici quelques-unes des raisons qui peuvent inciter un homme à se taire et à s'isoler dans sa caverne, c'est-à-dire en lui-même :

1 – Il a besoin de réfléchir et de chercher une solution.
2 – Il ne trouve pas la réponse à une question ou la solution d'un problème. Il pourrait dire : « Bon ! Je n'ai pas de réponse. J'ai besoin d'aller réfléchir dans ma caverne pour en trouver une », mais on ne lui a pas appris à le faire. C'est pourquoi seuls les hommes comprennent ce qui se passe quand l'un d'eux devient silencieux et songeur.
3 – Il est contrarié ou stressé. Dans ces moments-là, il a besoin d'être seul pour maîtriser son angoisse et retrouver la maîtrise de lui-même. Il ne veut pas dire ou faire quoi que ce soit qu'il pourrait regretter par la suite.
4 – Il a besoin de se retrouver. Cette raison prend beaucoup d'importance quand l'homme est amoureux. Il arrive qu'un homme ne sache plus très bien qui il est, et comment il doit agir. Il peut craindre qu'une intimité trop grande n'affaiblisse son pouvoir. Il a besoin de définir le degré d'intimité acceptable pour lui, sinon il redoutera de perdre le contrôle de lui-même. Dans ce cas, son système d'alarme interne se déclenche, ce qui le précipitera automatiquement au fin fond de sa caverne. C'est là qu'il arrivera à se retrouver et à recouvrer sa force et sa capacité d'aimer.

Pourquoi les femmes parlent

Réponse : une femme parle pour une foule de raisons, parfois les mêmes que celles qui poussent les hommes à se taire. En voici quatre parmi les plus courantes :

1 – Pour donner ou demander une information. (C'est la seule raison qui fait aussi parler les hommes.)
2 – Pour essayer de trouver ce qu'elle voudrait dire. (Alors que lui se tait pour savoir quoi dire, elle réfléchit volontiers tout haut.)
3 – Pour ne pas perdre le contrôle d'elle-même et se remettre d'une contrariété. (Dans une situation similaire, l'homme sera au contraire frappé de mutisme car c'est à l'abri dans sa caverne qu'il parvient le mieux à se calmer.)
4 – Pour créer une intimité. C'est en communiquant ses sentiments, et en particulier ses sentiments amoureux, qu'elle évalue leur solidité. (Le Martien, lui, se tait pour se retrouver, parce qu'il craint que trop d'intimité ne lui fasse perdre son identité.)

Si l'on ignore ces notions de base relatives à nos différences et à nos besoins, les relations de couple risquent fort de tourner au vinaigre.

La morsure du dragon

Les femmes doivent absolument comprendre qu'il ne faut jamais essayer de faire parler un homme avant qu'il ne soit prêt à le faire. C'est au cours d'une discussion sur ce sujet, pendant un de mes séminaires, qu'une Amérindienne m'a raconté que, dans sa tribu, les mères enseignaient aux jeunes filles en âge de se marier que lorsque l'homme était contrarié ou stressé, il se retirait dans sa caverne et qu'elles ne devaient pas s'en offusquer parce que cela allait se produire de temps en temps, et que cela ne signifiait nullement qu'il ne les aimait pas. Il reviendrait vers elles ensuite. Ces mères disaient aussi qu'il était encore plus important de ne jamais tenter de suivre leur homme dans sa caverne, parce que alors elles seraient mordues par le dragon chargé de défendre cette caverne.

N'entrez jamais dans la caverne d'un homme, sinon vous serez mordue par le dragon !

Beaucoup de conflits inutiles ont été déclenchés parce qu'une femme tentait de suivre son mari dans sa caverne. Elle n'a pas compris le réel besoin de solitude et de silence d'un homme. S'il y a un problème, elle espère pouvoir le résoudre en l'invitant à sortir de sa solitude et à en discuter avec elle.

Elle lui demande : « Qu'est-ce qui ne va pas ? » et il lui répond : « Rien ! », mais elle sent bien qu'il est troublé. Elle lui demande alors pourquoi il refuse de partager ses sentiments avec elle, et, au lieu de le laisser régler les choses comme il l'entend, dans la solitude de sa caverne, elle interrompt son processus interne en questionnant encore : « Je sais qu'il y a quelque chose qui ne va pas, dis-moi donc ce que c'est ! » Alors il répète : « Je te dis que ce n'est rien ! »

Elle réplique : « Ne me dis pas ça ! Je sais bien qu'il y a quelque chose qui te tracasse. Dis-moi ce que tu ressens. »

Il s'impatiente : « Écoute ! Je te l'ai dit, je vais bien ! Laisse-moi tranquille ! »

Et elle éclate : « Comment peux-tu me traiter comme ça ? Tu ne veux plus jamais me parler. Comment veux-tu que je comprenne comment tu te sens ? Tu ne m'aimes plus ! Je le sais, tu ne veux plus de moi ! »

Et là, il s'emporte et commence à dire des choses qu'il regrettera par la suite. Le dragon vient de mordre !

LORSQUE LES MARTIENS SE METTENT À PARLER

Les femmes se font mordre par le dragon non seulement quand elles interrompent le processus d'introspection d'un homme, mais aussi quand elles interprètent mal certaines de ses paroles, qui indiquent qu'il est en route pour sa caverne ou qu'il y est déjà installé. Par exemple, quand on lui demande ce qui ne va pas, le Martien répond par une expression courte comme : « Ce n'est rien ! » ou : « Je vais très bien ! »

Ces subtils signaux d'alarme sont habituellement les seuls moyens dont dispose une Vénusienne pour détecter un besoin d'isolement chez son mari. Inutile d'espérer qu'il lui signale : « Je suis bouleversé et j'ai besoin que tu me laisses seul un moment. »

Le tableau suivant énumère six des signaux d'alarme abrégés le plus souvent lancés par les hommes, suivis de six « mauvaises » réponses féminines, qui seront vécues par eux comme une intrusion et un refus de soutien moral.

SIX SIGNAUX D'ALARME ABRÉGÉS PARMI LES PLUS COURANTS

À une femme qui lui demande : « Qu'est-ce qui ne va pas ? »

un homme répondra :	la femme insistera :
« Ça va ! »	« Je sais que quelque chose te tracasse, qu'est-ce que c'est ? »
« Je vais bien ! »	« Tu as pourtant l'air troublé. Veux-tu en parler ? »
« Ce n'est rien ! »	« J'aimerais t'aider. Je sais que quelque chose t'ennuie. De quoi s'agit-il ? »
« Tout va bien. »	« Tu en es sûr ? Sinon, je pourrais t'aider. »
« Ce n'est pas grave ! »	« Mais il y a quelque chose qui te tourmente. Il faudrait qu'on en parle. »
« Il n'y a pas de problème ! »	« Mais si, il y a un problème. Puis-je t'aider ? »

Par ces brefs commentaires, l'homme demande à sa partenaire de faire semblant de le croire et de lui laisser un peu d'espace pour régler son problème tout seul.

Dans de tels moments, les Vénusiennes d'antan consultaient leur petit dictionnaire bilingue, qui leur évitait bien des faux pas. Les femmes modernes qui ne bénéficient pas de cet outil en commettent souvent. Quand leur mari leur dit : « Je vais très bien », ces dames doivent savoir que ce n'est là qu'une abréviation de ce qu'il voudrait réellement leur dire, c'est-à-dire peu ou prou : « Je vais très bien parce que je suis capable de régler ce problème-là tout seul. Je n'ai pas besoin d'aide. J'aimerais mieux que tu me soutiennes en ne t'inquiétant de rien. Aie simplement confiance, je vais régler tout ça moi-même. »

Mais sans cette traduction, elles déduisent de ses propos qu'il essaie de nier ses problèmes ou ses propres sentiments. Elles s'efforcent alors de l'aider à les extérioriser en lui posant des questions, ou en lui parlant de ce qu'elles croient être le problème. Et il s'énerve.

Dictionnaire comparatif des phrases martiennes et vénusiennes

Le bref « **Ça va !** » martien donnerait en vénusien : « Ça va ! Je suis capable de m'occuper de ce qui m'inquiète, je n'ai pas besoin d'aide, merci ! »

Mais si elle ignore ces subtilités de traduction, la femme comprendra : « Je ne suis pas troublé parce que ça ne me fait rien » ou bien : « Je ne veux pas partager mon irritation avec toi parce que je ne crois pas que tu puisses m'aider. »

L'énergique « **Je vais bien !** » proféré par un Martien se traduirait en vénusien par : « Je vais très bien parce que je suis en train de régler mon problème seul. Si j'ai besoin de ton aide, je te la demanderai. »

Mais sa compagne pourrait entendre : « Je me fiche de ce qui est arrivé. Ce problème n'est pas important pour moi. Et même si ça t'énerve, c'est comme ça ! »

Un « **Ce n'est rien !** » martien donnerait, une fois transposé en langue vénusienne : « Il n'y a rien dans ce qui me dérange que je ne sois capable de régler tout seul, ne me pose plus de questions là-dessus. »

Encore une fois, sans cette traduction, elle saisira plutôt : « Je ne sais pas ce qui me dérange, j'ai besoin que tu m'interroges pour savoir ce qui se passe. » Et, sans penser à mal, elle ajoutera encore à son agacement en le bombardant de questions, alors qu'il n'aspire qu'à un peu de tranquillité.

Le « **Tout va bien** » du Martien s'exprimerait en vénusien par : « Il y a un problème mais tu n'y es pour rien et si tu m'accordes un peu de temps, je le résoudrai fort bien tout seul, mais, par pitié, ne viens pas interrompre mon processus de réflexion avec de nouvelles questions ou des solutions. Agis simplement comme s'il ne se passait rien et j'arriverai à tout régler plus efficacement. »

Sans traduction, ce « Tout va bien » peut être interprété par la femme comme : « C'est comme ça et ça ne changera jamais, même si nous nous insultons jusqu'à la fin des temps. » Ou bien elle le traduira par : « Ça va pour cette fois, mais rappelle-toi que tout est ta faute et ne recommence pas, sinon... »

« **Ce n'est pas grave !** » se dit en vénusien : « Ce n'est pas grave parce que je suis capable de tout arranger. Je t'en prie, ne continue pas à parler de ça parce que ça m'énerve encore plus. J'ai pris sur moi de résoudre ce problème, et ça me rend heureux de le régler. »

Sans traduction officielle, elle comprendra : « Tu fais tout un plat pour rien ; ce n'est pas grave. Arrête de réagir de manière aussi excessive. »

La traduction vénusienne du viril **« Il n'y a pas de problème ! »** martien serait : « Je n'ai pas de problème pour effectuer ou pour régler telle chose ; je t'offre ce cadeau avec plaisir. »

Mais, sans traduction, la femme entendra : « Ceci n'est pas un problème ; pourquoi en crées-tu un ? » En général, elle commettra alors l'erreur d'expliquer à son conjoint pourquoi elle considère que « ceci » est bien un problème.

Ce dictionnaire comparatif peut aider les femmes à comprendre ce que les hommes veulent dire quand ils s'expriment en langage abrégé. Elles découvriront parfois qu'ils veulent dire exactement le contraire de ce qu'elles auraient compris sans traduction.

QUE FAIRE QUAND IL SE RÉFUGIE DANS SA CAVERNE

Lorsque, dans mes séminaires, j'explique ma théorie des cavernes et des dragons, les femmes veulent toujours savoir ce qu'elles peuvent faire pour réduire le temps que leur conjoint passe dans sa caverne. Je renvoie alors la question aux hommes présents, qui répondent en général que plus les femmes essaient de leur parler ou de les inciter à sortir de leur isolement, plus cela leur prend du temps.

L'un d'eux a déclaré : « C'est difficile de me décider à sortir quand je sais que ma partenaire va me reprocher le temps que j'ai passé dans ma caverne. » Conclusion : réprimander un homme parce qu'il s'est trop longuement retiré dans sa caverne ne fait que le pousser à y demeurer, même quand il aurait envie d'en sortir.

On sait qu'un homme s'isole dans sa caverne quand il se sent blessé ou stressé et qu'il veut essayer de régler ses problèmes tout seul. S'il acceptait l'aide que sa femme veut lui apporter, il irait à l'encontre de l'esprit même de sa démarche. Il y a cependant moyen de soutenir son mari dans son épreuve et de l'inciter à écourter sa réclusion. Le tout est de faire preuve de subtilité.

Comment soutenir un homme dans sa caverne

1. Ne vous montrez pas en désaccord avec son besoin d'isolement.
2. N'essayez pas de l'aider à résoudre son problème en lui proposant des solutions.
3. N'essayez pas d'accélérer le processus en lui posant des questions.
4. Ne vous asseyez pas près de la porte de la caverne en guettant sa sortie.
5. Ne vous inquiétez pas à son sujet et ne le plaignez pas.
6. Faites quelque chose pour vous distraire.

Quand vous ressentez le besoin irrépressible de dire quelque chose à votre partenaire, écrivez-lui une petite lettre qu'il pourra lire en sortant de son isolement. Et si vous avez besoin d'un appui, appelez une amie. Arrangez-vous pour que votre compagnon ne soit pas votre seule source d'intérêt et de satisfaction.

Il est difficile pour une femme de ne pas s'inquiéter quand son mari se terre dans la caverne de son esprit. En effet, sur Vénus, qui dit amour dit souci du bien-être de l'autre. Se préoccuper de son sort est une façon de dire : « Je t'aime » et rire quand la personne qu'on aime est perturbée ne semble pas correct.

Seulement, l'homme veut que sa Vénusienne favorite lui fasse confiance et reconnaisse sa capacité de corriger ce qui le dérange. C'est là une condition essentielle à son bien-être, à sa fierté et à son honneur. Et pendant qu'il accomplit cette tâche, elle doit profiter de la vie sans s'inquiéter de lui, ne serait-ce que pour lui éviter d'avoir à s'inquiéter d'elle. De plus, la savoir heureuse l'aide à se sentir aimé et, donc, à sortir plus vite de sa caverne. De ce fait, un homme démontre son amour en ne s'affolant pas. Son raisonnement est le suivant : « Comment peut-on s'inquiéter pour une personne que l'on admire et en qui l'on a toute confiance ? » Ses amis se soutiennent mutuellement par des phrases telles que : « Ne t'inquiète pas, tu en es capable ! » ou : « C'est son problème, pas le tien », ou encore : « Je suis certain que ça va marcher. » Minimiser leurs difficultés les aide à contrôler leur inquiétude.

Pour ma part, j'ai agi ainsi avec ma femme pendant des années, avant de découvrir qu'elle aurait nettement préféré que je me tracasse pour elle quand elle se sentait contrariée ou angoissée. Encore une erreur de jugement typiquement martienne.

Rappelons que, quand un homme s'isole dans sa caverne pour régler un problème, il en émergera plus vite si sa partenaire n'a à ce moment ni soucis ni besoins, car cela lui fera moins d'obstacles à surmonter avant de reprendre le contrôle de la situation. Savoir sa partenaire heureuse augmente de surcroît sa capacité de concentration. C'est pourquoi elle ne doit pas hésiter à se distraire et à s'amuser en :

- lisant un bon livre ;
- écoutant de la musique ;
- jardinant ;
- faisant du sport ;
- se faisant masser ;
- écoutant des cassettes de relaxation ;
- mangeant des friandises ;
- discutant avec ses amies ;
- écrivant son journal intime ;
- faisant du shopping ;
- priant ou méditant ;
- se promenant ;
- prenant un bain moussant ;
- consultant un thérapeute ;
- regardant la télévision ou une vidéocassette...

À force de s'entendre seriner de faire quelque chose d'agréable bien que leur compagnon soit affligé, les Vénusiennes ont fini par s'incliner. Chaque fois que leur Martien favori prenait la direction de sa caverne, elles prenaient celle de leurs boutiques préférées ou d'un autre lieu de prédilection.

Ma femme, Bonnie, recourt régulièrement à cette technique. Quand elle me sent dans l'isolement de ma caverne, elle part à l'assaut des magasins – en bonne Vénusienne, elle raffole du shopping –, ce qui m'évite d'avoir à m'excuser de mon comportement d'ours. La voir capable de prendre soin d'elle me libère l'esprit pour mettre à profit mon séjour dans ma caverne. Et elle sait que j'en ressortirai plus aimant que jamais.

Bonnie a aussi compris que quand je suis dans ma caverne, ce n'est pas le moment de me parler. Et elle attend patiemment que j'en émerge pour entamer une conversation. Parfois, elle me dit d'un air détaché : « Quand tu auras envie de parler, j'aimerais qu'on passe un peu de temps ensemble. Voudras-tu me faire signe quand tu seras prêt ? » De cette façon, elle peut tâter le terrain sans paraître exigeante ni trop insistante.

COMMENT COMMUNIQUER
SON SOUTIEN À UN MARTIEN

Même hors de leur caverne, les hommes veulent que l'on ait confiance en eux. Ils n'apprécient guère la sollicitude ou les conseils gratuits, car ils se targuent de pouvoir accomplir les choses sans l'aide d'autrui. Pour une femme, le soutien que son partenaire lui apporte compte beaucoup plus. L'homme, lui, se sent soutenu quand sa femme lui exprime sa confiance par un comportement qui signifie pour lui : « Si tu ne demandes pas de l'aide directement, je sais que tu es capable de te débrouiller. »

Au début, il peut paraître très difficile d'apprendre à soutenir son mari de la sorte. Beaucoup de femmes croient encore que la seule manière d'obtenir de lui ce qu'elles désirent consiste à critiquer leur mari quand il fait des erreurs et à lui donner des conseils sans qu'il en demande. Celles qui n'ont pas eu sous les yeux l'exemple d'une maman qui savait comment obtenir de leur papa le soutien dont elle avait besoin ignorent qu'elles encourageraient bien plus leur partenaire à les choyer si elles sollicitaient directement son soutien sans le critiquer ni lui prodiguer de conseils.

Les autres femmes se débrouillent mieux et savent en outre formuler leurs éventuelles critiques simplement sans ajouter de jugement de valeur.

Comment présenter ses critiques et ses conseils à un homme

Tant qu'elles ne comprennent pas l'effet négatif de leurs critiques et de leurs conseils sur un homme, beaucoup de femmes se sentent impuissantes à obtenir de lui ce dont elles ont besoin, ou ce qu'elles désirent.

Nancy se plaignait ainsi de ne pas savoir s'y prendre pour transmettre ses critiques et ses conseils à son partenaire. « Comment lui dire qu'il se tient mal à table, ou qu'il s'habille horriblement mal ? m'a-t-elle demandé. Comment intervenir s'il se comporte comme un mufle avec les gens, si bien que nous ne pouvons entretenir aucune relation amicale durable ? Que dois-je faire ? Dès que je lui en parle, il s'énerve et il se met sur la défensive, ou tout simplement il m'ignore. »

La réponse, c'est qu'elle ne doit strictement jamais le critiquer ni lui donner de conseils, à moins qu'il ne le lui ait demandé. Elle se montrera conciliante et tendre ; c'est de cela qu'il a besoin, pas de sermons ! Et quand il verra qu'elle l'accepte tel qu'il est, il s'habituera progressivement à lui demander son avis. Attention ! S'il détecte la moindre tentative pour le faire changer, il cessera aussitôt de solliciter vos conseils. Un homme n'ouvre son cœur qu'aux personnes en qui il a toute confiance.

Ces réserves ne doivent en aucun cas empêcher la

femme de lui faire part de ses sentiments et de ses désirs, mais sans jamais le critiquer ni lui donner de conseils. C'est là un art qui va exiger d'elle beaucoup de dévouement et de créativité. Il lui laisse le choix entre quatre approches.

1 – La femme peut signaler à son mari qu'elle n'aime pas sa manière de s'habiller à condition de s'abstenir d'assortir sa remarque d'une leçon d'élégance. Un exemple : pendant qu'il s'habille, elle pourra lui dire simplement : « Je trouve que cette chemise ne te va pas très bien. Tu ne veux pas en porter une autre, ce soir ? » S'il se montre vexé, elle devra respecter sa réticence et s'excuser en des termes du type : « Excuse-moi, je ne voulais pas te dire comment t'habiller. »

2 – S'il est à ce point « chatouilleux » – et bien des hommes le sont –, elle pourra alors essayer de revenir sur le sujet à un autre moment. Elle pourra par exemple l'aborder avec un : « Tu sais, la chemise bleue que tu as mise avec ton pantalon vert ?... je ne raffole pas tellement de cet ensemble. Tu n'as pas envie de l'essayer avec ton pantalon gris ? »

3 – Ou elle pourra carrément lui proposer : « Tu ne veux pas qu'on aille faire les magasins ensemble, un de ces jours ? J'aimerais t'offrir une chemise neuve. » S'il refuse, elle devra admettre qu'il adore sa vilaine chemise bleue et, surtout, qu'il refuse d'être dorloté comme un enfant. Mais s'il accepte, il ne faudra surtout pas lui donner d'autre conseil. On connaît sa susceptibilité...

4 – Dernière possibilité, elle pourra lui dire : « Il y a une chose dont j'aimerais parler avec toi, mais je ne sais pas trop comment aborder la question », puis faire une pause avant de poursuivre : « Je ne voudrais pas t'offenser, mais il faut vraiment que je t'en parle. Voudrais-tu m'écouter et, si ça t'intéresse, me suggérer la meilleure façon d'en parler ? » Voilà qui

l'aide à se préparer au choc... et aussitôt après, il découvrira que ce n'est pas aussi grave qu'il l'avait imaginé.

Voyons un autre exemple. Si Madame n'aime pas la façon dont Monsieur se tient à table, elle pourra profiter d'un repas dans l'intimité pour lui dire, sans manifester la moindre désapprobation : « Veux-tu bien éviter de ronger tes cuisses de poulet ? » ou : « Tu veux bien ne pas boire ta bière à la bouteille ? » En revanche, en présence de tierces personnes, il est plus sage de ne rien dire, de ne rien montrer, et de remettre toute intervention à plus tard.

Ainsi, si elle juge qu'il donne le mauvais exemple aux enfants, elle ne lui fera pas de scène à la table familiale. Elle attendra qu'ils soient seuls et choisira un moment opportun pour lui demander de ne pas manger avec ses doigts devant eux. « Tu sais comme je suis pointilleuse pour ces choses-là, s'excusera-t-elle. Tu voudras bien faire un effort ? »

Si la conduite de votre mari vous gêne ou vous fait honte en présence d'autres gens, attendez toujours un moment où vous êtes seuls tous les deux pour le lui faire savoir. Ne lui dites pas comment il devrait se conduire et n'affirmez pas qu'il a tort. Faites-lui plutôt part de vos sentiments d'une manière brève, honnête et aimante. Vous pourrez par exemple lui dire : « Tu sais, l'autre soir, à la réception, je n'ai pas tellement apprécié que tu parles si fort. J'aimerais que tu essaies de baisser le ton chez les gens, au moins quand je suis là. » S'il paraît offensé par cette remarque, excusez-vous simplement de l'avoir critiqué.

Nous étudierons plus en profondeur l'art de faire des remarques négatives ou de solliciter un soutien moral dans les chapitres 9 et 12, et nous verrons dans le chapitre qui suit comment choisir le moment adéquat pour tenir ce genre de propos.

Quand un homme n'a pas besoin d'aide

Quand une femme tente de le réconforter ou de l'aider à résoudre son problème, un homme peut se sentir écrasé. Il lui semble qu'elle tente de le contrôler, ou qu'elle cherche à le transformer.

Cela ne veut pas dire qu'un homme n'a besoin ni d'amour ni de réconfort, mais que sa partenaire doit comprendre qu'en s'abstenant de le critiquer ou de le conseiller, elle l'aide déjà un peu. Il aspire à recevoir son soutien moral, mais pas nécessairement sous la forme qu'elle a choisie et uniquement quand il le lui demandera.

L'homme ne sollicitant d'assistance qu'après avoir épuisé toutes ses solutions personnelles, il pourra se sentir dépouillé de ses capacités et de sa force si, sous prétexte de l'aider, on prend ses affaires en main, et il risque de se laisser gagner par l'insécurité et la paresse. C'est pourquoi, par solidarité, les hommes se soutiennent mutuellement en s'abstenant de toute suggestion gratuite.

L'homme confronté à un problème sait qu'il doit d'abord parcourir seul une bonne partie du chemin, après quoi il pourra, le cas échéant, s'attacher une aide extérieure sans perdre une once de puissance, de dignité ou de force. C'est pourquoi offrir de l'aide à un homme au moment inopportun peut presque s'assimiler à une insulte.

Quand un homme découpe la dinde de Noël et que sa femme passe son temps à lui dire comment procéder et quels morceaux couper, il sent en elle un manque de confiance. Et, vexé, il résiste, s'acharne à découper à son idée et, s'il joue de malchance, massacre le volatile. La bévue de sa femme s'explique par le fait que si elle était chargée de découper la dinde et qu'il propose son assistance, elle en serait ravie et prendrait cela comme une preuve d'amour...

De même, quand une femme préconise à son mari de suivre les conseils d'un spécialiste, il s'en offense bien souvent. Je me souviens d'une femme qui avait déclenché les foudres de son mari en lui demandant innocemment, alors qu'ils s'apprêtaient à faire l'amour, s'il avait consulté ses notes sur une de mes conférences, consacrée aux formules secrètes des rapports sexuels satisfaisants ! Elle n'avait pas réalisé que, pour lui, cette question équivalait à la pire des insultes. Bien qu'il ait apprécié mes enseignements, il a très mal supporté de s'entendre suggérer de recourir à mes conseils dans un domaine qu'il estimait maîtriser. Sa femme aurait dû lui faire confiance.

Tandis que les hommes recherchent la confiance de leur partenaire, les femmes, elles, ont besoin que leur compagnon prenne soin d'elles. Quand un mari dit à sa femme, d'un air soucieux : « Qu'est-ce qui ne va pas, chérie ? », elle est réconfortée par son attention. C'est pourquoi elle s'étonnera de le voir repousser ses tout aussi tendres : « Qu'est-ce qui ne va pas, chéri ? »

Pour compliquer encore les choses, il est très difficile pour un homme de faire la différence entre sympathie et compassion. Il veut bien qu'on l'appuie, mais déteste inspirer de la pitié. Si sa femme s'excuse de lui avoir fait de la peine, il répondra : « Ce n'est pas grave » et repoussera ses offres de soutien. Elle, en revanche, apprécie beaucoup qu'il lui demande pardon s'il lui a causé de la peine, car elle y voit la preuve qu'il tient vraiment à elle.

En bref, les hommes doivent trouver le moyen de dire à leur partenaire qu'ils l'apprécient, alors que les femmes doivent trouver le moyen de dire à leur compagnon qu'elles lui font confiance.

Il est très difficile pour un homme de faire la différence entre sympathie et compassion, et il déteste qu'on le prenne en pitié.

Un surcroît d'attention peut se révéler étouffant

Au début de notre mariage, quand je devais donner une conférence dans un autre État, Bonnie me demandait à quelle heure je comptais me lever et à quelle heure je devais prendre l'avion. Ensuite, elle réfléchissait, puis m'avertissait que je ne prévoyais pas assez de temps entre mon réveil et mon départ. Elle croyait me rendre service,

mais je me sentais plutôt offensé : j'avais donné des conférences à travers le monde pendant quatorze ans sans
jamais rater un seul vol.

Le lendemain matin, elle me bombardait de questions :
« As-tu ton billet ? », « Ton portefeuille ? », « As-tu assez
d'argent ? », « As-tu pensé à prendre des chaussettes ? »,
« Sais-tu où tu vas loger ? »... Tout cela partait d'un bon
sentiment... mais me donnait la désagréable impression
qu'elle ne me faisait guère confiance, ce qui m'agaçait fort.
Finalement, j'ai pu lui faire comprendre que, bien que
j'apprécie qu'elle se soucie ainsi de moi, je n'aimais pas
du tout être l'objet d'attentions maternelles de sa part.

Si elle tenait à se comporter en mère, qu'elle agisse donc
en éducatrice cherchant à me responsabiliser. Je lui dis que
si d'aventure je ratais mon avion, je n'admettrais pas qu'elle
s'exclame : « Je te l'avais bien dit. » Elle pourrait se consoler
en espérant que cela me servirait de leçon et que je me
lèverais un peu plus tôt à l'avenir. Si j'oubliais ma brosse
à dents ou ma trousse de toilette, inutile de m'appeler pour
me le signaler ou, pire encore, me le reprocher. Je me
débrouillerais tout seul. Si elle agissait ainsi, elle m'appor-
terait un soutien moral bienvenu.

Récit d'un succès

Un jour que je devais me rendre en Suède pour animer
un séminaire, j'appelai Bonnie de l'escale à New York pour
l'informer que j'avais oublié mon passeport à la maison.
Elle a réagi à la perfection : au lieu de m'infliger un sermon
sur mon manque de mémoire ou mon irresponsabilité, elle
a éclaté de rire en disant : « Mon pauvre John, il t'arrive
vraiment toutes sortes d'aventures. Qu'est-ce que tu vas
faire ? »

À ma demande, elle a faxé mon passeport au consulat
de Suède, et le problème a été réglé. Elle m'a offert sa
pleine collaboration sans succomber un seul instant à la
tentation de me faire la leçon. Elle a même su se réjouir
que j'aie trouvé tout seul la solution à mon problème.

EFFECTUER DE PETITS CHANGEMENTS

Un jour j'ai remarqué que, lorsque mes enfants me demandaient de faire quelque chose, je répondais toujours : « Pas de problème ! » C'était ma façon de leur exprimer que je serais heureux de le faire. Un jour, ma belle-fille, Julie, m'a demandé pourquoi je disais toujours : « Pas de problème ! » Sur le coup je n'ai pas su quoi répondre. Après un temps de réflexion, j'ai compris qu'il s'agissait d'une vieille habitude martienne profondément enracinée en moi.

À compter de ce jour, je me suis efforcé de remplacer ma réponse traditionnelle par un « Volontiers ! » exprimant mon accord de manière tout aussi ferme, mais octroyant une plus grande place au rapport affectif qui existe entre ma belle-fille vénusienne et moi.

Cet exemple illustre la plus simple des recettes permettant d'enrichir sa vie : changer petit à petit sans perdre son identité. Ce fut aussi la clé du succès pour les Martiens et les Vénusiennes. Sans jamais sacrifier leur véritable nature, ils multiplièrent les menus changements, de manière à améliorer le fonctionnement de leurs relations. Pour ce faire, ils ont simplement créé de nouvelles expressions et modifié quelques petites phrases de leur vocabulaire.

La leçon principale qu'il faut tirer de cette démarche est que, pour enrichir nos relations, on peut se contenter de petits changements. Les gros changements, eux, entraînent toujours la perte d'une partie de notre identité, ce qui est mauvais.

Rassurer sa compagne au moment où il s'engouffre dans sa caverne représente un des petits changements que l'homme peut faire sans sacrifier son identité. Pour en arriver là, il doit réaliser que les femmes ont réellement besoin d'être rassurées et admettre que ses silences subits inquiètent beaucoup sa compagne. Quelques mots gentils suffiront à la rasséréner et, ainsi, il pourra se retirer en paix dans son antre. Car quand il voit sa femme malheureuse, l'homme peut être tenté, pour la consoler, d'ignorer l'instinct qui le pousse à s'enfermer dans sa caverne, ce qui serait une grave erreur. S'il va contre sa nature, il deviendra en effet irritable, hypersensible, agressif, faible, passif, voire méchant. Et pour ajouter à sa confusion, il ne comprendra pas lui-même pourquoi il est devenu si déplaisant.

En résumé, si sa femme est contrariée au moment où il part pour sa caverne, l'homme pourra effectuer quelques petits changements qui élimineront en grande partie le problème. Il n'a pas besoin pour cela de lutter contre ses besoins fondamentaux, ni de renier sa nature masculine.

COMMENT FAIRE PART DE SON SOUTIEN À UNE VÉNUSIENNE

Comme nous l'avons vu, un homme qui se réfugie dans sa caverne ou dans un mutisme obstiné cherche en fait à dire : « J'ai besoin d'un peu de temps pour réfléchir à mon problème. Je t'en prie, arrête de me parler. Je serai bientôt de retour. » Il ne réalise pas que pour une femme cela peut plutôt vouloir dire : « Je ne t'aime plus. Je ne veux plus t'écouter. Je m'en vais et je ne reviendrai jamais ! » Pour éviter l'effet néfaste d'une telle incompréhension, il suffit simplement à l'homme d'apprendre à prononcer, au moment de s'isoler, ces trois mots magiques : « Je vais revenir ! » C'est incroyable comme ces trois petits mots font toute la différence. Les hommes doivent le comprendre.

Si une femme s'est déjà sentie abandonnée ou rejetée par son père, ou si elle a vu sa mère rejetée par son mari, l'enfant qui est en elle craindra toujours d'être abandonnée. Pour cette raison, on ne devrait jamais porter de jugement sur le besoin d'une femme d'être rassurée. De la même façon, il ne faut jamais juger un homme sur son besoin de s'isoler dans sa caverne.

On ne doit jamais porter de jugement sur le besoin d'une femme d'être rassurée, ni sur celui d'un homme de se replier sur lui-même.

Une femme qui n'a pas été trop traumatisée par son passé et qui comprend le besoin de l'homme de passer du temps dans sa caverne aura moins besoin d'être rassurée.

Je me souviens qu'au cours d'un de mes séminaires, une femme a déclaré : « Moi, je suis extrêmement sensible aux silences de mon mari. Pourtant, dans mon enfance, je ne me suis jamais sentie abandonnée ni rejetée. Ma mère non plus ne s'est jamais sentie rejetée par mon père. Quand ils ont divorcé, ils l'ont fait à l'amiable. » Elle n'a pu s'empêcher d'éclater de rire en réalisant à quel point elle s'était caché la vérité. Puis elle s'est mise à pleurer. Évidemment, sa mère avait dû se sentir rejetée. Évidemment, elle-même s'était aussi sentie rejetée quand ses parents avaient divorcé ! Et, comme ses parents, elle avait toujours étouffé ces sentiments douloureux.

De nos jours, alors que les divorces sont si nombreux, l'homme doit faire encore plus d'efforts pour rassurer sa compagne.

COMMENT COMMUNIQUER
SANS PEUR ET SANS REPROCHE

Un homme se sent souvent agressé par sa femme quand elle évoque ses problèmes ou exprime ses sentiments. Peu au fait des divergences comportementales qui séparent les sexes, il ne saisit pas tout de suite le besoin qu'a sa compagne de parler de ses difficultés.

Il pense à tort qu'elle lui parle de ses frustrations ou qu'elle lui fait des reproches parce qu'il doit d'une certaine façon en être responsable. Et comme il la voit troublée, il en déduit qu'elle l'est à cause de lui. Il perçoit donc chacune de ses plaintes comme un reproche.

Avec un peu de pratique et de bonne volonté, les femmes pourront apprendre à exprimer un sentiment sans qu'il résonne comme une récrimination. Pour rassurer leur mari, elles peuvent par exemple faire une pause après quelques minutes, et lui dire combien elles apprécient qu'il les écoute si patiemment. Bref, tout comme les hommes, les femmes peuvent améliorer les choses grâce à de petits changements.

La femme pourra dire quelque chose comme :
– « Je suis bien contente de pouvoir en parler. »

– « Ça me fait beaucoup de bien d'en parler. »

– « Je me sens très soulagée de pouvoir parler de cela. »

– « Ça me soulage tellement de pouvoir me plaindre de cela ! »

– « Maintenant que je t'ai dit ce que j'avais sur le cœur, je me sens mieux. Merci de m'avoir écoutée ! »

Une fois la communication amorcée, la femme pourra apporter à son mari un soutien appréciable en lui exprimant sa reconnaissance pour tout ce qu'il a déjà fait pour rendre sa vie plus agréable et plus satisfaisante. Par exemple, si elle évoque ses ennuis professionnels, elle remarquera combien elle apprécie sa présence quand elle revient à la maison. Si elle expose ses problèmes domestiques, elle profitera de l'occasion pour le remercier d'avoir réparé le robinet. En exprimant des problèmes financiers, elle jugera opportun de le remercier de tout le mal qu'il se donne pour améliorer leur condition et leur bien-être. Et si elle se dit exaspérée par ses difficultés avec leurs enfants, elle louera d'autant plus son aide dans ce domaine.

Partager les responsabilités

Pour bien communiquer, il faut impérativement que les deux parties collaborent. L'homme doit se rappeler qu'une femme qui se plaint de ses problèmes ne les lui reproche pas forcément, et que parler l'aide à se soulager de ses frustrations. Quant à la femme, elle doit lui faire savoir que, même si elle se plaint, elle l'apprécie.

Par exemple, ma femme est entrée pour me demander où j'en étais dans ce chapitre, et je lui ai répondu : « J'ai presque fini. Tu as passé une bonne journée ? » Alors elle a ajouté : « Il y a tant à faire, on ne passe presque plus de temps ensemble. » Si elle m'avait dit cela autrefois, je me serais tout de suite mis sur la défensive et je lui aurais rappelé combien d'heures nous avions passées ensemble au cours de la semaine. Ou je lui aurais dit qu'il était extrêmement important pour moi de finir ce livre à temps.

De toute façon, j'aurais contribué à créer une tension entre nous.

Mais l'homme que je suis devenu, conscient des différences entre les sexes, a compris qu'elle cherchait de la compréhension plutôt qu'une justification ou des explications, et qu'elle avait surtout besoin d'être rassurée. Alors je lui ai dit : « Tu as raison, nous travaillons beaucoup en ce moment. Mais viens donc t'asseoir sur mes genoux, que je te prenne dans mes bras. La journée a été difficile. »

Ce à quoi elle a rétorqué : « Tu as l'air de te sentir vraiment bien. » C'était là exactement la remarque dont j'avais besoin pour pouvoir la satisfaire. Elle commença ensuite à se plaindre un peu plus de sa journée et à me rappeler à quel point elle était épuisée. Après quelques minutes, elle s'arrêta. Je lui offris de raccompagner la baby-sitter pour lui permettre de se détendre et de se reposer un peu avant le dîner. Elle s'exclama : « Tu vas raccompagner la baby-sitter ? C'est merveilleux ! Merci beaucoup ! » Là encore, elle dit ce qu'il fallait pour que je me sente un partenaire parfait, même quand elle était épuisée.

Les femmes ne pensent pas toujours à exprimer leur reconnaissance parce qu'elles considèrent que leur mari sait à quel point elles aiment qu'on les écoute. Mais lui ne le sait pas du tout ! Entendre sa femme lui parler de ses problèmes lui inspire surtout le désir de se faire rassurer quant à l'amour qu'elle lui porte.

Les problèmes dépriment les hommes, sauf quand ils sont appelés à les résoudre. En lui témoignant de la gratitude, une femme permettra à son mari de comprendre que l'écouter parler revient à lui prodiguer une aide. La femme n'a pas besoin de réprimer ses sentiments, ni même de les modifier, pour soutenir son partenaire. Elle doit cependant apprendre à les exprimer de manière qu'il ne se sente pas attaqué, accusé ni blâmé. Quelques petits changements peuvent faire une grande différence.

Des mots magiques pour soutenir son partenaire

Les mots magiques qui rassurent l'homme sont : « Ce n'est pas ta faute ! » Quand une femme veut parler de ce qui la trouble à son partenaire, elle peut quand même lui montrer qu'elle le soutient en s'arrêtant occasionnellement pour l'encourager, et dire, par exemple : « J'apprécie vraiment que tu m'écoutes, et si tu penses que je te fais des reproches, je veux que tu saches qu'il n'en est rien, parce que je sais que tu n'y es pour rien. » Quand elle parle de ses problèmes à son partenaire, la femme pourra ménager sa susceptibilité si elle arrive à comprendre sa tendance à culpabiliser.

L'autre jour, ma sœur m'a appelé pour me raconter les difficultés qu'elle était en train de vivre. En l'écoutant, je me disais que, pour pouvoir la soutenir, je devais me garder de lui proposer des solutions ; elle avait seulement besoin d'une oreille compatissante. Et de fait, après dix minutes de « Ah ! », de « Bon ! » et de « Vraiment ? », je l'ai entendue me dire : « Merci, John ! Cela m'a fait beaucoup de bien de te parler. » Bien sûr, il avait été d'autant plus facile pour moi de l'écouter que je savais bien qu'elle ne me reprochait rien, et qu'elle blâmait quelqu'un d'autre. C'est plus difficile de faire la même chose avec ma femme, parce que, avec elle, j'appréhende toujours de recevoir un reproche. Toutefois, lorsqu'elle m'encourage à l'écouter en m'en sachant gré, je deviens un très bon auditeur.

Que faire quand on a envie de blâmer l'autre

Pour une femme, rassurer son mari, en lui disant qu'il n'est pas responsable de ses malheurs et qu'elle ne lui reproche rien, n'est efficace que si, effectivement, elle n'émet à son encontre ni blâme, ni désapprobation, ni critique. Si elle ne peut se retenir de l'attaquer, elle fera mieux de parler de ses problèmes à une autre personne. Elle reprendra le dialogue avec lui une fois rassérénée, plus aimante et encline au pardon. Dans le chapitre 11, nous verrons plus en détail comment nous y prendre pour communiquer nos sentiments les plus délicats.

Comment écouter sans faire de reproches

Il arrive souvent qu'un homme reproche à sa compagne de le blâmer, alors qu'elle ne fait que raconter innocemment ses problèmes. C'est une attitude très nuisible pour le couple, parce qu'elle inhibe la communication.

Imaginez une femme disant : « Nous ne faisons plus que travailler, travailler et encore travailler. Nous ne nous amusons plus comme avant. Tu es devenu trop sérieux. » Un homme peut facilement s'offusquer de telles remarques.

Si c'est le cas, je lui conseillerais d'éviter de la blâmer en retour en répondant : « J'ai l'impression que tu me le reproches. »

Je lui suggérerais plutôt de dire : « Cela me fait mal de t'entendre dire que je suis trop sérieux. Penserais-tu que c'est ma faute si on ne s'amuse plus ? » Ou : « Ça me fait tout drôle d'entendre que je suis trop sérieux et qu'on ne s'amuse plus. Veux-tu dire que tout ça est ma faute ? »

Après quoi, pour faciliter la communication, il pourrait lui offrir une porte de sortie, en suggérant par exemple : « Tu sembles penser que c'est ma faute si nous travaillons autant, non ? » Ou encore : « Quand tu dis qu'on ne s'amuse plus et que je suis trop sérieux, j'ai l'impression que tu veux dire que c'est ma faute... N'est-ce pas ? »

Toutes ces interventions sont respectueuses des sentiments de la femme et la mettent en position de nier avoir reproché quoi que ce soit à son conjoint. Et en entendant sa femme se récrier : « Oh non ! Je ne dis pas que c'est ta faute ! », l'homme se sentira probablement soulagé.

Une autre approche que je trouve très utile est celle qui consiste à se rappeler que la femme a toujours le droit d'être bouleversée, et qu'après en avoir parlé, elle se sent toujours mieux. Pour ma part, cette maxime m'aide à me détendre car je sais que si j'arrive à écouter ma femme sans me sentir visé, elle me sera reconnaissante de l'avoir soutenue quand elle en avait vraiment besoin. Et même si elle devait me reprocher quelque chose, il y a de grandes chances pour que ça ne dure pas bien longtemps.

L'art d'écouter

Pour l'homme, apprendre à écouter et à interpréter correctement les sentiments de sa femme peut faciliter la communication. Comme tout art, l'écoute demande de la pratique. C'est pourquoi, chaque jour, en rentrant à la maison, je m'astreins à demander à Bonnie comment sa journée s'est passée.

Si elle semble énervée après un après-midi harassant, je vais d'abord avoir l'impression qu'elle me rend en partie responsable de son état, et qu'elle m'en fait le reproche. Relevant le défi, je m'efforce de ne pas le prendre comme une attaque personnelle, et de ne pas me méprendre sur le sens de ses paroles. J'y arrive en me rappelant qu'elle ne parle·pas le même langage que moi. En poursuivant la conversation par : « À part ça, qu'est-ce qui s'est passé ? », je découvre ensuite qu'elle a beaucoup d'autres préoccupations. Et graduellement je réalise que je ne suis pas responsable de tous ses déboires. Après un petit moment, je sens qu'elle apprécie pleinement ma patience.

Bien qu'écouter s'apprenne, certains jours l'homme est trop sensible ou trop stressé pour pouvoir interpréter correctement le sens des phrases de sa femme. Dans ces moments-là, il ne devrait même pas essayer de l'écouter, mais plutôt dire : « Ce n'est pas le moment. Si tu veux, nous en reparlerons plus tard. »

Parfois, l'homme s'aperçoit qu'il n'est pas en état d'écouter au moment où la femme a déjà commencé à parler. Si prêter l'oreille à ses tracas lui est pénible, il ne doit pas se forcer à continuer, au risque de voir sa frustration augmenter, ce qui ne peut rien donner de bon, ni pour elle ni pour lui. Dans ce cas, il serait beaucoup mieux inspiré de suggérer : « Écoute, je suis vraiment intéressé par tout ce que tu as à me raconter, mais à l'instant présent j'ai du mal à t'écouter. Je sens que j'ai besoin de temps pour réfléchir à ce que tu viens de me dire. »

Depuis que Bonnie et moi avons appris à communiquer d'une manière qui tienne compte de nos différences et de nos besoins respectifs, notre relation de couple est devenue bien plus facile. Et j'ai vu cette même transformation s'opérer chez des milliers d'autres individus et de couples. Toutes les relations entre êtres humains s'épanouissent lorsqu'elles s'appuient sur des rapports basés sur la tolérance et le respect des différences fondamentales des partenaires.

Quand des malentendus surviennent, souvenez-vous que nous parlons des langages différents, et prenez le temps nécessaire pour interpréter le véritable sens de ce que votre partenaire désire, ou veut dire. Cela vous demandera un certain entraînement, mais cela en vaut vraiment la peine.

6

Les hommes sont comme des élastiques

Oui, les hommes ressemblent à des élastiques : lorsqu'ils se réfugient dans leur caverne, ils ne peuvent s'y enfoncer que jusqu'à un certain stade avant d'être ramenés à leur point de départ. L'élastique est donc le symbole idéal pour nous aider à comprendre le cycle de l'intimité masculine, cycle fait d'un rapprochement suivi d'un éloignement, puis d'un nouveau rapprochement plus serré.

La plupart des femmes sont étonnées de ce que, même quand un homme aime beaucoup sa partenaire, il éprouve tout de même de temps à autre le besoin de s'isoler pendant un moment, avant de revenir ensuite auprès d'elle. Ce retrait est instinctif chez l'homme ; il n'est aucunement délibéré, ni pensé. Ce n'est ni sa faute à lui ni sa faute à elle. Il s'agit d'un cycle naturel.

Même quand un homme adore une femme, il éprouve de temps à autre le besoin de s'isoler, pour mieux revenir auprès d'elle par la suite.

Si la femme interprète mal ce retrait de l'homme, c'est que quand elle-même choisit de s'isoler, c'est pour des raisons bien différentes. Elle s'isole quand elle doute des sentiments de son mari, quand elle se sent blessée ou craint d'être blessée davantage, et quand il l'a déçue en faisant quelque chose d'incorrect.

Bien sûr, un homme peut s'isoler pour les mêmes raisons, mais il le fait bien plus souvent sans raison particulière et quels que soient ses rapports avec sa partenaire.

Tel un élastique, il va d'abord prendre de la distance, puis revenir de lui-même.

Pourquoi cela ? Parce qu'un homme s'isole pour satisfaire son besoin d'indépendance ou d'autonomie. Mais quand il atteint la limite de ce besoin, il est immédiatement ramené vers son point de départ. Quand il est au maximum de son éloignement, son envie d'amour et d'intimité renaît tout à coup, et avec elle le désir de reprendre contact avec celle qu'il aime. Leur relation redémarrera au même niveau d'intimité qu'au moment de son départ. Il n'a donc pas besoin d'une période de réintégration ou de rattrapage.

CE QUE TOUTE FEMME DEVRAIT SAVOIR
AU SUJET DES HOMMES

Lorsqu'il est bien compris, ce cycle de l'intimité masculine peut enrichir une relation mais, étant donné qu'il est fréquemment mal interprété, il est en fait souvent la source de problèmes inutiles. Voyons-en un exemple.

Maggie est entrée un jour dans mon cabinet désespérée, anxieuse et perdue. Elle fréquentait son ami Jeff depuis six mois, et tout allait pour le mieux... jusqu'à ce qu'il se mette brusquement, sans raison apparente, à prendre ses distances avec elle. La pauvre Maggie n'y comprenait rien. « Un instant il était attentif à mes moindres désirs, me raconta-t-elle, et l'instant d'après il ne voulait même plus me parler. J'ai tout essayé pour le reconquérir, mais mes efforts ne semblent qu'envenimer la situation. Que lui ai-je fait pour qu'il se montre si lointain ? Est-ce que je suis si mauvaise que ça ? »

Lorsque Jeff a commencé à prendre ses distances, Maggie s'est sentie personnellement visée. C'est là une réaction courante. Elle a essayé de redresser la situation, mais plus elle tentait de se rapprocher de Jeff, et plus il lui échappait.

Après avoir assisté à mon séminaire, Maggie s'est trouvée fort soulagée. Son angoisse s'était dissipée et, plus important encore, elle avait cessé de culpabiliser. Elle avait compris que ce n'était pas du tout à cause d'elle que Jeff s'était éloigné. Elle a aussi appris pourquoi il s'isolait et comment réagir élégamment à une telle situation. Quelques mois plus tard, lors d'un autre séminaire, Jeff m'a remercié d'avoir enseigné ces choses à Maggie. Il m'a appris qu'ils étaient maintenant fiancés et allaient bientôt se marier. Maggie avait découvert un secret que bien peu de femmes connaissent...

Quand elle tentait de se rapprocher de Jeff au moment où celui-ci cherchait à s'isoler, elle l'empêchait d'aller jusqu'au bout de son élastique, retardant d'autant son retour. Tant qu'elle le poursuivait de la sorte, il ne pouvait prendre conscience du besoin qu'il avait d'elle. Elle réalisa alors qu'elle avait agi de la même façon dans toutes ses relations passées. Sans le savoir, elle avait entravé un cycle naturel essentiel. Et en essayant de maintenir à tout prix l'intimité, elle l'avait rendue impossible.

La transformation subite d'un homme

Lorsqu'un homme ne peut pas s'isoler régulièrement pour se ressourcer, il n'arrive plus à ressentir pleinement son besoin d'intimité. Il est essentiel que les femmes comprennent que si elles désirent à tout prix une intimité permanente, ou s'entêtent à poursuivre leur partenaire lorsqu'il tente de s'isoler, celui-ci aura perpétuellement tendance à s'évader et à s'éloigner. Il ne pourra jamais retrouver sa passion.

Dans mes séminaires, j'utilise un gros élastique pour faire la démonstration de ce principe. Imaginez que vous tenez cet élastique entre vos mains, et que vous commencez à l'étirer. Il peut aller jusqu'à une longueur de trente centimètres. Une fois cette limite atteinte, vous ne pouvez plus exercer de traction et vous devez revenir en arrière. L'élastique ne vous résiste plus et il se rétracte avec beaucoup de force et d'énergie.

De la même manière, lorsqu'un homme s'est éloigné jusqu'à sa distance maximale, il ne peut que revenir à son point de départ avec beaucoup de force et d'énergie. Cependant qu'il s'éloigne, une transformation s'opère en lui. Son attitude change. Alors qu'il semblait de moins en moins intéressé ou attiré par sa partenaire, il s'aperçoit soudain de son incapacité à vivre sans elle. Sa soif d'intimité renaît, de même que son désir d'aimer et d'être aimé.

Ce processus est généralement déconcertant pour une femme, parce que lorsqu'elle-même prend ses distances avec une relation amoureuse, elle est incapable de revenir au degré d'intimité antérieur sans passer par une phase de transition. Et si elle connaît mal les spécificités masculines, elle pourra être tentée de se méfier de ce désir d'intimité soudainement retrouvé par son mari, et repousser ses avances. Les hommes doivent quant à eux comprendre que, quand ils reviennent à toute vitesse vers leur bien-aimée, celle-ci aura souvent besoin d'un peu de temps avant d'être à nouveau capable de les accueillir à bras ouverts, surtout si elle a été blessée par leur départ. Si l'homme ne saisit pas ce besoin, il s'impatientera de voir que, bien qu'il soit redevenu disponible et prêt à reprendre la relation intime au point où il l'avait laissée, sa bien-aimée ne lui reconnaît pas ce droit.

Pourquoi un homme s'isole

L'homme n'arrive à éprouver son besoin d'autonomie et d'indépendance qu'une fois que son besoin d'intimité est satisfait. Invariablement, dès qu'il s'éloigne, la femme commence à paniquer. Elle ne sait pas qu'après s'être éloigné pour satisfaire son besoin d'autonomie, il voudra immédiatement revenir auprès d'elle. Elle ne comprend pas que les désirs de l'homme oscillent entre l'intimité et l'autonomie.

L'homme oscille perpétuellement entre son désir d'intimité et son souci d'autonomie.

Reprenons l'exemple de Jeff. Au début de sa relation avec Maggie, il était très amoureux et tout fringant, et son élastique était bien tendu. Il rêvait d'impressionner Maggie, de lui plaire, de la rendre heureuse et d'être aussi proche d'elle que possible. Comme elle partageait ces désirs, elle l'accueillit dans son intimité. Pourtant, après une courte période de bonheur sans nuages, Jeff parut changer du tout au tout.

De même qu'un élastique qu'on relâche perd toute l'énergie et la puissance qu'il possédait quand il était étiré au maximum, le désir de rapprochement de l'homme s'étiole une fois que celui-ci est dans l'intimité de la femme qu'il aime.

Bien que l'homme tire beaucoup de satisfaction de cette intimité, il commence à ressentir un urgent et irrépressible besoin de s'éloigner d'elle. Ayant temporairement comblé son besoin d'intimité, il voit son besoin d'indépendance se réveiller. Il a envie d'être seul, de ne plus devoir compter sur personne. Il peut avoir l'impression d'être devenu trop dépendant, ou même ne pas savoir expliquer son désir de partir.

Pourquoi les femmes paniquent

Quand Jeff suit son instinct et cherche à s'éloigner sans raison apparente, Maggie panique et court après lui. Elle pense avoir fait quelque chose pour le détourner d'elle et redoute qu'il ne revienne pas.

Et comme elle n'a aucune idée de la nature de sa « faute », elle se sent impuissante à reconquérir Jeff. Elle ne sait pas que son retrait n'est qu'une manifestation de son cycle d'intimité. Lorsqu'elle lui demande ce qui se passe, il n'a pas de réponse nette à lui donner, et refuse d'en parler. Et il continue irrémédiablement à s'éloigner d'elle.

Pourquoi les hommes et les femmes doutent de leur amour

S'ils ne comprennent pas ce cycle de l'intimité masculine, il est clair que les hommes et les femmes se mettent à douter de leur amour. Si elle ignore que son attitude empêche Jeff de retrouver son besoin d'intimité, Maggie déduira de son comportement qu'il ne l'aime plus. Et s'il ne parvenait pas à s'isoler pour le retrouver, Jeff pourrait facilement penser que, tout simplement, il n'aime plus Maggie.

Après avoir appris à laisser de l'espace à Jeff, à le laisser prendre ses distances, Maggie s'aperçut qu'il revenait toujours. Elle s'exerça à ne pas courir après lui lorsqu'il commençait à s'éloigner, et à se dire que tout irait bien. Et il est toujours revenu.

À mesure que sa confiance en elle a grandi, sa sensation de panique a disparu. Elle ne pensait pas porter la responsabilité de la froideur de son ami, mais l'avait acceptée comme une facette du caractère de Jeff. Plus elle se montrait conciliante, plus vite il lui revenait. De son côté, Jeff, s'étant familiarisé avec ses sentiments et ses besoins, devint plus confiant en amour et plus enclin à s'engager sérieusement. Le secret du bonheur de Maggie et de Jeff, c'est qu'ils ont compris et accepté le fait que les hommes sont comme des élastiques.

LES FEMMES INTERPRÈTENT MAL
LES RÉACTIONS DES HOMMES

Si elle n'admet pas que les hommes sont comme des élastiques, la femme se méprend facilement sur ses réactions. Elle suggérera : « Viens, on va parler », et son partenaire réagira en prenant ses distances. Au moment précis où elle est prête au dialogue, il lui tourne le dos. Un des reproches que les femmes font le plus souvent concernant leur mari est le suivant : « Chaque fois que j'essaie de discuter avec lui, il s'en va. J'ai l'impression qu'il ne tient pas à moi. » Et elles en concluent à tort qu'il ne veut plus leur parler.

La théorie de l'élastique illustre comment l'homme peut très bien aimer sa partenaire et lui tourner quand même subitement le dos. Lorsqu'il s'échappe ainsi, ce n'est pas parce qu'il ne veut pas parler, mais parce qu'il a besoin de se retrouver seul et de ne plus se sentir responsable de quelqu'un d'autre pendant un moment. C'est le moment où il s'occupe de lui-même. Et quand il sort de son isolement, il redevient accessible au dialogue.

Dans une certaine mesure, un homme perd une partie de son identité en se fondant dans le couple. En s'associant aux besoins, aux problèmes, aux espérances et aux émotions de sa compagne, il perd un peu le contact avec sa propre réalité. En s'éloignant, il peut redéfinir ses limites personnelles et satisfaire son besoin d'autonomie.

L'intimité avec sa partenaire fait perdre à l'homme
une partie de son identité.

Toutefois, certains hommes décrivent différemment le retrait masculin. Ils parlent d'un « besoin d'espace » ou d'un « besoin de solitude ». Mais peu importe le nom qu'on donne au phénomène : quand un homme s'isole, il satisfait son besoin légitime de s'occuper de lui-même pour un temps.

De même que personne ne décide d'avoir faim, un homme ne décide pas de prendre du recul sur sa relation. Il répond à une pulsion instinctive. Il est seulement capable de se rapprocher de l'autre jusqu'à un certain point, après quoi il s'enfonce dans l'incertitude. Et c'est à ce moment précis que son besoin d'autonomie refait surface et qu'il commence à s'isoler. C'est uniquement en comprenant ce processus que la femme peut interpréter correctement cet éloignement de l'homme.

Pourquoi les hommes fuient
quand les femmes se rapprochent

Selon beaucoup de femmes, l'homme est porté à s'éloigner précisément au moment où sa partenaire recherche l'intimité et le dialogue. Et cela peut se produire pour deux raisons :

1 – Inconsciemment, une femme perçoit que l'homme est sur le point de s'éloigner et, à ce moment précis, elle cherche à rétablir l'intimité de leur relation en disant : « Viens, on va parler. » Et comme il continue

à s'éloigner, elle conclut à tort qu'il ne veut pas dialoguer, ou qu'il ne tient pas à elle.

2 – Lorsqu'une femme soulève des problèmes ou émet des sentiments de plus en plus intimes et profonds, cela déclenche chez l'homme un besoin de fuir. Quand l'homme atteint un certain niveau d'intimité, son système d'alarme se déclenche et l'avertit qu'il est temps de rééquilibrer les choses et de prendre du recul. Au maximum de l'intimité, l'équilibre des besoins de l'homme semble soudainement et automatiquement basculer du côté de l'autonomie, le poussant à rechercher la solitude.

La femme peut aussi être traumatisée par l'éloignement de son mari lorsqu'il se produit alors qu'elle vient de dire ou de faire quelque chose de précis. Souvent, l'homme ressent le besoin de partir au moment où le discours de la femme a une connotation émotionnelle. C'est parce que les sentiments rapprochent et créent de l'intimité que, au moment où l'homme se sent trop sérieusement engagé, il s'éloigne à coup sûr.

Il ne s'échappe pas parce qu'il refuse d'entendre sa compagne parler de ses sentiments, puisque dans la phase symétrique de son cycle d'intimité, les mêmes sentiments qui l'incitent à la fuir le pousseront à se rapprocher d'elle. En somme, ce n'est pas « ce qu'elle dit » mais « le moment où elle le dit » qui le porte à fuir.

QUAND PARLER À UN HOMME

Quand un homme est sur le point de rentrer en lui-même, ce n'est pas le moment de lui parler ni d'essayer de se rapprocher de lui. Il faut le laisser faire. Après un certain temps, il redeviendra disponible, aimant et coopératif, comme s'il ne s'était rien passé. C'est là le meilleur moment pour lui parler.

Malheureusement, la femme profite rarement de ce moment privilégié, pendant lequel l'homme est le plus disposé à parler et recherche l'intimité, pour engager la conversation. Il y a trois raisons à cela :

1 – La femme a peur de lui parler, parce que la dernière fois qu'elle a essayé de le faire il l'a repoussée. Elle pense à tort qu'elle ne l'intéresse pas et qu'il ne voudra pas l'écouter.

2 – La femme craint que son mari ne lui en veuille et elle attend qu'il se montre disposé à partager ses sentiments avec elle. Elle sait que si elle prenait du champ comme il vient de le faire, il lui faudrait, avant de retrouver une intimité digne de ce nom, parler de ce qui s'est passé. Elle suppose qu'il en va de même pour son partenaire et attend qu'il décide lui-même d'aborder la question. Ce qui, bien entendu, n'arrivera pas, puisque notre homme se sent parfaitement serein.

3 – La femme a tellement de choses à dire qu'elle ne veut pas paraître effrontée en se mettant subitement à parler. Par politesse, au lieu de parler de ses propres pensées et sentiments, elle commet l'erreur de lui poser des questions sur ses sentiments à lui. Et quand elle voit qu'il n'a rien à dire, elle en déduit qu'il ne veut pas discuter avec elle.

Quand on analyse toutes ces conclusions erronées, il n'est pas surprenant de voir tant de femmes frustrées par l'attitude de leur époux.

COMMENT FAIRE PARLER UN HOMME

Lorsqu'une femme a envie de discuter, ou ressent le besoin de se rapprocher de son partenaire, elle devrait entamer la conversation, au lieu d'attendre qu'il se mette à parler. Pour prendre l'initiative de la conversation, elle doit, la première, se montrer prête à partager ses pensées, ses souhaits et ses doutes, même si son partenaire n'a pas grand-chose à dire en retour. Il faut préciser que les Martiens n'aiment pas parler pour le plaisir de bavarder, il leur faut une raison pour discuter. Cela ne les empêche pas de se montrer disposés à écouter leur compagne. Puis, peu à peu, galvanisé par la gratitude que sa moitié lui manifeste quand il prête une oreille attentive, l'homme ouvre son cœur et voit sa langue se délier, notamment pour commenter ce qu'elle vient de lui dire.

Ainsi, si elle lui fait part des difficultés de sa journée, il pourra se mettre à lui raconter les siennes, et ils auront de fortes chances de se comprendre. Et si elle lui raconte comment elle s'entend avec les enfants, il pourra lui aussi parler de ses sentiments envers les enfants. À mesure qu'elle se confiera et qu'il ne sentira aucune pression ni aucun reproche, il commencera petit à petit à se confier lui aussi.

Comment les femmes font pression
sur les hommes

Comme on vient de le voir, les confidences de sa femme peuvent conduire un homme à parler à son tour. Mais dès qu'il la soupçonne d'essayer de le forcer à parler, ses idées s'embrouillent et il n'a plus rien à dire. Et même s'il a quelque chose à dire, il restera muet, parce que l'insistance de sa femme lui déplaît.

L'homme déteste que sa femme tente de le forcer à parler. En faisant cela, elle le bloque sans le savoir, surtout quand il n'éprouve aucune envie de bavarder. Malheureusement pour lui, sa compagne imagine, à tort, qu'il a sûrement besoin de parler, et que par conséquent il devrait le faire.

Oubliant qu'un Martien ressent rarement ce genre de pulsion, elle se désole de sa réticence et en conclut que son mari ne l'aime plus. Rejeter un homme parce qu'il refuse de parler, c'est s'assurer qu'il ne dira jamais rien, puisque l'homme a besoin de se sentir accepté tel qu'il est avant de devenir peu à peu capable de parler. Et il ne risque pas de se sentir accepté tant que sa femme insistera pour qu'il parle davantage, ou qu'elle lui reprochera de s'éloigner d'elle.

Comment engager la conversation avec un homme

En clair, plus une femme tentera de forcer un homme à parler, plus il lui résistera. L'attaque directe n'est pas la meilleure tactique en la matière, surtout si l'élastique est en phase d'étirement. Et au lieu de se demander comment briser le silence de son partenaire, la femme devrait plutôt se demander : « Comment puis-je arriver à plus d'intimité et à une meilleure communication avec lui ? »

Si une femme désire renforcer la communication au sein de son couple – et c'est ce que veulent la plupart des femmes –, elle peut très bien prendre l'initiative des discussions, mais elle doit le faire avec maturité : elle doit savoir accepter que son mari soit parfois disponible, et d'autres fois prêt à fuir ; elle doit même s'y attendre.

Dans les moments où Monsieur est disponible, au lieu de lui poser des dizaines de questions ou d'insister pour qu'il parle, Madame aura avantage à lui faire comprendre qu'elle apprécie sa présence même quand il ne fait qu'écouter. Au début, elle devrait même lui demander de ne pas parler.

Par exemple, Maggie pourrait dire : « Jeff, voudrais-tu seulement m'écouter un peu ? J'ai eu une dure journée et j'aimerais en parler, ça me ferait du bien. » Après avoir parlé pendant quelques minutes, Maggie pourrait s'arrêter et dire : « J'apprécie beaucoup que tu m'écoutes ; t'expliquer ce que je ressens, c'est important pour moi. » Ce genre de remarque encourage un homme à continuer à écouter.

De plus, si sa femme ne l'encourage jamais, l'homme risque de se démobiliser et de laisser son attention se relâcher car il lui semblera que ses efforts n'apportent rien à sa compagne. Il ne réalise pas à quel point être entendue compte pour elle. La plupart des femmes le sentent instinctivement, mais on ne peut pas s'attendre qu'un homme le devine. Il faudrait pour cela qu'il réagisse comme une femme. Heureusement, s'il pressent que son écoute est appréciée, l'homme arrivera à comprendre l'importance du besoin de parler.

LORSQU'UN HOMME REFUSE DE PARLER

Sandra et Larry étaient mariés depuis vingt ans. Sandra voulait divorcer mais Larry persistait à tenter de sauver leur couple.

Au cours d'un de mes séminaires, Sandra s'exprima ainsi : « Comment peut-il dire qu'il veut rester marié ? Il ne m'aime pas. Il n'éprouve aucun sentiment pour moi. Il me tourne le dos quand j'ai besoin de lui parler, il se montre froid et ne me manifeste jamais la moindre considération. Je n'ai pas l'intention de le lui pardonner. Je ne veux plus de ce mariage. Je me suis épuisée en vain à essayer de le faire parler, pour qu'il partage ses sentiments et qu'il accepte de se montrer vulnérable. Je n'en peux plus. »

Sandra ne réalisait pas à quel point elle avait contribué à créer le problème. Elle était convaincue que son mari en portait toute la responsabilité et croyait avoir tout fait pour encourager l'intimité, la conversation et la communication dans son couple, alors que Larry ne faisait qu'y résister depuis vingt ans.

Au cours du séminaire, après avoir entendu l'explication de la théorie de l'élastique sur le comportement des hommes, Sandra comprit sa méprise et fondit en larmes. Elle accorda aussitôt son pardon à Larry. Elle venait de réaliser que son problème était en réalité *leur* problème et qu'elle y avait contribué au moins autant, sinon plus que lui.

« Je me souviens qu'au début de notre mariage, me raconta-t-elle, quand je lui parlais de mes sentiments, il tournait les talons et s'en allait. J'étais convaincue qu'il ne m'aimait pas. Au bout de quelques scènes de cet acabit, j'ai cessé de me confier à lui, par peur d'être de nouveau blessée. Et comme j'ignorais qu'à d'autres moments il pourrait se montrer plus réceptif à mes propos, je ne lui ai plus donné d'autre chance. J'ai cessé d'être vulnérable. Je tenais à ce que ce soit lui qui fasse les premiers pas pour se confier. »

Conversations en sens unique

Les conversations de Sandra et Larry se déroulaient généralement en sens unique. Elle essayait de l'inciter à se confier le premier en le bombardant de questions, puis perdait vite patience devant ses réponses lapidaires. Alors elle se mettait à ressasser ses rancœurs et la frustration que lui causait le refus de Larry de se confier à elle.

Examinons un exemple de ces conversations en sens unique.

Sandra : « Tu as passé une bonne journée ? »
Larry : « Très bonne. »
Sandra : « Qu'est-ce que tu as fait ? »
Larry : « Comme d'habitude. »
Sandra : « Qu'est-ce que tu veux faire ce week-end ? »
Larry : « Ça m'est égal. Et toi ? »
Sandra : « Tu veux qu'on invite des amis ? »
Larry : « Je ne sais pas... Tu sais où est le programme de télévision ? »
Sandra (qui s'impatiente) : « Pourquoi est-ce que tu ne veux pas me parler ? »
Larry, visiblement irrité, ne répond pas.
Sandra : « Est-ce que tu m'aimes ? »
Larry : « Bien sûr que je t'aime, je t'ai épousée. »
Sandra : « Comment peux-tu dire que tu m'aimes ? On ne se parle plus jamais. Comment peux-tu rester là à ne rien dire ? Je ne t'intéresse plus ? »

À ce stade de la conversation, en général, Larry se levait et sortait de la pièce. Quand il revenait, il faisait comme si de rien n'était. Sandra aussi se comportait comme si tout allait pour le mieux. Elle refoulait son amour et son affection. En apparence, elle se montrait aimante, mais son amertume allait grandissant. De temps en temps, quand elle sentait qu'elle ne pourrait pas aller plus loin, elle procédait à un autre interrogatoire en sens unique des sentiments de son mari. Et après avoir accumulé pendant vingt ans ce qu'elle croyait être des preuves de son absence d'amour pour elle, elle ne voulait plus souffrir de ce manque d'intimité.

Comment se soutenir mutuellement sans changer

Au cours du séminaire, Sandra a déclaré : « J'ai essayé de faire parler Larry pendant vingt ans. Je voulais qu'il se confie à moi et qu'il accepte de me laisser voir sa vulnérabilité. Je n'étais pas consciente que ce qui me manquait, c'était un homme qui pouvait me soutenir quand je me confiais à lui et quand je lui laissais voir ma propre vulnérabilité. C'était de cela que j'avais réellement besoin. J'ai partagé plus de sentiments et d'intimité avec mon mari au cours de ce week-end que pendant les vingt dernières années. Enfin, je me sens aimée et c'est merveilleux. Je croyais qu'il faudrait que Larry change pour que notre couple se ressoude, mais à présent, tout va bien chez lui comme chez moi. Simplement, nous ne savions pas comment nous apporter mutuellement le soutien moral dont nous avions besoin. »

Sandra s'était toujours plainte du silence de Larry, car elle s'était persuadée qu'il rendait toute intimité entre eux impossible. Au cours du séminaire, elle a appris à confier ses sentiments à Larry sans exiger qu'il en fasse autant et, au lieu de déplorer son silence, à l'apprécier – il permet à Larry de mieux l'écouter !

De son côté, Larry a appris l'art de l'écoute. Il s'est exercé à écouter Sandra sans succomber à son désir de lui fournir des solutions. Il est beaucoup plus facile d'apprendre à un homme à écouter que de lui demander de confier ses sentiments et de montrer sa vulnérabilité. Puis, au fur et à mesure qu'il apprendra à ouvrir ses oreilles, et qu'il se sentira apprécié pour cela, il ouvrira son cœur et deviendra capable de participer à des conversations intimes.

Dès qu'un homme sait qu'on apprécie sa patience et qu'on ne lui reproche plus ses réticences, celles-ci s'envolent peu à peu.

LORSQU'UN HOMME NE S'ÉLOIGNE JAMAIS

Lisa et Jim étaient mariés depuis deux ans, et ils faisaient tout ensemble. Ils ne se séparaient jamais. Jim devint progressivement plus passif, irritable, pointilleux et d'humeur changeante.

En consultation, Lisa m'avoua : « Je ne m'amuse plus avec lui. J'ai tout essayé pour qu'il redevienne comme avant, mais rien n'y fait. J'aimerais qu'on fasse de nouveau des choses intéressantes ensemble, comme aller au restaurant, au théâtre, faire les boutiques, voyager, danser, mais il ne veut rien savoir. On ne fait plus rien ; on regarde la télévision, on mange, on dort, puis on travaille, c'est tout. J'essaie bien de lui témoigner mon amour, mais je suis trop frustrée. Dire qu'il était si amoureux et romantique, avant ! Vivre avec lui maintenant, c'est comme vivre avec une loque. Plus rien ne le fait bouger ! » Après avoir entendu parler du cycle de l'intimité masculine et de la théorie de l'élastique, Lisa et Jim ont réalisé ce qui leur arrivait : ils passaient trop de temps ensemble et avaient tous les deux grand besoin de prendre l'air.

Quand un homme reste constamment collé à sa femme, certains symptômes font inévitablement leur apparition, par exemple des sautes d'humeur, une certaine passivité, une irritabilité chronique et une attitude défensive. Jim n'avait jamais appris à se détacher de Lisa. Il se sentait coupable chaque fois qu'il la laissait seule. Il croyait qu'il devait toujours tout partager avec sa femme.

Lisa aussi pensait qu'ils devaient tout faire ensemble. En consultation, je lui ai demandé pourquoi.

Elle me répondit : « J'avais peur qu'il accepte mal que je fasse quoi que ce soit d'agréable sans lui. Une fois je suis allée faire du shopping sans lui et il était furieux. »

Et Jim s'empressa d'ajouter : « Je me souviens de ce jour-là. Je n'étais pas fâché contre toi, j'étais contrarié parce que j'avais perdu de l'argent dans une affaire. Je m'en souviens parce que je me rappelle avoir remarqué comme il était agréable d'avoir la maison pour moi tout seul. Je n'ai pas osé te le dire parce que j'ai pensé que ça allait te blesser. »

Lisa soupira : « Et moi qui croyais que tu ne voulais pas que je sorte sans toi... Tu paraissais si distant ! »

Devenir plus indépendants

Après que Lisa et Jim eurent découvert leurs véritables sentiments respectifs, Lisa apprit à ne plus se soucier autant de Jim, et ce dernier l'y aida de son mieux. Elle s'accorda plus de temps pour s'occuper d'elle-même et reprit l'habitude de faire seule des choses qui lui plaisaient, comme de voir ses amies. Et elle se sentit plus heureuse.

Son ressentiment pour Jim disparut. Elle comprit qu'elle avait trop exigé de lui. Grâce à la théorie de l'élastique, elle réalisa combien elle avait contribué à leur problème. Elle constata qu'il avait besoin de plus de temps sans elle, de solitude. Non seulement les sacrifices qu'elle avait faits par amour avaient empêché Jim de s'échapper de temps en temps pendant de courts instants, mais en plus sa dépendance avait étouffé l'homme qu'elle aimait.

De simples miracles

Ce qui a troublé Lisa, c'est la rapidité avec laquelle leur relation a changé. En deux semaines seulement, Jim redevint l'homme qu'elle avait épousé, aimant et attentif. Il reprit le goût de faire des choses amusantes avec elle et commença à planifier des sorties. Il avait retrouvé sa motivation.

Au cours d'une consultation, il m'a dit son bonheur : « Je me sens si soulagé ! Je me sens aimé. Quand Lisa rentre du travail, elle est heureuse de me voir. J'apprécie même qu'elle me manque lorsqu'elle est absente. Quel plaisir de recommencer à éprouver des sentiments ! J'en étais presque arrivé à oublier à quoi cela ressemblait. Avant, il me semblait que je ne faisais jamais rien assez bien ; Lisa essayait de me pousser dans telle ou telle voie par ses conseils ou ses questions. »

Et Lisa de rétorquer : « J'ai réalisé que je lui reprochais le fait que je me sentais malheureuse. En assumant mon propre malheur, j'ai découvert que Jim était bien énergique et vivant. C'est comme un miracle ! »

ENTRAVER LE CYCLE DE L'INTIMITÉ

Une femme peut entraver le cycle d'intimité naturel de son partenaire de deux façons. Primo, en le poursuivant quand il tente de s'éloigner d'elle. Et secundo, en le punissant de s'être éloigné d'elle. Voici une liste des méthodes le plus couramment employées par les femmes à cet effet.

MÉTHODES DE POURSUITE

1 – **La poursuite physique.** Lorsque son partenaire tente de s'éloigner d'elle, la femme le suit, physiquement. S'il entre dans une autre pièce, elle entre derrière lui. Ou, comme dans le cas de Lisa et Jim, elle s'empêche de faire ce qu'elle voudrait faire pour ne jamais le quitter.

2 – **La poursuite émotionnelle.** Quand il s'évade, elle le suit émotionnellement. Elle s'inquiète pour lui. Elle tente de l'aider à se sentir mieux. Elle le prend en pitié. Elle l'inonde d'attentions et de louanges.

Elle pourra aussi l'empêcher carrément de s'évader en dénigrant son besoin de solitude. Mais, ce faisant, elle l'éloignera encore plus d'elle.

Enfin, elle peut prendre l'air triste ou blessée quand il s'éloigne. De cette manière, elle défend leur intimité et il se sent contrôlé.

3 – **La poursuite mentale.** Elle peut tenter de le ramener par la force de son esprit en essayant de le culpabiliser avec des questions comme : « Comment peux-tu me faire ça ? », « Qu'as-tu donc dans la tête ? » ou bien : « Tu ne vois pas à quel point tu me fais mal quand tu m'ignores comme ça ? »...

Ou encore elle peut essayer de le reconquérir en mettant tout en œuvre pour lui plaire. Elle va exagérément au-devant de ses moindres désirs. Elle tente d'être la perfection même, pour ne lui laisser aucune raison valable de s'éloigner. Elle sacrifie sa propre personnalité pour s'efforcer de devenir la femme de ses rêves telle qu'elle l'imagine.

Et comme elle craint tout ce qui pourrait justifier de près ou de loin son éloignement, elle lui tait ses véritables sentiments et évite de faire quoi que ce soit qui pourrait l'indisposer.

Le second moyen qu'utilisent inconsciemment les femmes pour tenter d'interrompre le cycle d'intimité de leur mari, c'est de le punir de s'être éloigné d'elles. Rappelons qu'en agissant ainsi, elles l'empêchent sans le savoir de sortir de sa retraite et de s'ouvrir à nouveau à leurs besoins. Voici la liste des punitions le plus couramment employées par les femmes.

MÉTHODES DE PUNITION

1 – **La punition physique.** Au moment où l'homme recommence à la désirer, la femme le rejette. Elle repousse toute expression physique de son affection, depuis les rapports sexuels jusqu'aux simples contacts physiques. Elle ira même parfois jusqu'à le frapper ou à briser des objets pour lui montrer son mécontentement. Quand un homme a été puni de s'être éloigné de sa femme, il peut avoir peur de recommencer. Cela peut l'empêcher de s'éloigner quand son instinct le lui dictera à nouveau. Son cycle naturel sera alors détraqué. Cela peut aussi susciter en lui une colère qui bloque son désir d'intimité. Et si jamais il réussit à s'éloigner de celle qui veut le retenir, il ne reviendra peut-être plus.

2 – **La punition émotionnelle.** Il est de retour, mais elle est mécontente et elle le blâme car elle ne lui pardonne pas son abandon momentané. Rien de ce qu'il peut faire ne suffira à lui plaire ni à la rendre heureuse. Il n'essaie même plus de la satisfaire, et d'ailleurs il s'en sent incapable.

Dès qu'il revient, elle manifeste sa désapprobation par ses paroles, le ton de sa voix, et un certain regard d'animal blessé qu'elle adresse à son partenaire.

3 – **La punition mentale.** Lorsqu'il se rapproche d'elle, elle refuse de lui ouvrir son cœur et de lui confier ses sentiments. Elle devient indifférente et lui en veut de ne pas s'ouvrir et de ne pas se confier. Elle refuse de croire qu'il tient à elle, et elle le punit en ne lui donnant plus la chance d'écouter ses propos, c'est-à-dire d'être un « bon garçon ». Bref, quand il est prêt à revenir, tout joyeux, elle lui fait sentir qu'il n'est pas le bienvenu.

Un homme puni par sa femme pour s'être éloigné d'elle peut devenir craintif, et redouter qu'elle ne lui retire son amour s'il ose partir une nouvelle fois. Il a l'impression qu'il ne mériterait plus son amour s'il osait s'isoler. Il hésite à solliciter cet amour à nouveau, parce qu'il s'en sent indigne. Il pense qu'elle va le rejeter. Et cette peur du rejet peut le faire rester dans sa caverne.

COMMENT SON PASSÉ PEUT AFFECTER LE CYCLE D'INTIMITÉ D'UN HOMME

Une interruption du cycle naturel d'intimité d'un homme peut plonger ses racines jusque dans son enfance. Un homme peut craindre de se retirer en lui-même quand il en a besoin parce qu'il a été témoin de l'opposition de sa mère au besoin d'isolement de son père. Cet homme-là ne sait peut-être même pas que ce besoin de solitude est inné. Il se peut même qu'inconsciemment il provoque des disputes pour justifier son besoin de retrait.

Naturellement, un homme ainsi marqué développera davantage son côté féminin que sa puissance masculine. C'est un homme sensible. Il déploie beaucoup d'énergie pour être aimant et plaisant, au détriment de son identité masculine. Il se sent coupable de se détacher de sa compagne. Sans savoir ce qui lui arrive, il perd son désir, sa force et sa passion. Il devient passif et exagérément dépendant.

Il peut avoir peur de se retirer dans la solitude de sa caverne. Il peut penser qu'il n'aime pas la solitude mais, au fond de lui, il a plutôt peur de perdre l'amour de sa partenaire. Il a déjà vécu dans son enfance le rejet de son père, voire le sien, par sa mère.

Alors que certains hommes ne savent pas comment s'éloigner de leur femme quand ils en éprouvent le besoin, d'autres ne savent pas comment se rapprocher d'elle quand ils en ont besoin. L'homme macho par exemple n'a pas de difficulté à partir, mais il est incapable de revenir et de s'ouvrir au dialogue. Il se pourrait qu'au fond de lui se cache la crainte de ne pas être digne de l'amour d'une autre personne. Il a peur des liens et de l'intimité. Il ne sait pas qu'une femme pourrait l'accueillir à bras ouverts s'il lui en laissait l'occasion. L'homme sensible et le macho souffrent tous deux de l'absence dans leur vie d'image ou d'expérience positive liées à leur cycle d'intimité masculine.

Il est aussi important pour l'homme que pour la femme de comprendre le fonctionnement de ce cycle d'intimité. Certains hommes ressentent une grande culpabilité quand ils se réfugient dans leur caverne, ou dès qu'ils sont isolés, et reviennent au grand galop. Ils en déduiront peut-être à tort qu'ils ne sont pas normaux. C'est pourquoi ce peut être un grand soulagement pour un homme, comme pour une femme d'ailleurs, de comprendre ces secrets masculins.

DES HOMMES ET DES FEMMES SAGES

Certains hommes ne réalisent pas quel effet leurs éloignements émotionnels soudains, puis leurs retours vers les bras de leur partenaire, peuvent avoir sur les femmes. En prenant conscience de son cycle d'intimité, l'homme comprendra qu'il faut écouter attentivement sa partenaire quand elle lui parle. Et lorsqu'il ne ressent pas le besoin de s'évader, l'homme sage prendra l'initiative de la conversation en demandant à sa compagne comment elle va.

Il arrive à connaître son propre cycle, et à assurer sa partenaire de son retour prochain au moment où il entame son retrait émotionnel. Il peut dire, par exemple : « Laisse-moi réfléchir, ensuite nous passerons du temps ensemble, sans être dérangés. » Ou s'il sent qu'il doit s'éloigner pendant qu'elle parle, il peut dire : « Laisse-moi un peu de temps de réflexion et nous en reparlerons bientôt. »

L'homme peut arriver à connaître son propre cycle et à assurer sa partenaire de son retour prochain au moment où il entame son retrait.

Il se peut qu'au moment où l'homme revient de sa retraite émotionnelle, en état de dialoguer, la femme le harcèle de questions sur la raison de son abandon apparent. S'il n'est pas certain de connaître la réponse, ce qui est souvent le cas, il pourra alors dire : « Je ne sais pas au juste. J'avais seulement besoin d'un peu de temps pour moi-même. On peut maintenant poursuivre la conversation si tu le veux bien. »

Il a compris qu'elle a besoin d'être entendue et que lui-même doit faire des efforts pour l'écouter dès qu'il n'est pas tapi dans sa caverne. De plus, il sait que le fait de prêter une oreille attentive l'aidera à prendre conscience des sentiments qu'il veut partager avec elle.

Pour entamer correctement une conversation, la femme sage apprend à ne pas exiger que l'homme parle, mais à lui demander de l'écouter attentivement. Ce simple petit changement soulage les épaules de l'homme d'une grosse pression. La femme apprend à se livrer, à partager ses sentiments avec lui, sans lui demander de faire la même chose.

Elle sait qu'à mesure qu'il se sentira accepté et qu'il l'écoutera parler d'elle, il deviendra plus ouvert au dialogue. Elle ne lui inflige ni poursuite ni punition. Elle comprend qu'à certains moments, l'écoute de ses sentiments personnels déclenchera chez l'homme son désir de fuir, alors qu'à d'autres moments – lorsqu'il est de retour de sa caverne –, il sera tout disposé à accueillir ses doléances. Cette femme sage ne baisse jamais les bras. Elle persiste patiemment et amoureusement à soigner sa relation de couple, parce qu'elle sait ce que peu de femmes savent.

7

Les femmes sont
comme des vagues

Une femme est comparable à une vague car, quand elle se sent aimée, son moral monte et descend dans un mouvement semblable à celui de l'océan. Quand elle se sent parfaitement bien, on peut dire qu'elle surfe sur la crête de la vague, mais soudain elle va changer d'humeur et se retrouver au creux de la vague. Cet effondrement n'est que temporaire car, dès qu'elle atteint le fond de ce creux, son humeur recommence aussitôt à changer et elle reprend progressivement confiance en elle. Et automatiquement, elle revient sur la crête de la vague.

Quand la vague monte, la femme ressent un immense besoin de donner de l'amour et, quand elle redescend, elle ressent un énorme vide et un grand besoin d'amour. Arrivée au point le plus bas de son cycle, elle fait nécessairement le ménage dans ses émotions. Si elle a refoulé des sentiments négatifs ou s'est sacrifiée pour offrir davantage d'amour pendant la vague montante, en redescendant, elle ressentira le poids de ces besoins inassouvis. C'est durant cette descente qu'elle a particulièrement besoin de parler de ses problèmes, d'être écoutée et d'être comprise.

Mon épouse, Bonnie, dit que cette expérience s'apparente à la sensation de tomber dans un puits profond et sombre. On peut donc dire qu'en tombant dans son puits, la femme passe de son moi conscient à son moi inconscient, un refuge de ténèbres et d'émotions floues. Elle peut se sentir désespérée, se croire toute seule et privée de soutien, mais sitôt atteint le creux de la vague, pour peu qu'elle se sache aimée et soutenue, elle recommence immanquablement à se sentir mieux. Et aussi subitement qu'elle s'est enfoncée, elle réémerge et recommence à répandre l'amour autour d'elle.

Les émotions d'une femme montent et descendent comme une vague sur la mer. Arrivée au point le plus bas de ce cycle, elle fait nécessairement le ménage dans ses émotions.

La capacité de la femme à donner et à recevoir de l'amour est généralement liée à son état moral. Quand elle n'est pas tout à fait satisfaite d'elle-même, elle n'est pas capable d'accepter et d'apprécier son partenaire. Quand elle est au plus bas, elle a tendance à s'irriter ou à être plus émotive. Quand elle se retrouve au creux de la vague, elle est plus vulnérable et réclame plus d'amour. Il est essentiel que son partenaire comprenne ses besoins à ce moment-là, pour que ses exigences ne soient pas déraisonnables.

COMMENT LES HOMMES RÉAGISSENT À LA VAGUE

Quand une femme est aimée par un homme, elle se met à rayonner d'amour et de contentement. La plupart des hommes ont la naïveté de croire que cet embrasement va durer éternellement. Mais s'attendre que l'humeur d'une femme, même amoureuse, ne change jamais revient à s'attendre que le temps reste toujours stable ou que le soleil brille sans discontinuer. Or la vie est faite de cycles rythmiques : le jour et la nuit, le chaud et le froid, l'hiver et l'été, le printemps et l'automne, les nuages et le soleil, etc. Les hommes et les femmes ont aussi leurs propres rythmes, leurs propres cycles. Les hommes s'éloignent, puis se rapprochent, alors que les femmes voient leur capacité d'amour croître et décroître tour à tour.

Dans les relations humaines, les hommes s'éloignent, puis se rapprochent, alors que les femmes voient leur capacité d'amour croître et décroître tour à tour.

L'homme pense que les variations d'humeur de sa partenaire sont uniquement fonction de son comportement à lui. Quand elle est heureuse, il le met à son crédit, mais quand elle est déprimée, il se sent aussi responsable. Il peut donc se trouver extrêmement frustré lorsqu'il se sent incapable de corriger la situation. Un instant, sa femme semble heureuse, et il croit qu'il fait bien les choses, mais l'instant d'après elle paraît malheureuse. Il est stupéfait parce qu'il croyait contrôler la situation.

N'essayez pas de « réparer » votre femme

Pendant leurs six premières années de mariage, Bill s'efforça en vain de décrypter le cycle des vagues d'humeur de sa femme, Mary. Et, ne le comprenant pas, il cherchait par tous les moyens à y remédier, ce qui ne faisait évidemment qu'empirer les choses. Persuadé que ces mouvements cycliques résultaient d'une « panne » dans le système, il essayait de la convaincre qu'il n'était pas absolument nécessaire qu'elle se mette dans de tels états. Et Mary ne s'en sentait que plus incomprise et plus déprimée.

En cherchant à arranger les choses, Bill empêchait sa femme de jamais se sentir heureuse. Il avait besoin d'apprendre que c'est lorsque la femme descend dans son puits qu'elle a le plus besoin de l'homme et qu'il ne s'agissait pas d'une panne à « réparer », mais d'une occasion d'exprimer son soutien et son amour inconditionnel à sa femme.

Bill se plaignit un jour : « Je ne parviens pas à comprendre ma femme. Pendant des semaines, Mary est la plus merveilleuse des épouses et couvre toute la famille de tendresse, puis soudain elle paraît excédée par tout ce qu'elle fait pour tout le monde, et commence à me chercher des noises. Ce n'est pas ma faute si elle est malheureuse. Je lui explique cela et nous nous engageons dans des disputes interminables. »

Comme bien des hommes, Bill a commis l'erreur d'essayer d'empêcher sa femme de « descendre aux enfers ». Il a tenté de la secourir en essayant de la remonter. Il ne savait pas que lorsque sa femme descendait ainsi, il lui fallait toucher le fond avant de pouvoir remonter.

Quand Mary commençait à sombrer, elle devenait irascible. Et, au lieu de l'écouter avec chaleur et tendresse, Bill essayait de lui remonter le moral en lui expliquant par a + b pourquoi elle ne devait pas se laisser aller de la sorte.

La dernière chose dont une femme a besoin quand elle entame la phase descendante de son cycle naturel, c'est de quelqu'un qui lui explique pourquoi elle ne devrait pas se laisser abattre. Elle a plutôt besoin de quelqu'un qui reste auprès d'elle, qui l'écoute pendant qu'elle exprime ce qu'elle ressent, et qui s'efforce de partager ses sentiments. Même si un homme est incapable de parfaitement comprendre pourquoi sa femme est au plus bas, il peut l'entourer d'amour, d'attentions et la soutenir dans l'épreuve.

Ce qui laisse les hommes perplexes

Quand on lui expliqua l'analogie entre les femmes et les vagues, Bill ne sut que penser. Mais lorsque sa femme se retrouva une fois de plus au fond de son puits, il fit de son mieux pour mettre en pratique certaines suggestions et s'exerça à l'écouter sans lui donner aucun conseil. Malheureusement, comme au bout de vingt minutes de ce traitement Mary ne semblait pas aller mieux du tout, il se sentit encore plus frustré qu'auparavant.

Il me raconta : « Au début, elle a paru s'ouvrir à moi, mais tout à coup, je l'ai vue de plus en plus perturbée. Il me semblait que plus je l'écoutais, plus son moral déclinait. Alors, j'ai craqué et je lui ai dit qu'elle ne devrait pas se laisser abattre comme cela... Et nous avons commencé à nous disputer. »

Même si Bill avait fait l'effort d'écouter Mary parler de ses problèmes, il essayait encore d'avoir réponse à tout. Il s'attendait d'ailleurs à voir Mary retrouver le sourire en un éclair. Bill ignorait qu'une femme soutenue au cours de sa descente dans son puits ne se sentira pas nécessairement mieux sur-le-champ. Elle peut même se sentir provisoirement plus mal. C'est sans doute là un signe de l'efficacité de l'assistance dont elle bénéficie. En l'incitant à toucher le fond au plus vite, celle-ci accélère sa guérison : puisqu'il est indispensable, pour remonter, de toucher d'abord le fond, le plus vite est le mieux. C'est là l'essence même du cycle féminin.

Bill a mal supporté de voir sa femme si peu réconfortée par son attitude et glissant inexorablement vers le bas. Pour éviter d'imiter cette mauvaise réaction, un homme doit savoir que, parfois, quand il soutiendra sa femme dans l'épreuve, elle commencera par voir son état empirer. Et une fois qu'il aura compris que toute vague doit mourir avant de renaître, cela ne le surprendra plus.

Quand un homme soutient sa femme en détresse, elle commence parfois par se sentir plus mal encore.

Ce concept assimilé, Bill a pu se montrer patient et compréhensif envers Mary et l'aider. Il a aussi découvert qu'on ne pouvait pas prévoir la durée de la détresse d'une femme. Certaines fois, son puits est plus profond que d'autres.

CONVERSATIONS ET DISPUTES RÉCURRENTES

Quand une femme remonte de son puits, elle redevient en un clin d'œil la partenaire aimante qu'elle était auparavant. L'homme se méprend généralement sur la signification de cette transformation positive. Selon lui, peu importe ce qui troublait sa compagne, elle a dû l'éliminer ou le résoudre une bonne fois pour toutes. Ce n'est bien entendu pas le cas. Il s'agit d'une simple illusion. Parce qu'il la voit de nouveau souriante, tendre, chaleureuse et positive, il croit à tort que tous ses problèmes sont résolus.

Mais quand elle entame une nouvelle phase descendante, les mêmes soucis resurgissent. Et quand ils reviennent, son mari s'impatiente parce qu'il les croyait réglés pour de bon. Tant qu'il ne saisit pas bien le concept de la vague, il lui est extrêmement difficile de reconnaître la légitimité des émotions de sa femme. Il a donc du mal à l'encourager lorsqu'il la retrouve au fond du même puits qu'auparavant.

Quand les mêmes émotions réapparaissent, l'homme peut réagir de façon inappropriée en disant :

1. « Combien de fois va-t-on discuter de ça ? »
2. « J'ai déjà entendu tout ça. »
3. « Je pensais qu'on avait réglé ce problème. »
4. « Quand est-ce que tu vas arrêter de ressasser toujours la même chose ? »
5. « Je ne veux plus parler de ça ! »
6. « C'est idiot ! On recommence la même discussion à chaque fois ! »
7. « Pourquoi as-tu tant de problèmes ? »

Quand une femme descend dans son puits, ses problèmes les plus profonds ont tendance à remonter à la surface. Il peut s'agir de difficultés liées à ses relations présentes, mais elles sont le plus souvent lourdement marquées par les expériences de son enfance et de ses relations antérieures. Tout ce qui n'a pas été guéri ou résolu dans son passé revient inévitablement la hanter. Voici quelques-unes des émotions qu'elle peut ressentir quand elle descend dans son puits.

SIGNAUX D'ALARME INDIQUANT À L'HOMME QUE SA FEMME EST SUR LE POINT DE DESCENDRE DANS SON PUITS OU QU'ELLE A TOUT PARTICULIÈREMENT BESOIN D'AMOUR

Elle est :	Et elle dit :
excédée	« Il y a tant de choses à faire ! »
fragile	« Il me faut beaucoup plus que ça. »
amère	« C'est moi qui fais tout ! »

inquiète	« Qu'est-ce qui va se passer ? »
confuse	« Je ne comprends pas. »
épuisée	« Je n'en peux plus ! »
désespérée	« Je ne sais pas quoi faire. »
indifférente	« Je m'en fiche ! Fais ce que tu veux. »
exigeante	« Tu devrais... »
réticente	« Non, je ne veux pas. »
méfiante	« Qu'est-ce que tu veux dire ? »
dominatrice	« As-tu fait ce que je t'ai dit ? »
réprobatrice	« Comment as-tu pu oublier ça ? »

En se sentant plus soutenue dans les moments difficiles, elle reprend confiance dans la solidité de son couple, ce qui lui permet de descendre dans son puits et d'en remonter sans trop de dommages pour sa relation ni pour sa vie en général. C'est là l'un des multiples avantages d'une relation stable.

La femme considère le soutien qu'elle reçoit en phase de descente comme un très beau cadeau, susceptible de surcroît de l'aider à se libérer progressivement de l'emprise de ses problèmes passés. Bien sûr, elle connaîtra toujours des hauts et des bas – elle est une femme, et c'est dans sa nature –, mais ils seront moins prononcés et moins douloureux, aussi bien pour elle que pour son entourage.

QUAND LE BESOIN SE MUE EN MANQUE

Au cours d'un de mes séminaires sur les relations de couple, Tom s'est plaint : « Au début de notre relation, Susan paraissait très forte, puis soudainement elle est devenue faible, réclamant mon attention avec des accents suppliants : un vrai "crampon". Je me souviens de l'avoir rassurée en lui rappelant que je l'aimais et qu'elle comptait plus que tout pour moi. Après maintes discussions, nous avons franchi ce cap difficile, mais un mois plus tard elle a replongé, comme si elle n'avait pas entendu un seul mot de ce que je lui avais dit. Cela m'a tellement consterné que nous nous sommes sérieusement disputés. »

Tom ne se doutait pas de la banalité de son histoire. Beaucoup d'hommes ont vécu de telles expériences dans leur couple. Au moment où Tom a connu Susan, son cycle était en phase ascendante. Leur relation s'affermit, leur amour grandit... puis Susan franchit la crête de la vague et se sentit soudain des instincts possessifs qu'elle ne se connaissait pas, et Tom non plus. Prise de panique, elle se mit à réclamer de plus en plus d'attention. Et ce n'était que le début de sa descente dans son puits.

Un brin effaré, Tom se demanda ce qui se passait et pourquoi Susan se comportait soudain de manière si inattendue. Il l'interrogea, ils discutèrent, et d'avoir pu exprimer ses tracas et entendre Tom l'assurer de son amour et de son appui soulagea si bien Susan qu'elle se sentit aussitôt mieux. Et comme elle entra immédiatement dans la phase ascendante d'une nouvelle vague, Tom crut l'alerte terminée, et les problèmes qui l'avaient suscitée, réglés.

Mais un mois plus tard, Susan s'effondra de nouveau. Cette fois, Tom se montra beaucoup moins compréhensif et tolérant que la première fois. Il s'impatienta, furieux qu'elle ose encore douter de sa sincérité alors qu'à peine un mois auparavant, il l'avait déjà copieusement rassurée sur ses sentiments. Adoptant une attitude défensive, il lui reprocha son besoin maladif – et visiblement récurrent – d'attention. Résultat : une nouvelle dispute.

Informations rassurantes

En découvrant que les femmes étaient comme des vagues, Tom a compris que la réapparition périodique du sentiment d'insécurité de Susan était aussi naturelle qu'inéluctable, et fort heureusement temporaire. Il a ri de sa propre naïveté : dire qu'il avait imaginé qu'un sermon rassurant de sa part suffirait à apaiser à jamais les angoisses profondes de Susan...

Mais dès lors qu'il avait compris qu'elle replongerait à intervalles réguliers au creux de la vague et comment la soutenir, Tom a bien mieux supporté les « crises » de Susan. Et non seulement ces dernières se sont écourtées, mais le couple a évité bon nombre de disputes. Voilà ce qui a encouragé Tom :

1 – Une déclaration d'amour et de soutien de la part de l'homme ne suffit pas à résoudre instantanément les problèmes de sa femme. En revanche, être assurée de son amour pourra permettre à sa compagne de descendre plus profondément dans son puits en toute confiance.

   Il est naïf de croire qu'une femme puisse demeurer aimante et souriante en permanence. Il faut s'attendre que ses problèmes remontent périodiquement à la surface. Et chaque fois que cela se produit, l'homme pourra perfectionner sa technique pour la rassurer.

2 – Une femme ne descend pas dans son puits à cause d'un homme ou d'une de ses maladresses, mais parce que c'est sa nature profonde. En revanche, si le soutien moral de l'homme de sa vie ne peut empêcher ces moments pénibles de se reproduire, il l'aidera à les traverser.

3 – La femme possède en elle-même la capacité de rebondir rapidement après avoir touché le fond de son puits. Un homme n'a pas besoin de chercher à la « réparer » car ce qui lui arrive est une manifestation tout à fait normale de son cycle vital. Et

elle n'a besoin pour surmonter cette épreuve que d'un peu d'amour, de patience et de compréhension.

QUAND UNE FEMME NE SE SENT PAS EN SÉCURITÉ DANS SON PUITS

Lorsqu'une femme est engagée dans une relation intime, sa tendance à fluctuer telle une vague va s'accentuant. Il est très important qu'elle se sente en sécurité pour vivre ce cycle, sinon elle s'épuisera à étouffer ses émotions négatives pour faire croire que tout va très bien.

Quand une femme ne se sent pas en sécurité au moment de descendre dans son puits, sa seule alternative est d'éviter toute forme d'intimité – émotionnelle comme sexuelle – ou alors d'endormir ses angoisses à l'aide d'échappatoires tels l'alcool, la drogue, la boulimie, le travail ou un altruisme maniaque. Mais tous ces faux-semblants ne pourront l'empêcher de sombrer périodiquement dans la mélancolie, ni de voir ses émotions se manifester à brûle-pourpoint.

Vous avez sûrement connu des couples « modèles » qui stupéfient leur entourage en demandant soudain le divorce. Dans la plupart des cas, ils ont pu tromper les observateurs grâce au talent de l'épouse pour étouffer ses sentiments afin d'éviter les disputes. Mais à force de se martyriser ainsi, elle perd toute sensibilité, jusqu'à devenir progressivement indifférente et incapable d'aimer.

En effet, en bâillonnant ses émotions négatives, on muselle aussi ses émotions positives, et l'amour finit par s'éteindre comme une flamme privée d'oxygène. Il est sain d'éviter les disputes et les altercations, mais pas au point d'étouffer les sentiments. Dans le chapitre 9, nous verrons comment éviter les disputes sans payer un tribut aussi exorbitant.

En bâillonnant ses émotions négatives, on muselle aussi ses émotions positives, et avec elles, l'amour.

Faire son ménage émotionnel

C'est au moment de son effondrement cyclique que la femme est le mieux à même de faire le ménage dans ses émotions. Ce déblayage émotif préserve sa capacité à s'épanouir en amour et à aimer en éliminant les refoulements susceptibles à terme d'interrompre le cycle naturel des vagues et de rendre la femme progressivement indifférente et incapable de passion.

Certaines femmes qui fuient leurs émotions négatives et résistent aux vagues de leur cycle naturel se verront affligées d'un ensemble de symptômes que l'on regroupe sous la dénomination de syndrome prémenstruel. On observe une forte corrélation entre ce syndrome et l'incapacité à gérer ses émotions. Et d'ailleurs, les femmes qui ont appris à gérer leurs sentiments de manière plus positive voient souvent leurs symptômes s'atténuer ou disparaître. Dans le chapitre 11, on discutera d'autres techniques de gestion des émotions négatives.

Même les femmes les plus fortes, pleines de confiance en elles et occupant des postes prestigieux, doivent elles aussi descendre dans leur puits de temps à autre. Les hommes croient volontiers qu'une compagne qui réussit bien dans le monde du travail leur épargnera ces périodes de grand ménage émotionnel. C'est l'inverse qui se produit. Dans son travail, la femme est aussi souvent exposée au stress et à la « pollution émotionnelle » que ses collègues masculins. Elle effectuera donc plus de sessions de « déblayage » que ses consœurs au foyer. Il en va de même pour l'homme, chez qui le besoin de prendre le large avant de revenir comme s'il était mû par un élastique peut également s'accroître avec l'exposition au stress du travail.

Une étude a révélé que l'estime qu'une femme se porte à elle-même variait au rythme d'un cycle d'une durée de vingt et un à trente-cinq jours, qui n'est pas nécessairement synchronisé avec son cycle menstruel. Aucune étude du même type n'a été menée pour les hommes, mais d'après mon expérience ils suivent un cycle très voisin de celui de la femme.

Dans son environnement professionnel, la femme parvient en général à dominer ses tracas d'ordre émotionnel, mais une fois chez elle, sa vulnérabilité resurgit et elle a plus que jamais besoin du soutien de son partenaire.

Remarquons au passage que les incursions au fond de son puits n'affectent pas nécessairement la productivité d'une femme dans son travail. En revanche, elles influent fortement sur ses relations avec ses parents et amis.

Comment soutenir sa femme lorsqu'elle est dans son puits

Un homme sage apprend vite à aider sa femme à vivre son cycle émotionnel en toute sécurité, afin de bâtir une relation solide au sein de laquelle l'amour et la passion ne feront qu'aller croissant.

Bien sûr, il devra faire face à des périodes de sécheresse amoureuse ou à des orages émotionnels, mais il saura les surmonter.

QUAND ELLE EST DANS SON PUITS ET LUI DANS SA CAVERNE

Un autre participant à mes séminaires, Harris, m'a dit : « J'ai essayé de mettre en pratique tout ce que j'avais appris ici. Tout allait bien et nous étions plus unis que jamais : le paradis. Mais un jour, ma femme, Cathy, a décrété que je regardais trop la télévision et s'est mise à me réprimander comme un enfant. Le ton est monté et nous nous sommes violemment disputés. Je ne comprends pas ce qui s'est passé. Tout allait si bien ! »

Voilà un exemple parfait de ce qui peut arriver quand les cycles masculin et féminin sont synchronisés au sein d'un couple : la femme dépasse la crête d'une vague au moment même où l'élastique de son compagnon commence à se rétracter. Fort des enseignements de mon séminaire, Harris soutenait sa femme et sa famille mieux que jamais et Cathy s'en réjouissait. Cet état de grâce a duré deux semaines puis, un soir, Harris a décidé de regarder la télévision plus tard que d'habitude. Son élastique commençait à se rétracter. Il avait besoin d'aller dans sa caverne. Cathy, dont la vague amorçait sa phase descendante et avait donc tout particulièrement soif de tendresse, fut très blessée de le voir ainsi s'éloigner d'elle. Elle perçut son – très naturel – besoin d'isolement comme le début de la fin de cette nouvelle et merveilleuse expérience d'intimité. Pendant deux semaines, elle avait vécu un véritable rêve, et elle redoutait de le voir s'évanouir à tout jamais. La petite fille en elle avait l'impression qu'on lui avait repris un bonbon qu'on lui avait donné. Elle était furieuse.

Logique martienne et logique vénusienne

Le sentiment d'abandon qu'a ressenti Cathy est difficile à concevoir pour un Martien. Lui pensera plutôt : « J'ai été un si bon époux au cours des deux dernières semaines que je mérite sûrement une récompense. Je t'ai beaucoup donné au cours de cette période, mais maintenant j'ai besoin de m'occuper de moi-même. Je ne vois pas pourquoi tu t'en inquiètes : tu devrais quand même être assurée de mon amour, maintenant ! »

La logique vénusienne est à l'opposé. Elle perçoit la situation d'une façon toute différente, pouvant s'exprimer ainsi : « Ces deux dernières semaines ont été merveilleuses. Et après l'intimité que nous avons vécue, il m'est très pénible de te voir ainsi reprendre tes distances. Je me suis donnée à toi tout entière, et maintenant tu t'éloignes sans raison. »

Comment les émotions passées resurgissent

Cathy avait passé des années à se protéger de tout risque de déception en refusant d'ouvrir son cœur et en conservant une certaine méfiance à l'égard de la solidité de sa relation. Mais durant ces deux semaines idylliques, elle s'était livrée comme jamais elle ne l'avait fait de toute sa vie d'adulte, car elle pensait que l'attitude d'Harris justifiait qu'elle abandonne sa circonspection coutumière. Et voilà qu'à l'évidence elle s'était leurrée.

Tout à coup, elle a retrouvé, intactes, les émotions qu'elle ressentait petite fille lorsque son père était trop occupé pour lui accorder son attention. La colère et la frustration refoulées pendant tant d'années furent soudain réveillées par la déception que lui avait infligée Harris. Si elles n'avaient pas été ainsi ravivées, Cathy aurait sûrement accepté plus facilement qu'Harris regarde la télévision plus tard que d'habitude.

D'autre part, si elle avait pu réfléchir à sa blessure et en faire part à Harris, ses sentiments profonds auraient émergé. Elle aurait alors touché le fond de son puits et se serait sentie mieux, même si elle savait qu'elle souffrirait toujours de voir Harris céder à son besoin naturel de solitude après une période de lune de miel.

Quand on se blesse mutuellement

Harris, lui, ne comprenait bien sûr pas pourquoi Cathy réagissait ainsi. Il commit l'erreur de lui dire qu'elle ne devait pas prendre les choses aussi à cœur, ce qui est à peu près la pire chose qu'un homme puisse dire à une femme blessée. C'est comme s'il remuait le couteau dans la plaie.

Une femme qui souffre commence fréquemment par blâmer son partenaire. S'il l'entoure d'attentions et de compréhension, elle dépassera ce stade ; mais, en revanche, s'il tente de la convaincre de ne pas se sentir offensée, il ne peut qu'envenimer les choses. Même si son esprit admet qu'elle ne devrait pas s'énerver, son cœur saigne et il lui est intolérable de s'entendre dire qu'elle ne devrait pas avoir mal. Elle préférerait que son partenaire cherche à comprendre pourquoi elle se sent blessée.

Pourquoi les hommes et les femmes se disputent

Harris avait très mal interprété la réaction de Cathy. Il croyait qu'elle ne voulait plus, désormais, qu'il regarde la télévision. Cathy n'en exigeait pas tant de lui : elle voulait seulement qu'il réalise combien elle avait mal.

Les femmes savent instinctivement que si elles pouvaient lui communiquer leur malaise, leur partenaire serait capable d'effectuer les changements qui s'imposent. Tout ce que Cathy voulait en faisant connaître son désarroi à Harris, c'était donc qu'il l'écoute et qu'il lui assure qu'il ne comptait pas rester en permanence cet étranger manquant de disponibilité émotionnelle et passant son temps devant la télévision.

Bien sûr, Harris avait le droit de regarder la télévision. Et Cathy, elle, avait le droit de se sentir vexée. Et elle estimait qu'elle avait aussi le droit d'être entendue, comprise et rassurée. Donc, ni Harris ni Cathy n'avaient tort, dans cette affaire.

*Les hommes réclament le droit d'être libres alors que
les femmes réclament le droit de se sentir offensées.
Les hommes ont besoin d'espace alors que
les femmes ont besoin de compréhension.*

Parce que Harris ne comprenait pas le principe de la vague, il était convaincu que la réaction de Cathy était injuste et se croyait autorisé à le lui dire. Il s'énerva et conclut en lui-même : « Après tout, je ne peux pas être tendre et attentionné tout le temps ! » Harris était persuadé que pour imposer son droit de regarder la télévision, il lui fallait prouver que Cathy avait tort d'éprouver de tels sentiments.

Il défendait son droit à la télévision, alors que Cathy voulait seulement qu'il l'écoute. Elle défendait son droit de se sentir offensée et bouleversée.

RÉSOUDRE LES CONFLITS
PAR UNE MEILLEURE COMPRÉHENSION

Harris était bien naïf de penser que tous les sentiments de colère, de ressentiment et d'impuissance que Cathy avait accumulés au cours de son enfance allaient disparaître en deux courtes semaines de bonheur.

Cathy était tout aussi naïve de penser qu'Harris pouvait maintenir son attention braquée en permanence sur elle et sur sa famille, sans jamais prendre le moindre répit pour s'occuper de lui-même.

C'est le début de l'éloignement d'Harris qui a déclenché le début de l'effondrement de la vague de Cathy. Ses sentiments refoulés ont commencé à remonter à la surface. Elle ne réagissait pas seulement au fait qu'Harris regarde la télévision ce soir-là, mais aux années de négligence dont elle avait tant souffert. Leur échange verbal dégénéra en dispute bruyante et, après avoir crié pendant deux heures, ils ne se parlaient plus.

En analysant tout ce qui s'était passé, ils parvinrent par la suite à résoudre leur conflit et à se réconcilier. Harris comprit que les premiers indices de son manque de disponibilité avaient déclenché en Cathy le besoin de faire le ménage dans ses émotions. Elle avait besoin de parler de ce qu'elle ressentait et non qu'on lui fasse la leçon. Harris découvrit avec soulagement que, s'il reconnaissait le besoin de sa femme d'être entendue, elle admettrait sans doute en retour son besoin à lui d'être libre.

Si l'homme reconnaît le besoin de sa femme d'être entendue, elle admettra en retour son besoin à lui d'être libre.

Cathy comprit qu'Harris n'avait jamais eu l'intention de la blesser et que si, par moments, il ressentait le besoin de s'éloigner d'elle, cela ne durait pas. Et quand il revenait auprès d'elle, ils retrouvaient leur intimité.

Elle apprit aussi qu'Harris avait perçu ses récriminations

au sujet de la télévision comme une tentative de le contrôler, et qu'il était primordial pour lui de savoir qu'elle n'essayait pas de lui dire ce qu'il devait faire.

Ce qu'un homme peut faire
quand il ne parvient pas à écouter

Harris m'a demandé : « Qu'arrivera-t-il si un jour je suis incapable d'écouter Cathy alors qu'elle en a besoin et que je ressens, juste au moment où elle souhaite me parler, la nécessité de me retirer dans ma caverne ? Parfois, je commence à l'écouter, mais je m'énerve. »

Je lui ai assuré que c'était normal. De temps en temps, la vague de sa compagne se brisera, déclenchant en elle le besoin d'être entendue, juste au moment où son élastique à lui commencera à s'étirer, déclenchant en lui le besoin de s'éloigner. Dans ce cas, il sera absolument incapable de combler les attentes de Cathy.

Et si sa femme insiste pour lui exposer tout de même ses doutes et ses tracas, plus il essaiera de l'écouter, plus la situation se détériorera, jusqu'au moment où, fatalement, il va la juger (et peut-être éclater de rage) ou bien se montrer tellement fatigué et distrait qu'elle en prendra ombrage. Quand un homme se sent inapte à écouter sa compagne avec l'attention, la compréhension et le respect qu'elle mérite, voici ce qu'il peut faire.

TROIS MOYENS POUR UN HOMME D'OFFRIR SON SOUTIEN QUAND IL DOIT S'ISOLER

1 – **Accepter ses limites.** La première chose que l'homme doit faire est d'accepter le fait qu'il n'a d'autre choix que de se réfugier dans sa caverne, et qu'il n'a pour l'instant rien à offrir à sa femme. Peu importe son amour, il est incapable de l'écouter comme elle le mérite. Et il ne faut jamais faire semblant d'écouter quand on s'en sait incapable.

2 – **Comprendre sa souffrance.** Il doit comprendre qu'elle a besoin de beaucoup plus que ce qu'il est

capable de donner pour l'instant. La souffrance de sa femme est réelle ; il ne faut pas lui reprocher d'attendre plus de lui qu'à l'accoutumée, ou de se sentir blessée. C'est pénible de se sentir abandonnée au moment où on a le plus besoin de l'autre. Un homme n'a pas tort d'avoir besoin d'espace, et une femme n'a pas tort de se sentir offensée. L'homme peut craindre qu'elle ne le lui pardonne pas, ou qu'elle ne perde confiance en lui, mais elle sera capable de plus de confiance et de pardon s'il comprend sa souffrance.

3 – **Éviter de se disputer et penser à rassurer.** En acceptant la souffrance de sa femme, l'homme évite de lui reprocher ses sentiments. Et bien qu'il ne soit pas en état de lui offrir le soutien qu'elle désire et dont elle a besoin à ce moment-là, il peut éviter d'envenimer les choses en discutant avec elle. Il lui faut notamment la rassurer en lui expliquant qu'il sera bientôt disponible, afin qu'elle ne se croie pas totalement ignorée.

Ce qu'il peut dire au lieu d'argumenter

Du point de vue d'Harris, le besoin de regarder la télévision tout seul n'avait rien d'anormal, comme il n'y avait rien d'anormal à ce que Cathy s'en vexe. Alors, au lieu de défendre son droit de regarder la télévision, Harris aurait pu dire quelque chose comme : « Je comprends que tu sois bouleversée, mais en ce moment j'ai envie de me détendre et de regarder la télévision. Dès que je me sentirai mieux, nous pourrons parler. » Ainsi il aurait gagné du temps pour regarder la télévision et se calmer, de même que pour se préparer à écouter sa partenaire parler de son désarroi, sans avoir l'air de penser que ses sentiments étaient injustifiés.

Cathy n'aurait probablement pas aimé cette réponse, mais elle l'aurait respectée. Bien qu'elle désire qu'il lui témoigne son amour, elle aurait été prête à reconnaître le besoin de recul de son mari comme un droit légitime. Une femme sait qu'un homme ne peut pas lui donner ce qu'il ne possède pas. Ce qu'il peut faire, c'est éviter d'envenimer les choses. La solution réside dans le respect de leurs besoins respectifs. Il doit prendre le temps nécessaire pour s'occuper de lui-même, puis revenir et se préoccuper de ses besoins à elle.

Quand un homme est incapable d'écouter les doléances de sa partenaire parce qu'il ressent la nécessité de rentrer en lui-même, il pourra dire par exemple : « Je comprends que tu te sentes offensée, mais j'ai besoin de temps pour y penser. Si tu veux, on peut faire une pause puis recommencer à parler. » Il est beaucoup plus facile pour un homme de s'excuser et de ne pas faire semblant d'écouter les récriminations de sa compagne que d'essayer de contredire ses sentiments.

Ce qu'elle peut faire au lieu de s'énerver

En entendant ce conseil, Cathy dit spontanément : « S'il a la chance de pouvoir se réfugier dans sa caverne, qu'est-ce que je deviens, moi ? Je lui donne de l'espace, mais qu'est-ce que je reçois en retour ? »

Ce que Cathy reçoit en réalité, c'est la capacité de son partenaire à mieux s'occuper d'elle ensuite. De plus, en n'exigeant pas qu'il l'écoute au moment précis où elle souhaite parler, elle évite d'aggraver le problème en s'engageant dans une dispute inutile. Et enfin, elle s'assure son soutien indéfectible au moment où il redeviendra disponible et pleinement capable de l'écouter.

Souvenez-vous que si un homme a besoin de s'étirer comme un élastique, il reviendra vers sa partenaire avec beaucoup plus d'amour, capable de bien mieux l'écouter. Pour le couple, c'est le meilleur moment pour engager le dialogue.

Le fait d'accepter le besoin de l'homme de se retirer dans sa caverne n'implique pas pour la femme l'abandon de son propre besoin de dialogue. Il signifie seulement qu'elle ne doit plus exiger qu'il écoute ses doléances au moment précis où elle ressent le besoin de les exprimer.

Cathy a dû apprendre qu'à certains moments l'homme ne peut ni écouter ni parler, mais qu'à d'autres moments il y est parfaitement apte. Le choix du moment est de première importance. Si elle m'avait consulté, j'aurais conseillé à Cathy de ne pas renoncer à sa conversation, mais d'attendre pour l'entamer que Harris soit en mesure de dialoguer avec elle.

Quand son mari s'éloigne d'elle, c'est le moment pour la femme de solliciter le soutien de ses amies. Si Cathy éprouve le besoin de dialoguer quand Harris n'est pas accessible, elle peut parler avec les autres personnes de son entourage. Faire de son partenaire sa seule source d'affection et de réconfort revient à lui faire supporter une responsabilité par trop écrasante. Si une femme est sur la pente descendante lorsque son mari est dans sa caverne, il est essentiel qu'elle ait recours à d'autres sources de réconfort, sinon elle se sentira impuissante et il se peut qu'elle éprouve de l'amertume à l'égard de son mari.

Faire de son partenaire sa seule source d'affection et de réconfort revient à lui faire supporter une responsabilité par trop écrasante.

COMMENT L'ARGENT PEUT CAUSER DES PROBLÈMES

Chris m'a confié : « Je n'y comprends rien. Quand nous nous sommes mariés, nous étions pauvres. Nous travaillions très dur tous les deux, et nous avions du mal à joindre les deux bouts. Parfois ma femme, Pam, se plaignait de manquer de tout, et je la comprenais. Mais maintenant nous sommes riches. Nous menons tous les deux une brillante carrière. Comment peut-elle encore se plaindre et se dire malheureuse ? Des milliers de femmes rêveraient d'être à sa place. Pourtant, nous nous disputons sans arrêt et nous songeons même à divorcer. Cela paraît incroyable, mais nous étions bien plus heureux quand nous étions pauvres. »

Il a fallu à Chris un moment pour comprendre ma comparaison entre les femmes et les vagues, et c'était là tout le problème. Au début de leur mariage, Pam s'effondrait de temps à autre, comme toutes les femmes. Il savait l'écouter, compatir à sa peine et affirmer sa détermination à gagner suffisamment d'argent pour la rendre plus heureuse. Et Pam était impressionnée par le souci qu'il avait de son bien-être. Mais quand l'argent a commencé à adoucir leur existence, cela ne l'a pas empêchée de se sentir encore déprimée de temps en temps. Pour le coup, Chris ne comprenait plus rien. À présent qu'ils étaient riches, il pensait qu'elle aurait dû être heureuse en permanence. Mais Pam trouvait qu'il ne s'occupait plus assez d'elle...

L'argent ne comble pas les besoins émotionnels

Chris ne réalisait pas que leur situation financière ne pouvait empêcher Pam d'être mal de temps en temps. Résultat : ils se disputaient à chaque fois qu'elle glissait vers le creux de la vague, parce que Chris contestait la légitimité de ses sentiments. Et plus ils gagnaient d'argent, plus ils se disputaient.

Quand ils étaient pauvres, l'argent était au cœur de leurs problèmes. Mais à mesure qu'ils s'enrichissaient, Pam a pris conscience de ce qui lui manquait sur le plan sentimental. Une progression normale, naturelle et prévisible.

Une fois ses besoins matériels comblés, la femme prend conscience de ses besoins émotionnels.

On permet moins à une femme riche de se montrer bouleversée

Je me souviens d'avoir lu un article qui affirmait : « Une femme riche n'obtient la compréhension de son psychanalyste que s'il est lui-même riche. » Les gens en général, et les maris en particulier, ne permettent pas à une femme qui a beaucoup d'argent de se sentir mal. Elle n'a pas le droit d'avoir des hauts et des bas, telle une vague. On ne l'autorise pas non plus à se laisser aller à ses émotions, ou à exiger davantage de la vie – elle a déjà tant !

Une femme riche doit absolument se montrer comblée en permanence, parce qu'on estime que sa vie pourrait être pire si elle n'avait pas autant d'argent. C'est une exigence irréaliste et qui fait fi de ses sentiments. Quels que soient sa fortune, son statut social, ses privilèges ou son mode de vie, la femme a besoin qu'on lui permette de s'émouvoir et de suivre les fluctuations de son cycle naturel.

Chris s'est senti encouragé quand il a découvert qu'il pouvait rendre sa femme heureuse. Il s'est souvenu que, lorsqu'ils étaient pauvres, il respectait les sentiments de sa femme, et il s'est promis de recommencer à le faire, trop content de savoir comment réconforter Pam. Il s'était laissé tromper par sa conviction que l'aisance financière pouvait la rendre heureuse, alors qu'en réalité c'étaient l'attention et la compréhension qu'il lui manifestait qui étaient la source de son bonheur.

LES SENTIMENTS SONT IMPORTANTS

Si une femme ne se sent pas soutenue quand elle est malheureuse, il peut arriver qu'elle ne puisse jamais être réellement heureuse. En effet, pour accéder au bonheur vrai, il faut descendre périodiquement au fond de son puits pour pouvoir laisser parler ses émotions, les guérir et les purifier. C'est un processus tout à fait naturel et sain.

Pour être capable de ressentir des émotions positives comme l'amour, le bonheur, la confiance et la gratitude, il faut aussi pouvoir de temps en temps s'autoriser des émotions négatives comme la colère, la tristesse, la peur et la peine. C'est quand une femme descend au fond de son puits qu'elle est en mesure de se guérir de ces émotions négatives.

Les hommes aussi ont besoin d'expérimenter des sentiments négatifs pour être capables de vivre leurs émotions positives. C'est quand il est dans sa caverne qu'un homme ressent et traite en silence ces sentiments négatifs.

Nous explorerons une technique d'expression et de

contrôle des émotions négatives valable aussi bien pour les hommes que pour les femmes au chapitre 11.

Quand une femme est soulevée par sa vague montante, elle est capable de se satisfaire de ce qu'elle a. Mais au moment où elle redescend, elle devient douloureusement consciente de ce qui lui manque. Autant elle se sentait bien et appréciait pleinement les bons côtés de la vie, autant, dès qu'elle s'effondre, elle ne voit plus que ce qui lui fait défaut et ses sujets d'insatisfaction.

De même qu'on peut considérer un verre d'eau comme étant à moitié plein ou à moitié vide, une femme qui, en phase ascendante, juge sa vie bien remplie ne considérera plus, en phase descendante, que tout ce qu'elle comporte de vide. Toutes les lacunes de son existence lui sauteront immanquablement aux yeux.

Il est impossible à l'homme de bien soutenir sa femme s'il ne comprend pas l'analogie entre une femme et une vague. Comme Chris, il aura du mal à admettre que leur couple puisse s'effriter alors qu'en apparence tout va si bien. En allant plus au fond des choses, l'homme découvre le secret pour offrir à sa femme ce à quoi elle a droit au moment où elle en a le plus besoin.

8

À la découverte de
nos besoins émotionnels différents

Les hommes et les femmes ignorent en général qu'ils éprouvent des besoins émotionnels très différents, et c'est pourquoi ils ne savent pas d'instinct comment se soutenir mutuellement. Comme on pourrait s'y attendre, les hommes donnent aux femmes ce qu'ils aimeraient recevoir d'elles dans le cadre d'une relation, et vice versa. Tous supposent à tort que l'autre a les mêmes besoins qu'eux. Résultat : tous deux sont insatisfaits et amers et ont l'impression de faire mille efforts sans rien recevoir en retour. Ils pensent que leur amour n'est ni reconnu ni apprécié. La vérité est que, s'ils donnent bien effectivement de l'amour, ce don ne correspond pas aux attentes de l'autre.

Par exemple, la femme pense se montrer aimante en posant beaucoup de questions ou en se préoccupant de son compagnon... Ce qui, ainsi que nous l'avons vu, peut être fort agaçant pour l'homme. Persuadé qu'elle cherche à le dominer, il ressent soudain un besoin d'espace qui blesse sa compagne. Celle-ci comprend d'autant moins sa réaction que s'il lui offrait le même genre de soutien, elle en serait très heureuse. Au mieux, ses efforts pour être aimante sont ignorés, au pis, ils irritent son partenaire et sont rejetés.

De son côté, l'homme croit savoir aimer, mais sa façon d'exprimer son amour pousse souvent la femme à se sentir négligée et à penser qu'il conteste ses sentiments. Par exemple, quand il voit sa femme bouleversée, l'homme pense la soutenir efficacement en lui faisant des remarques qui minimisent l'importance de son problème, du type :

« Ne t'inquiète pas, ce n'est pas si grave que ça. » Ou alors, il la laissera livrée à elle-même, croyant en toute bonne foi lui offrir la tranquillité nécessaire pour lui permettre de se calmer et de réfléchir en paix... Et sa femme se sentira mal aimée, dénigrée et ignorée, puisqu'en période de crise elle a avant tout besoin d'être entendue et comprise.

Tant qu'hommes et femmes ne percevront pas mieux la psychologie du sexe opposé, tous leurs efforts pour s'entraider demeureront voués à l'échec.

LES DOUZE VISAGES DE L'AMOUR

Voici pour commencer un tableau des différents aspects de l'amour que l'homme et la femme placent en tête de leurs priorités.

La femme a avant tout besoin...	Et l'homme a avant tout besoin...
1. d'attentions	1. de confiance
2. de compréhension	2. d'acceptation
3. de respect	3. d'appréciation
4. de dévotion	4. d'admiration
5. que l'on avalise ses sentiments	5. d'approbation
6. qu'on la rassure	6. d'encouragement

Comprendre vos besoins primordiaux

Bien sûr, au bout du compte, l'homme et la femme veulent tous deux que l'amour qu'on leur porte englobe chacun de ces douze aspects. Classer les six éléments de la colonne de gauche comme des besoins « féminins » ne signifie pas qu'ils n'intéressent pas les hommes, mais qu'ils leur sont moins essentiels. Nous parlerons ici de « besoins primaires », c'est-à-dire de ceux qui doivent impérativement être satisfaits pour qu'une personne se sente aimée. Mais, bien sûr, les hommes apprécient eux aussi qu'on leur témoigne de l'attention et de la compréhension, qu'on les respecte, qu'on les aime avec dévotion, que l'on reconnaisse la valeur de leurs sentiments, ou qu'on les rassure.

Tant que ses besoins émotionnels primaires ne sont pas pleinement satisfaits, l'être humain n'est pas en mesure de recevoir et d'apprécier les autres aspects de l'amour.

Un homme ne devient réceptif aux six formes d'amour correspondant aux besoins primaires de la femme (les attentions, la compréhension, le respect, la dévotion, la reconnaissance de ses sentiments et être rassurée) que quand ses propres besoins primaires sont comblés. De même, une femme ne commence à souhaiter que son partenaire lui accorde sa confiance, l'accepte telle qu'elle est, l'apprécie à sa juste valeur, l'admire, l'approuve et l'encourage qu'une fois ses propres besoins primaires satisfaits.

Savoir reconnaître et combler les besoins primaires de son partenaire est le secret numéro un d'une relation de couple réussie sur la planète Terre. Considérer les membres du sexe opposé comme venant d'une autre planète – de Mars ou de Vénus, suivant les cas – vous aidera à admettre qu'ils aient des besoins essentiels si différents des vôtres.

Il est facile pour une femme d'offrir l'amour dont elle rêve en oubliant que son Martien favori préférerait peut-être autre chose, et, pour un homme, de s'inspirer de ses propres aspirations sans songer que le genre d'amour qu'il apprécie n'est pas toujours le plus approprié pour séduire sa Vénusienne préférée.

Les douze besoins primaires de l'être humain en matière amoureuse sont complémentaires. Par exemple, quand un Martien exprime son attachement et sa compréhension à sa Vénusienne, celle-ci lui rendra la pareille en lui accordant sa confiance et en l'acceptant tel qu'il est. De même, dès qu'une Vénusienne exprime sa confiance à son Martien, elle gagne l'attention dont elle a besoin.

Penchons-nous de plus près sur cet aspect des choses.

1 – Elle a besoin d'attentions et lui, de confiance

Quand un homme montre un intérêt sincère pour les sentiments et pour le bien-être de sa femme, celle-ci se sent aimée et protégée. Par ses attentions, il comble efficacement son premier besoin primaire. Et, tout naturellement, elle réagira en ayant de plus en plus confiance en lui. Et on sait qu'une femme en confiance est plus disponible et plus réceptive aux sentiments amoureux.

Une femme qui accorde sa confiance à un homme admet implicitement qu'il fait de son mieux pour la rendre heureuse, qu'il veut ce qu'il y a de mieux pour elle, et qu'elle le juge capable de la choyer et de la combler. Son premier besoin primaire à lui est satisfait. En retour, il se montrera automatiquement plus attentif aux sentiments et aux besoins de sa femme.

2 – Elle a besoin de compréhension et lui, d'être accepté tel qu'il est

Quand un homme sait écouter une femme, sans porter de jugement mais en lui montrant sa sympathie et son respect pour les émotions qu'elle exprime, elle se sent écoutée et comprise. Une attitude compréhensive ne consiste pas à connaître à l'avance les sentiments d'une personne, mais à les comprendre à partir de ce qu'elle dit. L'homme qui sait adopter une telle attitude reconnaît la valeur des sentiments que sa femme exprime. Plus le besoin d'une femme d'être entendue et comprise est comblé, plus il lui est facile de montrer à son mari l'admiration dont il rêve.

Quand une femme accepte son mari tel qu'il est, sans essayer de le changer, il se sent aimé. Cela ne veut pas dire qu'elle juge son époux parfait, mais indique qu'elle l'estime capable d'effectuer lui-même les changements qui pourraient s'imposer. Une fois qu'un homme se sent accepté, il lui devient beaucoup plus facile d'écouter sa femme s'exprimer avec toute la compréhension qu'elle désire et qu'elle mérite.

3 – Elle a besoin de respect et lui, d'appréciation

Quand un homme sait montrer à sa femme son respect de ses droits, de ses désirs et de ses besoins, elle se sent aimée. Veiller à tenir compte des idées et des sentiments de sa partenaire constitue une marque de respect, tout comme offrir des fleurs ou se souvenir d'un anniversaire. Ces gestes sont essentiels à la satisfaction du troisième besoin primaire de la femme en matière amoureuse. Et quand elle sent que son partenaire la respecte, elle lui accorde tout naturellement la considération qu'il a besoin de recevoir d'elle.

Un homme ne peut en effet se sentir aimé que s'il acquiert la certitude que ses efforts pour rendre sa femme heureuse sont bien perçus comme tels et appréciés à leur juste valeur. Ravi de voir qu'il ne s'est pas démené en vain, il sera porté à donner encore plus d'amour à sa partenaire, à la respecter encore davantage.

4 – Elle a besoin de dévotion et lui, d'admiration

Une femme s'épanouit quand elle se sent idolâtrée et choyée par un homme aux petits soins pour elle. S'il se préoccupe visiblement plus des besoins et des souhaits de sa compagne que des siens, et fait passer après elle son travail ou ses études et ses loisirs, son quatrième besoin primaire se verra comblé. Et quand une femme sent qu'elle est le centre d'intérêt principal de la vie de son mari, elle n'éprouve aucune difficulté à l'admirer.

Or c'est pour l'homme une nécessité absolue d'éveiller l'admiration de sa partenaire. Si elle le considère avec un mélange d'étonnement, de ravissement et de satisfaction, loue ses qualités, son talent, sa persévérance, son intégrité et son honnêteté, s'émerveille de sa force, rit à son humour, ou s'émeut de son romantisme, de sa gentillesse, de sa tendresse ou de sa compréhension, l'homme se sentira admiré et aimé. Rassuré sur ce point et comblé dans ce besoin primaire, il se sentira suffisamment en sécurité pour se dévouer corps et âme à sa femme et pour l'adorer.

5 – Elle a besoin de le voir avaliser ses sentiments et lui, de son approbation

Quand un homme ne contredit pas, ou ne conteste pas, les émotions et les besoins de sa femme, mais qu'il les accepte et reconnaît leur valeur, celle-ci se sent vraiment aimée, et son cinquième besoin primaire est satisfait. L'acceptation de ses sentiments par un homme vient confirmer son droit d'éprouver ces sentiments. Il est important de comprendre qu'il est possible de reconnaître de la valeur aux sentiments d'autrui sans nécessairement les partager. Quand un homme sait comment le faire sentir à sa femme, il est assuré de recevoir d'elle l'approbation indispensable à la satisfaction de son propre cinquième besoin primaire.

Au fond de lui-même, tout homme rêve d'être le héros ou le prince charmant de la femme qu'il aime. Et quand il perçoit le moindre signal indiquant qu'elle le considère sous ce jour, il ne se sent plus de bonheur : sa femme a su déceler ce qu'il y a de bon en lui et est satisfaite de lui. Rappelez-vous à ce sujet qu'approuver un homme n'implique pas que l'on soit d'accord avec lui, mais que l'on reconnaisse qu'il agit intelligemment. Et quand il baigne dans l'approbation de sa femme, il est plus facile pour lui de juger légitimes les sentiments de cette dernière.

6 – Elle a besoin d'être rassurée et lui, encouragé

Quand un homme démontre sans cesse qu'il tient à sa femme, qu'il la comprend, qu'il la respecte, qu'il reconnaît la valeur de ses sentiments et qu'il lui est dévoué, le sixième besoin primaire de celle-ci se trouve automatiquement comblé. Pour une femme, l'attitude rassurante de son partenaire exprime la permanence de son amour.

Mais attention : l'homme a trop souvent la présomption de croire qu'une fois les besoins primaires de sa femme ainsi satisfaits, elle se sentira heureuse, en sécurité, et se saura aimée *une fois pour toutes*. Or ce n'est pas le cas. Pour satisfaire le sixième besoin primaire d'amour de sa compagne, l'homme doit faire en sorte de lui rappeler régulièrement qu'il l'aime.

L'homme a trop souvent la présomption de croire qu'une fois ses besoins primaires satisfaits, sa femme se sentira heureuse et en sécurité auprès de lui, et admettra une fois pour toutes qu'elle est aimée.

L'homme, lui, a pour ultime besoin primaire d'être encouragé par sa compagne, qui lui démontrera ainsi la confiance qu'elle met dans son caractère et ses capacités. Quand une femme montre à son partenaire qu'elle a confiance en lui, qu'elle l'accepte tel qu'il est, qu'elle l'apprécie à sa juste valeur, qu'elle l'admire et qu'elle l'approuve, elle l'incite à fonctionner au maximum de ses capacités. Et c'est en se sentant ainsi encouragé que l'homme pourra le mieux rassurer sa femme comme elle souhaite l'être. La satisfaction de ses six besoins primaires fait ressortir le meilleur d'un homme.

En revanche, quand une femme ignore les besoins primaires d'un homme, elle peut involontairement saboter leur relation. L'histoire suivante en est un exemple.

LE PRINCE CHARMANT

En tout homme se cache un héros ou un prince charmant. Plus que tout au monde il désire servir et protéger la femme qu'il aime. Quand il sent qu'elle lui fait confiance, il est capable des plus folles prouesses et des plus tendres attentions. Si, en revanche, il doute de la confiance de sa belle, tout l'édifice de leur amour risque de s'écrouler.

Imaginez un prince charmant galopant à travers la campagne. Soudain, il entend les appels d'une femme en détresse. N'écoutant que son courage, il accourt au grand galop vers le château où un affreux dragon tient une belle princesse prisonnière. Le noble prince tire son épée et tue le monstre. Et, naturellement, la belle lui témoigne sa reconnaissance.

Il est ensuite accueilli et porté en triomphe par la famille de la princesse et toute la population. On le considère comme un héros et on l'invite à s'installer dans le village. Et, comme il se doit, il vit une belle histoire d'amour avec la princesse.

Un mois plus tard, le beau prince part en voyage. Sur le chemin du retour, il entend de nouveau sa princesse crier. Un autre dragon a attaqué le château. Il se précipite et tire son épée pour occire ce deuxième monstre, mais avant qu'il ne le frappe, sa belle lui crie du donjon : « Arrête ! N'utilise pas ton épée. Prends plutôt ce nœud coulant. » Et elle lui lance une corde nouée puis lui crie des directives pour qu'il l'utilise correctement. Il parvient à la passer autour du cou du dragon et à l'étrangler. La bête meurt et tout le monde se réjouit.

Au cours du banquet de célébration qu'on a organisé en son honneur, le prince a l'impression qu'il n'a, en réalité, rien fait d'important. Parce qu'il s'est servi du nœud coulant fourni par sa belle et non de son épée, il ne se sent pas tout à fait digne de la confiance et de l'admiration sans bornes que lui témoigne la population.

Un mois plus tard, nouveau voyage. Au moment où il prend son épée pour partir, la princesse lui conseille la prudence et le prie d'emporter aussi son nœud coulant. Une fois de plus, à son retour, il trouve un dragon au pied du château. Cette fois, il s'élance avec son épée à la main mais s'arrête, hésitant. Devrait-il plutôt utiliser le nœud coulant ? Pendant qu'il tergiverse, le dragon crache un jet de feu qui lui brûle le bras droit. C'est alors que la princesse lui lance une fiole par une meurtrière en criant : « Utilise plutôt ce poison, le nœud coulant ne marche pas ! » Le prince verse le poison dans la gueule du dragon, qui meurt. Tout le monde se réjouit et célèbre son courage, mais le prince se sent nul.

Un mois plus tard, il doit de nouveau s'absenter. Cette fois, au moment du départ, la princesse lui conseille d'emporter, en plus de son épée, le nœud coulant et du poison. « Mieux vaut être prévoyant », dit-elle. Sa suggestion agace un peu le prince, mais il cède et emporte ces armes supplémentaires, au cas où...

En chemin, il entend l'appel d'une autre damoiselle en détresse, dans un autre village, et vole à son secours, confiant et plein d'énergie. Mais au moment de dégainer son épée pour ajouter un dragon supplémentaire à son tableau de chasse, il est à nouveau frappé d'hésitation. Doit-il utiliser son épée, le nœud coulant ou le poison ? Que dirait la princesse si elle était là ? Il demeure un instant indécis. Puis il se rappelle comment il se sentait avant de connaître la princesse, lorsqu'il avait son épée pour seule arme, et dans un élan de confiance, il jette le nœud et le poison et charge le dragon avec son épée. À la grande satisfaction de la damoiselle et des villageois, il tue le monstre.

Le prince charmant ne revint jamais auprès de sa princesse. Il s'établit dans ce nouveau village et y vécut heureux. Il s'y maria même... après s'être assuré que sa nouvelle princesse ne connaissait rien aux nœuds coulants ni aux poisons.

Le prince charmant qui se cache en tout homme est une image qui peut aider à se rappeler les besoins primaires de l'homme et à comprendre que, bien qu'il apprécie parfois l'attention et l'aide, un abus de ces choses peut miner sa confiance ou le dégoûter complètement.

QUAND ON POUSSE INCONSCIEMMENT SON PARTENAIRE À L'INDIFFÉRENCE

Quand ils ignorent les besoins primaires de l'autre sexe, les hommes et les femmes risquent de faire sans le savoir souffrir leur partenaire et de lui communiquer inconsciemment un message inverse de celui qu'ils cherchent à lui faire passer. Ajoutez à cela que la susceptibilité des hommes et des femmes est fort chatouilleuse lorsque leurs besoins primaires sur le plan amoureux sont insatisfaits, et vous comprendrez pourquoi tout cela peut à terme pousser leur partenaire à se désintéresser d'eux.

Les femmes heurtent souvent sans le vouloir l'ego de leur partenaire et, même quand elles s'efforcent de ménager sa sensibilité, multiplient les bévues car elles agissent en fonction de leurs propres souhaits. Apprendre à connaître les besoins primaires de l'homme les aidera à devenir plus sensibles et attentives à ses sources de mécontentement. Voici une liste des erreurs de jugement féminines les plus répandues.

Erreurs qu'elle commet le plus souvent...	Ce qui fait qu'il ne se sent pas aimé...
1 – Elle essaie de le faire changer de comportement ou de l'aider en lui donnant des conseils qu'il ne lui a pas demandés.	1 – Il pense qu'elle ne lui fait plus *confiance*.
2 – Elle essaie de le faire changer de comportement en lui faisant part de son mécontentement ou d'autres sentiments négatifs.	2 – Il sent qu'elle ne l'*accepte* pas tel qu'il est. (Lui exposer ses sentiments, oui. Le faire pour le manipuler ou le punir, non.)
3 – Elle ne parle jamais de ce qu'il fait pour elle, mais ne perd pas une occasion de se plaindre de ce qu'il n'a pas fait.	3 – Elle ne lui manifeste aucune reconnaissance pour ses efforts et aucune *appréciation*.
4 – Elle le reprend quand il parle et lui dit ce qu'il doit faire, comme s'il était un enfant.	4 – Il ne se sent pas *admiré*.

5 – Elle lui exprime sa désapprobation, mais indirectement, avec des questions comme : « Comment peux-tu faire ça ? »	5 – Il a l'impression qu'elle lui a retiré son *approbation* et qu'elle ne le considère plus comme un « bon » mari.
6 – Elle le corrige ou le critique quand il prend des décisions ou des initiatives.	6 – Il déplore qu'elle ne l'*encourage* pas à faire des choses par lui-même.

Mal communiquer n'est pas l'apanage des femmes. Les hommes aussi adoptent parfois des comportements qui choquent ou consternent leur partenaire, quand ils ne la font pas carrément fuir. Et même quand un homme devine que sa compagne est insatisfaite, tant qu'il ne comprendra pas pourquoi et de quoi elle a réellement besoin, il sera incapable de changer d'approche. Voici la liste des erreurs de jugement masculines les plus communes.

Erreurs qu'il commet le plus souvent...	**Ce qui fait qu'elle ne se sent pas aimée...**
1 – Il ne l'écoute pas. Il est facilement distrait et ne lui pose aucune question pouvant démontrer qu'il s'intéresse à elle, ou même qu'il tient à elle.	1 – Il ne lui porte pas suffisamment d'*attention,* ne s'intéresse pas à elle.
2 – Il prend ses paroles au pied de la lettre et la reprend. Croyant à tort qu'elle réclame des solutions, il l'abreuve de conseils.	2 – Elle pense qu'il ne la *comprend* pas.

3 – Il l'écoute, mais se fâche et l'accuse de l'avoir contrarié ou déprimé.

3 – Il ne *respecte* pas ses sentiments.

4 – Il la dévalorise ou fait passer les enfants ou son travail avant elle.

4 – Il ne lui est pas tout *dévoué* et ne lui accorde qu'un rang secondaire.

5 – Quand elle est bouleversée, il explique pourquoi il a raison, et pourquoi elle ne devrait pas être ainsi troublée.

5 – Il ne *reconnaît aucune valeur* à ses sentiments et, au lieu de la soutenir, la réprimande.

6 – Après l'avoir écoutée, il ne répond pas ou s'en va.

6 – Il ne la *rassure* pas et ne la réconforte pas comme elle en a besoin.

RIEN NE SERT D'AIMER
SI L'ON AIME MAL

Les histoires d'amour échouent souvent parce que chacun donne instinctivement ce qu'il aimerait recevoir, sans prendre en compte les dissemblances émotionnelles. Ainsi, la femme ayant pour besoin primaire de recevoir des attentions, de la compréhension et ainsi de suite, elle aura tendance à en submerger son partenaire... qui en déduira bien souvent qu'elle n'a pas confiance en lui. Or il a avant tout besoin de confiance, pas d'attentions. Et quand la femme constate qu'il n'apprécie pas le soutien qu'elle croit lui apporter (avec ses attentions), elle est incapable de comprendre pourquoi.

En retour, l'homme lui donne son propre type de soutien, celui qu'il aimerait recevoir d'elle, mais qui n'est pas du tout propre à combler une femme. Et peu à peu, ils se trouvent pris dans un cercle vicieux où l'amour réel qu'ils se portent est impuissant à satisfaire leurs besoins.

Lisez plutôt l'histoire révélatrice de Beth et d'Arthur.

Beth et Arthur étaient mariés depuis huit ans et sur le point de se séparer. Chacun d'eux était persuadé que l'autre ne l'aimait pas vraiment et, détail révélateur, tous deux prétendaient donner plus qu'ils ne recevaient dans leur relation.

Beth se plaignait : « Je ne peux pas continuer à tout donner sans rien recevoir en retour. Arthur n'apprécie pas ce que je fais pour lui. Je l'aime, mais lui ne m'aime pas. »

Mais Arthur se plaignait aussi : « Elle n'est jamais contente. Rien de ce que je fais n'est jamais bien ; je ne sais plus quoi faire. J'ai tout essayé, mais elle ne m'aime toujours pas. Pourtant, je l'aime. »

En réalité, ils s'aimaient beaucoup, mais mal. Ignorant tout des besoins primaires de l'autre, ils ne pouvaient le contenter. Beth donnait à Arthur ce qu'elle aurait souhaité recevoir, et Arthur commettait la même erreur de son côté. Bref, ils donnaient beaucoup tous les deux, mais ne recevaient pas en retour ce dont ils avaient réellement besoin. Et, peu à peu, ils se sont épuisés.

De fait, il est bien plus facile de maintenir une relation quand les deux partenaires comprennent les besoins primaires de l'autre. Ils ne donneront pas plus, mais mieux.

La méconnaissance des besoins primaires différents des hommes et des femmes explique pourquoi tant d'histoires d'amour pourtant sincères tournent court. Pour satisfaire votre partenaire et fonder avec lui une union solide, il vous faut donc avant tout apprendre à lui donner l'amour qu'il aspire à recevoir.

APPRENDRE À ÉCOUTER UNE FEMME SANS SE FÂCHER

La meilleure méthode pour apprendre à satisfaire une femme, c'est de communiquer avec elle – n'oubliez pas que l'on communiquait beaucoup sur Vénus. En apprenant à écouter sa femme, un homme découvrira mille moyens de la combler d'attentions, de compréhension, de respect et d'ardeur, et d'admettre la valeur de ses sentiments, tout en la rassurant.

Mais attention, ce ne sera pas toujours facile. Souvent, messieurs, vous sentirez l'irritation vous gagner à cause du mode vénusien d'expression des sentiments, totalement différent de celui qui prévalait sur Mars. Le tableau suivant suggère des « trucs » pour gérer ces différences.

COMMENT ÉCOUTER UNE FEMME SANS SE FÂCHER

Ce qu'il faut se rappeler...	Ce qu'on peut faire...
1 – Rappelez-vous que votre colère résulte de votre incapacité à comprendre son point de vue. Elle n'y est pour rien.	1 – Essayez de la comprendre. Ne la tenez pas pour responsable de votre irritation.
2 – Rappelez-vous que les émotions des autres ne nous paraissent pas toujours correctes au départ, mais qu'elles sont légitimes et qu'il faut faire preuve de tolérance pour arriver à les comprendre.	2 – Respirez profondément. Ne dites rien. N'essayez pas de dominer la situation. Tentez de vous mettre à sa place et d'imaginer le monde tel qu'elle le voit, elle.
3 – Rappelez-vous que votre irritation vient de votre impuissance à améliorer la situation. Même si elle ne se sent pas immédiatement mieux, votre attention et votre compréhension l'aideront.	3 – Ne lui reprochez pas de ne pas être sensible à vos solutions. Comment pourraient-elles l'aider à se sentir mieux quand ce n'est pas de solutions qu'elle a besoin ? Retenez-vous d'en proposer.
4 – Rappelez-vous qu'il n'est pas nécessaire d'être	4 – Si vous désirez lui faire part d'un point de vue

d'accord avec elle pour comprendre son point de vue ou lui prêter une oreille attentive.

différent, assurez-vous qu'elle a fini de parler, puis reprenez son point de vue avant de lui donner le vôtre. Et n'élevez jamais la voix.

5 – Rappelez-vous que vous n'avez pas besoin de comprendre pleinement son point de vue pour l'écouter attentivement.

5 – Faites-lui savoir que vous ne comprenez pas mais que vous vous y efforcez. C'est votre problème si vous ne la comprenez pas. Ne la jugez pas et n'insinuez surtout pas qu'elle est incompréhensible.

6 – Rappelez-vous que vous n'êtes pas responsable de son trouble. Il peut vous sembler qu'elle est en train de vous blâmer, mais en réalité c'est sa façon d'essayer de se faire comprendre de vous.

6 – Évitez de vous défendre tant qu'elle n'a pas l'impression que vous avez compris et que vous faites attention à elle. Ensuite seulement, vous pourrez, mais très gentiment, tenter de vous expliquer ou de vous excuser.

7 – Rappelez-vous que si elle vous irrite vraiment, c'est probablement parce qu'elle manque de confiance en vous. Au fond d'elle-même, elle n'est qu'une petite fille apeurée qui n'ose se livrer à vous par crainte d'être blessée de nouveau. Et ce qu'elle recherche, c'est votre compassion et votre gentillesse.

7 – Ne mettez pas en doute ses sentiments et ses opinions. Proposez-lui d'en discuter plus tard, quand vous serez plus calmes, et arrangez-vous pour trouver le temps de le faire. Au besoin, rédigez une lettre d'amour (voir chapitre 11).

En s'efforçant d'écouter sa partenaire exposer ses sentiments sans s'impatienter ni se fâcher, l'homme lui fait un merveilleux cadeau. Plus elle pourra s'exprimer sans redouter sa censure, plus elle se sentira comprise et aimée et plus elle lui témoignera en retour de confiance, d'acceptation, de considération, d'admiration, d'approbation et d'encouragement.

L'ART DE DONNER DE LA FORCE À UN HOMME

Tout comme l'homme doit apprendre l'art de l'écoute pour satisfaire les besoins primaires de sa partenaire, les femmes doivent apprendre l'art de donner de la force à leur mari. Quand une femme sollicite le soutien d'un homme, elle lui apporte la faculté de donner la pleine mesure de ses capacités. Un homme qui sent que sa partenaire a confiance en lui, l'accepte tel qu'il est, l'apprécie à sa juste valeur, l'admire, l'approuve et l'encourage se sent immédiatement plus puissant.

Comme la princesse de notre conte, beaucoup de femmes pensent aider leur mari en le poussant à s'améliorer, sans deviner qu'en agissant ainsi, elles le diminuent à ses propres yeux et le blessent. Toute tentative pour faire changer un homme porte atteinte à la satisfaction de ses besoins primaires en matière amoureuse : et c'est à éviter absolument. La perfection n'étant pas de ce monde, vous souhaiteriez sûrement changer quelques petites choses chez votre mari, mais sachez résister à la tentation d'intervenir. Sachez qu'un Martien n'accepte d'invitation à changer que s'il l'a lui-même spécifiquement sollicitée...

Pour donner de la force à un homme, le secret est de ne jamais essayer de le faire changer ou s'améliorer.

Offrez votre confiance et non des conseils

Sur Vénus, donner des conseils est un geste d'amour. Mais sur Mars, cela ne l'est pas et les femmes doivent absolument le comprendre. Les Martiens ne donnent de conseils que lorsqu'on leur en demande clairement. C'est montrer à un Martien qu'on l'aime que de lui faire confiance pour résoudre ses problèmes tout seul.

La femme ne doit pas pour autant réprimer ses sentiments critiques. Il est parfaitement légitime qu'elle se sente frustrée par un trait de caractère de son mari et rêve de l'aider à le modifier, mais elle ne doit jamais oublier que toute initiative en ce sens sera mal perçue.

Malheureusement, quand une femme est amoureuse, elle consacre toute son énergie au perfectionnement de sa relation de couple. Emportée par son enthousiasme, elle en vient parfois à faire de son partenaire lui-même l'objet premier de ses désirs de changement et à entreprendre sur lui un véritable processus de réhabilitation.

Pourquoi l'homme résiste au changement

Elle le fait incontestablement par amour et avec les meilleures intentions du monde, mais lui se sent dominé, manipulé, rejeté et mal aimé, car privé de la confiance et de l'acceptation de sa personnalité qui lui sont indispensables. Alors, il la rejette à son tour. J'ai interrogé des centaines d'hommes et de femmes sur cette question, et tous et toutes m'ont dit avoir vécu cette expérience et en avoir tiré la conclusion que plus une femme tente de pousser un homme à changer, plus il résiste à ses efforts.

Et quand il réagit ainsi, sa compagne interprète mal sa réaction. Elle croit qu'il ne veut pas changer parce qu'il ne l'aime pas assez, alors qu'en réalité il résiste au changement parce qu'il ne se sent pas assez aimé. En revanche, dès qu'un homme sent qu'on l'aime, qu'on lui fait confiance, qu'il est accepté tel qu'il est et apprécié à sa juste valeur, il se met spontanément à changer et à corriger ses défauts.

Deux types d'homme, un seul comportement

Il y a deux types d'homme. Le premier se met sur la défensive et s'entête lorsqu'une femme essaie de le transformer, alors que le second feint d'accepter d'évoluer, mais, plus tard, abandonne son comportement « amélioré » pour revenir à son attitude antérieure. En clair, un homme résiste toujours, activement ou passivement, aux tentatives entreprises pour le changer.

Pire, un homme qui ne se sent pas aimé tel qu'il est s'accroche consciemment ou inconsciemment au comportement qui dérange sa femme. Son instinct le pousse à le répéter jusqu'à ce qu'elle cède et cesse de vouloir le faire changer.

L'homme ne veut pas qu'on l'améliore

De la même manière que l'homme essaie d'expliquer à sa femme qu'elle n'a aucune raison d'être triste, celle-ci s'évertuera à lui expliquer qu'il ne devrait pas se comporter comme il le fait. Tout comme les hommes essaient en vain de « réparer » les femmes, ces dernières tentent, sans plus de succès, d'« améliorer » les hommes.

Les Martiens ayant pour principe de ne pas toucher à ce qui n'est pas cassé, une femme qui cherche à changer un homme lui transmet le message implicite qu'il est « cassé », ce qui le blesse et l'incite à adopter une attitude défensive. Et il ne se sent plus aimé ni accepté.

La meilleure manière d'aider un homme à s'épanouir est de ne pas du tout chercher à le transformer.

Un homme a le besoin vital d'être accepté tel qu'il est, en dépit de ses imperfections. Il n'est pas facile d'accepter les défauts de quelqu'un, surtout quand on voit très bien comment la personne pourrait les corriger. Cela devient toutefois plus facile dès que l'on comprend que c'est une condition essentielle de son épanouissement.

Le tableau suivant montrera aux femmes comment elles peuvent encourager leur mari à s'épanouir et à se perfectionner en n'essayant surtout pas de le changer.

COMMENT ARRÊTER DE CHERCHER À CHANGER UN HOMME

Ce dont elle doit se souvenir...	Ce qu'elle peut faire pour l'y aider...
1 – Rappelez-vous de ne pas lui poser trop de questions quand il est contrarié, sinon il aura l'impression que vous tentez de le changer.	1 – Oubliez qu'il est troublé, à moins qu'il n'ait envie de vous en parler. Montrez, au début, un intérêt modéré, juste suffisant pour susciter une conversation éventuelle.
2 – Pensez à abandonner *tous* vos efforts en vue de l'améliorer. Pour s'épanouir, il a besoin d'amour et non de rejet.	2 – Ayez confiance en sa capacité à changer de lui-même. Dites-lui honnêtement ce que vous pensez, mais sans exiger qu'il modifie son comportement.
3 – Rappelez-vous que si vous lui donnez des conseils, il aura l'impression que vous n'avez pas confiance en lui, que vous tentez de le dominer ou que vous le rejetez.	3 – Exhortez-vous à la patience et ayez confiance en sa capacité à apprendre par lui-même. Attendez qu'il vous le demande pour lui donner des conseils.
4 – Rappelez-vous que quand un homme s'entête et résiste à vos efforts en vue de le changer, c'est parce qu'il ne se sent pas aimé. Et il n'admet pas ses erreurs, de peur que vous ne vouliez plus l'aimer.	4 – Montrez-lui qu'il n'a pas besoin d'être parfait pour mériter votre amour. Et soyez disposée à pardonner (voir le chapitre 11).

5 – Rappelez-vous que si vous faites des sacrifices pour lui en en attendant d'autres de sa part en retour, il peut percevoir cela comme une incitation à changer.

5 – Exercez-vous à vous rendre heureuse vous-même, sans forcément compter sur lui.

6 – Rappelez-vous que vous pouvez émettre des critiques à son égard sans nécessairement essayer de le changer. Et que c'est quand il se sent accepté qu'il est le plus disponible et prêt à écouter.

6 – Quand vous vous confiez à lui, dites-lui clairement que vous ne cherchez pas à lui indiquer quoi faire, mais que vous apprécieriez qu'il tienne compte de vos sentiments.

7 – Rappelez-vous que si vous lui donnez des conseils et que vous prenez des décisions à sa place, il aura l'impression que vous voulez le changer et le dominer.

7 – Détendez-vous et cédez. Exercez-vous à accepter ses imperfections. Donnez plus d'importance à ses sentiments qu'à votre souci de le perfectionner et évitez les sermons !

Au fur et à mesure que les hommes et les femmes apprennent à se soutenir mutuellement en tenant mieux compte de leurs besoins primaires respectifs, ils changent spontanément et s'épanouissent. Vous aussi, vous pouvez désormais faire en sorte de mieux aimer et soutenir votre partenaire et, par là même, rendre votre relation de couple plus harmonieuse et satisfaisante.

9

Comment éviter
les disputes

Un des aspects les plus délicats d'une relation de couple est la gestion des inévitables désaccords et divergences d'opinion qui ne manquent pas de surgir. La plus petite dissension peut souvent tourner à l'explication, puis à la dispute, et même, dans les cas les plus graves, donner lieu à une véritable querelle. En un éclair, les mots tendres laissent la place aux insinuations, aux récriminations, aux remontrances et aux accusations, quand on n'en vient pas carrément aux insultes et autres injures.

Ce genre d'explication est néfaste car non seulement ses deux protagonistes se font du mal, mais en plus elle mine leur relation : si la communication est le principal élément fondateur d'une relation de couple, les disputes peuvent en être le plus destructeur. Deux adversaires aussi intimes savent trop bien comment se blesser l'un l'autre.

Si la communication est le plus important des éléments fondateurs d'une relation de couple, les disputes peuvent en être le plus destructeur.

Pour ma part, et pour limiter la casse, je recommande toujours de ne jamais tenter de faire à tout prix prévaloir son point de vue dans une discussion avec son partenaire. Au lieu d'essayer d'imposer votre point de vue, pesez plutôt ensemble le pour et le contre de tout sujet. Il est possible d'être franc et honnête, de discuter de n'importe quel sujet et même d'exprimer des sentiments négatifs sans se disputer.

Certains couples se déchirent en permanence, au point

de finir par tuer leur amour. À l'autre extrême, on trouve des couples qui refoulent leurs émotions pour éviter les conflits. Eux aussi s'exposent à voir s'éteindre leurs sentiments amoureux à force de répression. Dans le premier cas, c'est la guerre ouverte, dans le deuxième, la guerre froide.

Il est évidemment toujours préférable pour un couple de viser un point d'équilibre entre ces deux extrêmes. Si l'on garde présent à l'esprit le fait que les hommes et les femmes viennent de planètes différentes, et que l'on veille à entretenir au sein de son couple une bonne communication, il devient tout à fait possible d'éviter les disputes, sans réprimer ses sentiments négatifs, ses idées ni ses divergences d'opinion.

CE QUI SE PASSE AU COURS D'UNE DISPUTE

Quand on ignore ou qu'on oublie momentanément que les hommes et les femmes sont différents, il est très facile d'engager une dispute dont aucun des deux protagonistes ne ressortira indemne.

Ce ne sont pas tant nos différences ou nos désaccords qui blessent que la manière dont nous les exprimons. Idéalement, une discussion ne doit meurtrir personne. Un couple qui communique efficacement peut parvenir à s'en tenir à des conversations à bâtons rompus au cours desquelles il examinera ses divergences d'opinion (tous les couples en ont occasionnellement).

Dans la pratique, les choses se passent rarement aussi bien : on commence par s'expliquer sur un sujet de discorde puis, au bout de quelques minutes, on élargit le débat et très vite on se retrouve, sans très bien savoir comment, à se disputer sur la manière dont on se dispute. Et c'est là que l'on se met à se faire mal. Ce qui aurait pu n'être qu'une discussion franche, menant à un accord et à l'acceptation mutuelle de nos différences, dégénère en affrontement. Et chacun des belligérants refuse d'accepter le point de vue de l'autre, en grande partie à cause de la manière dont il lui est présenté.

Pour désamorcer une dispute, il faut savoir faire preuve de souplesse afin d'harmoniser le point de vue de l'autre avec le sien. Mais cela n'est possible que si l'on se sent aimé et respecté. Si notre partenaire n'a pas une attitude aimante, nous refusons d'adopter son point de vue parce que notre amour-propre est blessé.

La plupart des couples commencent par se chamailler sur un sujet précis, mais au bout de quelques minutes, ils se retrouvent en train de se disputer sur la manière dont ils se chamaillent.

Plus nous sommes intimes avec quelqu'un, plus il nous est difficile d'entendre son point de vue sans mal réagir. Trop souvent, nous nous murons dans une attitude défensive pour résister à ses arguments et nous protéger contre toute désapprobation ou tout manque de respect de sa part. Et même quand nous sommes d'accord avec lui, il pourra nous arriver de camper obstinément sur nos positions.

POURQUOI LES DISPUTES FONT MAL

Ce n'est pas tant ce qu'on dit qui fait mal que la manière de le dire. Un homme qui se sent mis au défi s'obnubile tellement sur la nécessité d'avoir raison qu'il en oublie souvent de rester malgré tout aimant. Tendresse et respect envolés au vent de sa colère, il ne réalise pas à quel point il peut paraître indifférent et blesser sa partenaire. Dans ces circonstances, pour une femme, un simple désaccord s'assimile à une attaque, et la moindre requête devient un ordre. Et, naturellement, elle va résister à une approche aussi insensible alors que, devant une autre attitude, elle serait bien disposée à recevoir le même message.

Une fois qu'il a sans le vouloir blessé sa partenaire par ses propos inconsidérés, l'homme s'entêtera à lui expliquer pourquoi elle ne devrait pas s'en offusquer. Persuadé qu'elle résiste à son propos, alors qu'elle est offensée par sa manière de donner son point de vue, il se concentre plus sur le fond de son discours que sur sa forme... sans se rendre compte qu'en faisant cela, il va provoquer une dispute. Si on l'interrogeait, il répondrait que c'est sa femme qui lui cherche querelle. Il défend son point de vue tandis qu'elle se défend contre ses expressions acerbes et blessantes.

En ignorant de la sorte les sentiments meurtris de sa femme, il nie la légitimité desdits sentiments, augmentant ainsi sa souffrance. Parfois, n'étant lui-même pas conscient du caractère blessant du ton et des propos qu'il emploie, il ne comprend même pas la souffrance de son interlocutrice. Il ne soupçonnera donc pas la résistance qu'ils soulèvent chez elle.

De leur côté, les femmes ne réalisent pas toujours le mal qu'elles peuvent faire à leur mari dans une dispute. À leur insu, le ton de leur voix se fait de plus en plus défiant et méprisant au fur et à mesure que la colère monte. C'est là une forme de rejet particulièrement douloureuse pour un homme, surtout venant de la femme qu'il aime.

Dans une escalade verbale, la femme commence par reprocher à son partenaire son comportement, puis elle se met à lui donner des conseils non sollicités. Si elle ne tempère pas ses critiques de remarques exprimant sa confiance et son acceptation à l'égard de son mari, celui-ci réagit négativement, ce qui la laisse perplexe : encore une fois, elle ne devine pas les ravages que son manque de confiance provoque en lui.

Pour éviter les affrontements, il nous faut avant tout nous rappeler que notre partenaire ne s'oppose pas tant à nos critiques qu'à la manière dont nous les formulons. S'il faut être deux pour se disputer, une personne déterminée suffit pour interrompre le processus. Le meilleur moyen de mettre fin à une confrontation étant de la tuer dans l'œuf, il faut s'efforcer d'en reconnaître les signes annonciateurs et, dès qu'une discussion menace de dégénérer en dispute, cesser de parler et prendre un instant de répit pour réfléchir à ce que l'on dit et à la façon dont on le dit. À l'évidence, quelque chose ne va pas. Après une pause, on reprend la conversation sur un ton plus aimant et respectueux et on s'efforce de donner à son partenaire ce qu'il attend. Ces courtes périodes de silence permettent de se calmer, de panser ses blessures et de reprendre possession de ses moyens, avant de rétablir la communication.

ATTENTION AUX QUATRE « F » SUPPOSÉS ÉVITER LES BLESSURES

Voici quatre attitudes de base qui aident à éviter les blessures au cours d'une discussion. Toutes commencent par la lettre F. Mais, attention, efficaces à court terme, toutes deviennent néfastes à la longue. Explorons-les.

1 – Le face-à-face. Il s'agit d'un comportement typiquement martien. Quand la conversation n'apporte plus ni amour ni soutien, certains individus passent instinctivement et immédiatement à l'offensive, persuadés que, comme le prétend l'adage, la meilleure défense est l'attaque. Ils prennent donc les devants à coups de critiques et de reproches, en s'efforçant de persuader leur interlocuteur qu'il est dans son tort. En général, ils élèvent la voix et affichent leur colère. Au fond d'eux-mêmes, ils espèrent parvenir ainsi à forcer leur partenaire à les aimer et à les soutenir. Quand celui-ci recule ou cède, ils croient avoir gagné la partie, mais en réalité ils l'ont perdue.

Dans une relation, les stratégies d'intimidation sapent toujours la confiance.

C'est un fait établi : chercher à intimider son conjoint n'a jamais favorisé la confiance au sein d'un couple. Le recours à la méthode musclée pour tenter de faire en sorte que l'autre se sente coupable, dans le but d'obtenir ce que l'on désire, mène inévitablement à la faillite du couple. Peu à peu, les femmes cessent de parler pour se protéger, et les hommes se taisent et se réfugient dans l'indifférence. Les rapports empreints de franchise, de confiance et de tendresse mutuelles des débuts ne sont plus qu'un souvenir, et un gouffre se creuse rapidement entre les deux amants, devenus adversaires.

2 – La fuite. C'est aussi un comportement martien. Pour éviter les confrontations, certains Martiens sont capables de s'isoler dans leur caverne et de ne jamais en ressortir. Avec eux, on n'aborde pas les problèmes et, donc, on ne les résout jamais. Cette attitude « passive-agressive » n'a rien à voir avec le fait d'interrompre la discussion pour mettre de l'ordre dans ses émotions et la reprendre ensuite en cherchant des solutions dans un climat d'amour.

Les adeptes de la fuite ont, eux, tellement peur des disputes qu'ils préfèrent se terrer et éviter tout sujet de conversation susceptible de soulever la plus petite controverse. Dans leurs rapports de couple, ils marchent sur des œufs. Et le pire est qu'ils ne s'en rendent même pas compte !

Par terreur du désaccord, ils en viennent peu à peu à éviter toute discussion. Pour obtenir ce qu'ils veulent de leur partenaire, ils font la « grève de l'amour ». Il s'agit d'une forme d'agression plus subtile que celle perpétrée par les bagarreurs, mais tout aussi douloureuse. Et comme moins on donne d'amour, moins on en reçoit en retour, les choses ne peuvent aller que de mal en pis. Les bénéfices à court terme de cette attitude sont la paix et l'harmonie. Mais, comme on ne discute jamais de ses différends et qu'on n'exprime jamais ses sentiments négatifs, la rancœur finit par empoisonner peu à peu le couple, jusqu'au point où les deux partenaires se demandent ce qu'ils font ensemble. On constate que les adeptes de la fuite se réfugient souvent dans l'abus de nourriture ou d'autres palliatifs, tels que l'alcool ou la drogue, pour camoufler les sentiments douloureux qu'ils taisent.

3 – La feinte. Voilà un comportement dont les racines sont vénusiennes. Pour éviter d'être blessé par une confrontation, on prétendra tout simplement que le problème n'existe pas. Les adeptes de cette stratégie demeurent souriantes et aimables, et paraissent pleinement satisfaites de leur sort.

Par peur d'exprimer honnêtement ce qu'elles ressentent, elles persistent à affirmer que « tout va bien » ou que « tout est parfait ». Les hommes aussi abusent de ces phrases, mais ils leur donnent une autre signification : « Tout va très bien (parce que je m'en occupe moi-même !) », ou : « Ça va (parce que je sais quoi faire !). » Dans la bouche d'une femme, ces expressions dénotent souvent un désir d'empêcher une discussion ou un conflit.

En somme, pour éviter de faire des vagues, la « feinteuse » se répète que tout va bien et, à force d'autopersuasion, finit par le croire, même s'il n'en est rien. Certaines vont même jusqu'à ignorer leurs propres sentiments et leurs besoins essentiels pour préserver le calme au sein de leur couple.

Mais avec le temps, ces femmes débordent d'amertume car elles donnent énormément à leur partenaire et ne reçoivent pas ce dont elles auraient besoin en retour. Et peu à peu, leur ressentiment entrave l'expression naturelle de leurs émotions.

4 – Le forfait. C'est aussi un comportement typiquement vénusien. Au lieu de se disputer, on déclare forfait, c'est-à-dire qu'on capitule avant de livrer bataille. L'adepte de cette stratégie accepte les reproches de son partenaire sans regimber et assume toute la responsabilité de ce qui peut irriter Monsieur. Sur le coup, elle semble avoir une attitude très aimante et accorder un soutien moral exemplaire à son partenaire, mais au bout du compte elle ne peut que finir perdante.

Un de mes patients s'est un jour plaint de sa femme en ces termes inhabituels : « Je l'aime beaucoup. Elle me donne tout ce que je désire. L'ennui, c'est qu'elle n'est pas heureuse. » Cette femme avait passé vingt ans à sacrifier ses propres besoins pour satisfaire son mari. Ils ne s'étaient jamais disputés sérieusement, et si on avait demandé à la femme ce qu'elle pensait de leur relation, elle aurait probablement répondu : « Mais nous avons une relation parfaite, mon mari est très aimant. Le seul problème vient de moi. Je suis déprimée et je ne comprends pas pourquoi. » C'était pourtant simple : elle était déprimée parce qu'elle se privait depuis vingt ans d'une foule de satisfactions légitimes pour être agréable à son mari.

Ce genre de personne devine les moindres désirs de son partenaire, modifiant ses actions et ses sentiments pour y souscrire... et finit par concevoir une immense amertume face aux obligations qu'elle s'invente. La plus petite preuve de rejet lui fait très mal, et elle est prête à tout pour éviter qu'on la repousse et être aimée de tous. À force, elle s'oublie elle-même.

POURQUOI NOUS NOUS DISPUTONS

Les hommes et les femmes entrent régulièrement en conflit à propos de questions aussi diverses que l'argent, le sexe, les décisions à prendre, le manque de temps, les valeurs de base, l'éducation des enfants ou le partage des tâches domestiques. Mais si tant de discussions au départ anodines virent à la querelle, c'est toujours pour une seule et unique raison : parce qu'on ne se sent pas assez aimé. L'impression de manquer d'amour engendre une telle souffrance émotionnelle qu'il devient presque impossible de demeurer aimant.

Ne venant pas de Mars, les femmes ne comprennent pas d'instinct ce dont un homme a besoin pour faire face à un désaccord. Tout conflit d'idées, de sentiments ou de désirs représente pour un homme un défi très ardu. Plus il est intime avec une femme, plus les différends et les désaccords qui l'opposent à elle lui seront pénibles. Quand elle n'aime pas ce qu'il fait, il le prend comme une offense personnelle, car il en déduit que c'est lui qu'elle n'aime pas. Autrement dit, l'homme ne peut faire face efficacement aux tensions qui surgissent dans son couple que si ses besoins émotionnels essentiels sont satisfaits. Mais dès qu'il pense manquer d'amour, le côté sombre de son caractère prend le dessus et il se met sur la défensive, brandissant instinctivement son épée.

184

En apparence, il discute de sujets litigieux (l'argent, les responsabilités, etc.), mais en réalité c'est à cause de son impression de manquer d'amour qu'il est parti en guerre. Donc, dites-vous bien qu'un homme qui vous cherche querelle à propos de l'argent, du temps, des enfants, et ainsi de suite, est probablement aussi mû par l'une des raisons suivantes.

POURQUOI LES HOMMES SE DISPUTENT AVEC LES FEMMES

La raison profonde pour laquelle il se dispute...	Ce dont il a besoin pour ne pas se disputer...
1 – « Je déteste qu'elle s'énerve pour la plus petite chose que je fais ou ne fais pas. Je me sens critiqué et rejeté. »	1 – Qu'elle l'accepte tel qu'il est. Et il lui semble plutôt qu'elle essaie de le changer.
2 – « Je déteste qu'elle me dise comment faire les choses. Je sens qu'elle ne m'admire pas. Elle me traite comme un enfant. »	2 – D'être admiré, mais il se sent déprécié.
3 – « Je déteste qu'elle me reproche ses problèmes personnels. Cela ne m'encourage pas à devenir son prince charmant. »	3 – D'encouragements, mais à ce moment précis, il a plutôt envie de jeter l'éponge.
4 – « Je déteste quand elle se plaint d'avoir tant fait pour moi et d'en être si peu remerciée. Ça me donne l'impression qu'elle n'apprécie pas ce que je fais pour elle. »	4 – De se sentir apprécié, mais il se sent plutôt blâmé, méprisé et nul.

5 – « Je n'aime pas qu'elle s'inquiète de tout ce qui pourrait arriver. Elle n'a pas assez confiance en moi. »

5 – Qu'elle lui exprime sa confiance et se sente en sécurité auprès de lui. Son anxiété le vexe.

6 – « Je n'aime pas qu'elle insiste pour que je parle et agisse au moment où *elle* le désire. Je ne me sens ni accepté ni respecté. »

6 – Qu'elle l'accepte tel qu'il est. Mais là, il se sent plutôt dominé et forcé de parler quand il n'a rien à dire. Il a l'impression de ne jamais pouvoir la satisfaire.

7 – « Je n'aime pas qu'elle s'offusque de ce que je dis. Je sens qu'elle manque de confiance en moi, qu'elle ne me comprend pas et qu'elle me rejette. »

7 – Qu'elle l'accepte et qu'elle ait confiance en lui, alors qu'il sent plutôt qu'elle ne lui pardonne rien et qu'elle le rejette.

8 – « Je déteste qu'elle croie que je peux lire dans ses pensées alors que j'en suis totalement incapable. Cela me fait me sentir impuissant et j'ai l'impression de ne pas être le bon partenaire pour elle. »

8 – De son approbation et d'être accepté tel qu'il est, alors qu'elle lui fait ressentir qu'il a échoué.

Si ses besoins émotionnels primaires sont comblés, l'homme tendra moins à user d'arguments blessants. Il deviendra alors capable d'écouter et de parler avec beaucoup plus de respect, de compréhension et de tendresse. Différends personnels, arguments contradictoires et sentiments négatifs trouveront tous leur solution par la conversation, la négociation et le compromis, sans qu'on doive en arriver aux propos acerbes ou cruels.

Les femmes aussi formulent parfois des arguments blessants, mais pour des raisons autres. En apparence, elles paraissent discuter de finances, de responsabilités et ainsi de suite, mais au fond d'elles-mêmes elles s'opposent à leur partenaire pour l'une des raisons suivantes.

POURQUOI LES FEMMES SE DISPUTENT AVEC LES HOMMES

La raison profonde pour laquelle elle se dispute...	Ce qu'il faudrait pour qu'elle ne se dispute pas...
1 – « Je déteste qu'il minimise mes sentiments ou mes besoins. Je me sens rejetée et insignifiante. »	1 – Qu'elle se sente épaulée et appréciée, alors qu'elle se sent jugée et ignorée.
2 – « Je déteste qu'il oublie de faire ce que je lui ai demandé et devoir le harceler pour qu'il s'exécute. J'ai l'impression de quémander. »	2 – Qu'il la respecte et s'occupe d'elle, alors qu'elle pense qu'il la néglige et la relègue en queue de liste de ses priorités.
3 – « Je n'aime pas qu'il me reproche d'être mal. J'ai l'impression qu'il me faudrait être parfaite pour qu'il m'aime, alors que je ne suis absolument pas parfaite. »	3 – Qu'il comprenne pourquoi elle est bouleversée et la rassure en lui disant qu'il l'aime toujours et se moque qu'elle ne soit pas parfaite. Mais en étant elle-même, elle se sent plutôt fragile.
4 – « Je n'aime pas qu'il élève la voix ou se mette à énumérer toutes les raisons qui justifient son opinion. Cela fait que je me sens fautive et que j'ai l'impression que mon opinion n'a aucune valeur à ses yeux. »	4 – Qu'elle se sente comprise et respectée, mais elle a l'impression qu'il ne l'écoute pas, qu'il la bouscule et qu'il l'écrase.

5 – « Je n'aime pas l'air condescendant qu'il affiche lorsque je l'interroge sur une décision que nous devons prendre. Cela me fait sentir que je suis un fardeau pour lui, que je lui fais perdre son temps. »

5 – Qu'elle sache qu'elle lui tient à cœur, qu'il respecte ses sentiments et qu'il admet son besoin d'information, alors qu'elle a plutôt l'impression qu'il ne la respecte pas et qu'il ne l'apprécie pas.

6 – « Je n'aime pas qu'il ne réponde pas à mes questions ni à mes commentaires, ou fasse comme si je n'existais pas. »

6 – Qu'elle sente qu'il l'écoute et qu'il n'est pas indifférent à elle, alors qu'elle se sent ignorée et jugée.

7 – « Je n'aime pas qu'il m'explique pourquoi je ne devrais pas me sentir offensée, inquiète, fâchée ou quoi que ce soit. Mes sentiments sont dévalorisés et je ne me sens pas soutenue. »

7 – Qu'il reconnaisse la légitimité de ses sentiments et qu'il la comprenne, mais elle a plutôt l'impression d'être abandonnée, mal aimée et étouffée par l'amertume.

8 – « Je n'aime pas qu'il me demande d'être plus détachée, plus indifférente. Il me fait sentir que c'est une faiblesse ou une erreur d'avoir des sentiments. »

8 – Qu'elle se sente respectée et chérie lorsqu'elle lui confie ses sentiments, alors qu'il lui fait plutôt ressentir un manque de sécurité et de protection.

Bien que tous ces sentiments pénibles et ces besoins soient légitimes, ils ne sont généralement pas traités ou communiqués directement mais refoulés, avant d'exploser lors d'une dispute. Les rares fois où ils sont exprimés, c'est généralement par le biais de certaines expressions ou du ton de la voix.

Les hommes comme les femmes doivent comprendre et

agir selon leur propre sensibilité, et surtout ne pas la nier. On peut parvenir à exprimer le véritable problème en essayant de communiquer par des moyens qui répondent aux besoins émotionnels de son partenaire. Les arguments exprimés de part et d'autre se muent alors en expressions de soutien nécessaires à la négociation et à la résolution des désaccords et des différends entre partenaires.

L'ANALYSE D'UNE DISPUTE

Une discussion blessante a généralement des caractéristiques bien identifiables. Peut-être vous reconnaîtrez-vous dans l'exemple suivant.

Ma femme et moi étions allés nous promener et pique-niquer. Tout se passa à merveille jusqu'à ce que j'évoque des placements financiers que nous pourrions faire. Tout à coup, ma femme s'est fâchée, croyant que je considérais sérieusement la possibilité de placer une part de nos économies dans des opérations risquées. Je ne faisais qu'en étudier à haute voix la possibilité, mais elle a cru que j'avais décidé de le faire, sans même la consulter, ce qui lui paraissait inconcevable et inacceptable. Je lui ai demandé quelle mouche l'avait piquée et, de fil en aiguille, nous nous sommes disputés.

Persuadé qu'elle s'énervait parce qu'elle n'aimait pas les placements que j'avais choisis, j'en défendais bec et ongles la validité, mais mes arguments étaient aussi dirigés contre son attitude négative. Ma femme insistait sur les risques que représentaient ces placements, mais elle était surtout contrariée que j'envisage – croyait-elle – la chose sans même tenir compte de son avis. Et elle était encore plus offusquée du fait que je ne respecte pas son droit de s'offusquer. J'étais tellement énervé que les choses auraient sûrement encore dégénéré si Bonnie n'avait pas pris sur elle de s'excuser de m'avoir mal compris et d'avoir manqué de confiance en moi. Nous avons fini par nous calmer tous les deux.

Plus tard, après notre réconciliation, elle me fit cette remarque : « J'ai noté que, quand nous nous disputons, c'est toujours moi qui m'offusque de quelque chose en premier, qu'ensuite tu t'énerves parce que je me suis offusquée, et qu'enfin c'est moi qui dois m'excuser de t'avoir contrarié. J'ai l'impression que c'est illogique. Parfois, j'aimerais bien que ce soit toi qui t'excuses de m'avoir offensée. »

J'ai immédiatement perçu la clarté de son raisonnement. Il était effectivement injuste de ma part d'exiger ses excuses alors que c'était moi qui l'avais d'abord offensée. Cette constatation au demeurant simple a transformé nos relations.

En racontant cette anecdote pendant mes séminaires, j'ai découvert que des milliers de femmes avaient déjà vécu une expérience semblable et comprenaient parfaitement ce que ma femme avait ressenti. C'est un scénario relationnel banal entre homme et femme. Étudions la situation de plus près.

1 – La femme se montre irritée à propos de quelque chose.

2 – L'homme tente de lui expliquer pourquoi elle ne devrait pas s'offusquer pour si peu.

3 – Elle s'irrite alors encore plus parce qu'il ne reconnaît pas la légitimité de ses sentiments. (En fait, elle est plus bouleversée par ce manque de reconnaissance que par ce qui l'avait agacée au départ.)

4 – La désapprobation de sa femme fâche l'homme et, puisqu'il la tient pour responsable de son irritation, il exige d'elle des excuses avant toute réconciliation.

5 – Ou bien elle accepte de s'excuser sans comprendre ce qui s'est réellement passé, ou bien elle franchit un degré supplémentaire dans l'énervement, et leur désaccord se transforme en bataille en règle.

Je dois dire que depuis que je connais mieux les mécanismes d'une altercation, je suis devenu capable de résoudre ce genre de problème de manière bien plus équitable. Me rappelant l'origine vénusienne des femmes, j'évite autant que possible de reprocher à la mienne de s'offusquer. En revanche, je m'efforce de comprendre comment j'ai pu l'offenser et j'essaie de lui montrer que je me préoccupe d'elle. Dorénavant, je sais que, même si elle s'est méprise sur mes sentiments, dès lors que je l'ai blessée, je dois lui faire savoir que cela ne me laisse pas indifférent, et que j'en suis sincèrement navré.

J'ai d'abord appris à écouter ma femme quand elle était bouleversée, à faire un effort sérieux pour comprendre ce qui l'avait perturbée, puis à lui dire : « Excuse-moi si j'ai pu te faire de la peine en disant... » Les résultats ne se sont pas fait attendre. À dater de ce jour, nous nous sommes de moins en moins disputés.

Je dois cependant admettre qu'il est parfois très difficile de s'excuser. Dans ces moments-là, je respire profondément, et je me tais. J'essaie de comprendre comment elle doit se sentir, et je cherche les raisons de son désarroi. Puis je lui dis : « Je regrette si je t'ai fait de la peine. » Bien que ce ne soient pas tout à fait des excuses, cela signifie : « Cela me fait de la peine de te voir bouleversée », et cela semble lui faire beaucoup de bien.

Les hommes n'aiment pas dire « Excuse-moi » parce que,
pour un Martien, cela revient à admettre un tort et
à demander pardon.

Il est très difficile pour un homme de dire « Excuse-moi » à cause de ses origines martiennes. En effet, sur Mars, on ne s'excuse que quand on a tort et qu'on doit demander pardon.

En revanche, quand une femme dit « Excuse-moi », c'est comme si elle disait : « Cela me fait de la peine que tu sois bouleversé. » Cela ne veut pas dire qu'elle s'excuse d'avoir fait quelque chose de mal. Les hommes qui lisent cela et qui n'ont pas l'habitude de dire « Excuse-moi » doivent commencer à comprendre l'immense utilité de cette locution dans son sens vénusien. Ils verront vite le pouvoir inégalé de ces deux petits mots pour désamorcer une dispute.

Dans presque toutes les disputes, l'escalade commence

quand l'homme dévalorise les sentiments de la femme, et quand elle réagit par la désapprobation. Dès que ma femme a appris à exprimer ses sentiments plus directement, sans passer par ce stade, le nombre et la fréquence de nos disputes ont diminué, et l'amour et la compréhension entre nous ont augmenté. Sans cette nouvelle appréhension des rapports de couple, nous en serions probablement encore à recommencer éternellement les mêmes disputes sans savoir pourquoi.

Les disputes dégénèrent en général parce que l'homme dénigre les sentiments de la femme, et qu'elle réagit en exprimant de la désapprobation.

Mais pour éviter ces confrontations douloureuses, il est important de savoir comment les hommes dévalorisent inconsciemment les sentiments de la femme, et comment les femmes transmettent inconsciemment leur désapprobation à l'homme.

Comment les hommes initient des disputes sans le savoir

Le plus souvent, les hommes commencent une dispute en dévalorisant un sentiment ou un point de vue de leur femme... sans réaliser à quel point ils peuvent se montrer blessants.

Par exemple, un homme peut mettre le feu aux poudres en disant : « Ah ! Ne t'inquiète pas pour ça. » Ce qui pour un autre homme serait une phrase amicale est plutôt offensant et blessant pour une femme.

Autre exemple : un homme tente de calmer sa femme en disant : « Ce n'est pas si grave que ça ! » Puis il lui offre des solutions en pensant la rendre heureuse et reconnaissante. Il ne comprend pas que, devant cette attitude, elle se sent dévalorisée et délaissée. Elle est incapable d'apprécier ses conseils tant qu'il ne lui a pas signifié qu'il reconnaît la légitimité de son désarroi.

Le cas le plus courant est celui d'un homme qui, ayant fait une chose qui a agacé sa partenaire, tente d'instinct de l'apaiser en lui disant qu'il n'y a pas de quoi, et pourquoi. Pleinement confiant, il tente de lui démontrer qu'il avait une très bonne raison, parfaitement logique et rationnelle, d'agir comme il l'a fait. Il ne pense absolument pas qu'agir ainsi revient aux yeux de sa femme à lui dire qu'elle n'a pas le droit de s'offusquer. Il explique, développe ses arguments... Et tout ce qu'elle perçoit, c'est son indifférence à l'égard de ses sentiments à elle.

Pour qu'elle accueille la démonstration de son mari, il faut d'abord qu'il la laisse lui donner les raisons pour lesquelles elle est contrariée. Il doit donc trouver la force de ravaler ses explications pour prêter l'oreille à celles de sa partenaire. Tant qu'il ne se préoccupe pas de ses sentiments, elle ne se sentira pas soutenue moralement.

Mettre en œuvre ces nouveaux rapports de couple requiert un certain entraînement, mais c'est tout à fait réalisable. Habituellement, quand une femme exprime des sentiments de frustration, de déception ou d'inquiétude, l'homme lui donne instinctivement une série d'explications et de justifications servant à nier toute raison de s'offenser. Jamais il ne voudrait envenimer les choses. Cette tendance à contredire les sentiments féminins n'est qu'une manifestation de son instinct de Martien.

Cependant, en parvenant à comprendre que cette réaction automatique ne peut être que néfaste, l'homme pourra arriver à changer son comportement pour mieux l'adapter au système de valeurs et à la sensibilité de sa femme.

Comment les femmes initient des disputes sans le savoir

Les femmes, elles, initient des disputes en n'exprimant pas directement leurs sentiments : par exemple, au lieu de formuler franchement leur désaccord ou leur déception, elles posent des questions de principe à travers lesquelles, sans le savoir (ou parfois même en le sachant), elles communiquent à l'homme un message de désapprobation. Et même si ce n'est pas ce qu'elles cherchaient à lui dire, il le perçoit en général comme cela.

Les femmes provoquent le plus souvent des disputes parce qu'elles n'expriment pas directement leurs sentiments.

Par exemple, quand son mari rentre en retard, la femme aurait envie de lui dire : « Je n'aime pas devoir t'attendre si longtemps » ou « J'avais peur qu'il te soit arrivé quelque chose. » Mais au lieu de l'exprimer directement, elle va plutôt lui poser des questions de principe comme : « Comment peux-tu rentrer si tard ? » ou « Qu'est-ce que je dois penser quand tu tardes ainsi ? », ou encore « Pourquoi ne m'as-tu pas appelée ? »

Bien sûr, il est acceptable de demander à un homme pourquoi il n'a pas appelé quand on a de bonnes raisons de le faire. Mais lorsqu'une femme est irritée, le ton de sa voix tend à indiquer qu'elle cherche moins à entendre une raison valable qu'à insinuer qu'il ne peut y avoir de raison acceptable à ce retard. Si bien que son interlocuteur ne percevra pas son inquiétude mais seulement sa désapprobation. Il détecte chez elle un désir envahissant de l'aider à se responsabiliser, il se sent alors attaqué et prépare sa défense. Sa femme n'a aucune idée du malaise que provoque en lui sa désapprobation.

Tout comme la femme a besoin que ses sentiments soient reconnus légitimes, l'homme a besoin d'être approuvé. Plus un homme aime une femme et plus il a besoin de son approbation. C'est un élément forcément présent au début de toute relation. Soit elle lui fait sentir qu'elle l'approuve, soit il a confiance en sa propre capacité à mériter l'approbation de sa partenaire. Mais dans les deux cas l'élément « approbation » est présent.

Même si la femme a été blessée par d'autres hommes ou par son père dans le passé, elle va donner son approbation au début d'une nouvelle relation affective. Elle peut se dire, par exemple : « C'est un homme tout à fait spécial, il ne ressemble à aucun des autres hommes que j'ai connus. »

Un homme est très douloureusement affecté par la disparition de l'approbation de sa partenaire. Il ne s'agit pas toujours d'un acte conscient de la part de cette dernière, et quand ça l'est, la femme est généralement convaincue d'avoir de bonnes raisons d'agir comme elle le fait. La raison de cette insensibilité est toute simple : les femmes ignorent tout de l'importance que revêt leur approbation aux yeux des hommes.

Une fois ce préalable assimilé, une femme pourra apprendre à être en désaccord avec le comportement d'un homme sans nécessairement le désapprouver en tant que personne. Ainsi, il pourra se sentir aimé d'elle en dépit de leurs divergences d'opinion. Habituellement, quand une femme n'aime pas le comportement de son partenaire et qu'elle veut le voir changer, elle lui signifie sa désapprobation. Il y a bien sûr des moments où elle la lui démontre plus, et d'autres où elle la lui manifeste moins, mais il ressent toujours très douloureusement toute forme de désapprobation.

La plupart des hommes sont gênés d'admettre ce grand besoin d'approbation. Ils vont même souvent jusqu'à s'évertuer à afficher une improbable insensibilité à l'opinion de leur femme. Mais alors, pourquoi deviennent-ils si vite indifférents, distants et sur la défensive dès qu'ils perdent cette approbation ?

Au début d'une relation, l'homme est bien évidemment dans les bonnes grâces de sa nouvelle partenaire. Il est encore son prince charmant. Tout ce qu'il fait reçoit l'approbation de sa belle, ce qui le transporte d'enthousiasme. Mais, inévitablement, il commence à la décevoir... et perd peu à peu son approbation. Et un jour, il se retrouve en disgrâce.

Si un homme est capable de comprendre la déception de sa femme, il reste démuni devant sa désapprobation. Se voir ainsi rejeté l'atteint au plus profond de lui-même. Et il est courant qu'une femme use d'un ton réprobateur en questionnant un homme sur son comportement. Elle agit ainsi pour lui faire la leçon, mais ça ne marche pas. Cela ne fait que susciter en lui crainte et amertume, et il perd peu à peu son enthousiasme des débuts.

Donner son approbation à un homme, c'est savoir déceler les bonnes raisons masquées derrière chacune de ses actions. Une femme qui aime vraiment un homme trouvera toujours en lui quelque chose à apprécier, même quand il se montre irresponsable, paresseux ou irrespectueux. Elle saura deviner les intentions aimantes et la bonté masquée sous le comportement peu engageant de son partenaire.

Mais en traitant son mari comme s'il n'avait aucune bonne raison de faire ce qu'il fait, une femme le prive de cette indispensable approbation. Elle doit absolument apprendre à la lui conserver même quand elle est en désaccord avec lui.

Voici une combinaison qui est à l'origine de bien des disputes :

1. L'homme sent que la femme désapprouve son point de vue.
2. La femme désapprouve la manière dont l'homme lui parle.

Quand l'homme a le plus besoin de l'approbation de la femme

La plupart des disputes ne découlent pas uniquement d'un désaccord entre les deux partenaires, mais de l'une des deux raisons suivantes : ou bien l'homme sent que sa femme désapprouve son point de vue, ou bien la femme désapprouve la manière dont il lui parle. Parfois, aussi, elle lui reproche de ne pas reconnaître la validité de son point de vue, ou de ne pas s'être montré suffisamment attentif à ses préoccupations pendant qu'il lui parlait.

Mais, une fois que les hommes et les femmes ont appris à approuver et à reconnaître la valeur des sentiments de l'autre, ils n'éprouvent plus tant le besoin de se disputer car ils sont capables de discuter de leurs différends dans le calme.

Un homme qui a commis une erreur est hypersensible. C'est dans ces circonstances que l'amour de sa partenaire lui est le plus indispensable. Si elle lui retire son approbation à ce moment, il en souffrira terriblement. Évidemment, sa compagne, qui l'ignore, se méprend sur les motifs de son abattement. Elle le met sur le compte de la bévue commise alors qu'il pâtit avant tout de sa désapprobation.

Attention, mesdames, vous communiquez souvent cette désapprobation à votre insu par un simple regard ou le ton de votre voix. Et même si vos mots sont anodins, vos yeux et votre voix fustigent votre partenaire. Sa réaction instinctive le poussera à susciter votre culpabilité, et il s'évertuera à nier la valeur de vos sentiments pour mieux se justifier.

C'est lorsqu'il a commis une erreur, ou qu'il a bouleversé la femme qu'il aime, que l'homme est le plus porté à s'expliquer.

En effet, c'est lorsqu'il a fait une erreur, ou qu'il a bouleversé la femme qu'il aime, que l'homme est le plus porté à s'expliquer. S'il l'a déçue, il tient à lui expliquer pourquoi elle ne devrait pas s'en offenser. Il pense que son raisonnement va l'aider à se sentir mieux. Il oublie, une fois de plus, que lorsqu'elle est bouleversée, elle a surtout besoin qu'on l'écoute et qu'on reconnaisse la valeur de ses sentiments.

COMMENT EXPRIMER SON DÉSACCORD SANS SE DISPUTER

Si l'on n'a pas eu de modèle dans son enfance, ce peut être un exercice très difficile que de savoir exprimer dans la sérénité un désaccord ou une différence d'opinion. Chez les parents de bon nombre d'entre nous, ou bien on ne s'expliquait jamais, ou bien, dès qu'on le faisait, la discussion virait vite à la dispute ouverte.

Le tableau ci-après montre comment les hommes et les femmes provoquent inconsciemment des querelles, et suggère des alternatives plus saines à ce mode de communication. Pour chaque type de dispute, je cite d'abord une question de principe que la femme peut poser, puis je montre comment l'homme peut interpréter cette question, après quoi j'indique comment il peut tenter de s'expliquer, et enfin comment ce qu'il dit peut être interprété comme une négation de la valeur des sentiments de la femme. Enfin, je donne un modèle comportemental permettant aux hommes et aux femmes de s'exprimer de manière à soutenir leur partenaire et à éviter les disputes.

LES SCÉNARIOS COURANTS DE DISPUTES

Chacun de ces scénarios est divisé en trois parties, dont chacune comporte deux éléments.

1 – Quand l'homme rentre en retard

La question posée par la femme :
« Comment peux-tu rentrer si tard ? » ou « Pourquoi ne m'as-tu pas appelée ? », ou encore « Que veux-tu que je pense quand tu tardes ainsi ? »

Le message que l'homme perçoit :
« Tu n'as aucune bonne raison d'être en retard ! Tu es un irresponsable ! Moi, à ta place, je ne serais jamais en retard ; je suis meilleure que toi ! »

Les explications qu'il donne :
La voyant perturbée par son retard, il commence à expliquer : « Il y avait un embouteillage » ou « Parfois les choses n'arrivent pas comme on le voudrait », ou encore « Ne t'attends quand même pas que je sois toujours à l'heure. »

Le message qu'elle perçoit :
« Tu ne devrais pas être bouleversée, parce que j'ai de très bonnes raisons d'être en retard. En tout cas, mon travail est plus important que toi, et tu es trop exigeante ! »

Comment elle peut atténuer sa désapprobation :
Elle pourrait dire : « Tu sais, je n'aime pas que tu sois en retard, je m'inquiète ! J'apprécierais tellement que tu m'appelles la prochaine fois que tu penseras être en retard ! »

Comment il peut mieux reconnaître la valeur des sentiments de sa partenaire :
Lui pourrait dire : « Excuse-moi d'être en retard et de t'avoir inquiétée. » Et il serait important qu'il sache surtout écouter sans trop offrir d'explications. Il doit tenter de comprendre et de reconnaître la légitimité de ce dont elle a besoin pour se sentir aimée.

2 – Quand l'homme oublie quelque chose

La question posée par la femme :
« Comment peux-tu avoir oublié ça ? » ou « Quand est-ce que tu vas te rappeler ce que je te dis ? », ou encore « Comment veux-tu que j'aie confiance en toi ? »

Le message que l'homme perçoit :
« Tu sais qu'il n'y a jamais de bonne raison pour oublier de faire une chose. Tu es stupide et tu ne mérites pas que j'aie confiance en toi. Je donne tellement plus que toi dans cette relation ! »

L'explication qu'il donne :
La voyant fâchée par son oubli, il peut dire : « J'étais très occupé et j'ai simplement oublié » ou « Ce sont des choses qui arrivent parfois, n'est-ce pas ? », ou encore « Ce n'est pas si important que ça, et après tout ça ne veut pas dire que je ne m'occupe pas de toi. »

Le message qu'elle perçoit :
« Tu ne devrais pas t'énerver pour des choses si peu importantes. Tu es trop exigeante et tu réagis de manière excessive. Essaie donc d'être plus réaliste, tu vis trop dans tes rêves. »

Ce qu'elle peut faire pour atténuer sa désapprobation :
Bouleversée, elle pourra simplement lui dire : « Ça m'inquiète quand tu oublies. » Autrement, elle pourra recourir à une approche toute différente mais efficace, en ne mentionnant pas du tout son oubli mais en refaisant gentiment sa demande originale, en lui disant par exemple : « J'apprécierais beaucoup que tu... » Et il aura vite compris qu'il a oublié.

Ce qu'il peut faire pour mieux affirmer son respect de ses sentiments :
Il peut lui avouer directement qu'il a oublié et lui demander : « Es-tu fâchée contre moi ? » Ensuite, il peut la laisser parler sans tenter de la culpabiliser parce qu'elle s'est fâchée. En parlant, elle s'apercevra peu à peu qu'il l'écoute et qu'il s'intéresse à ce qu'elle dit, puis très vite elle appréciera son mari comme jamais.

3 – Quand un homme sort de sa caverne

La question posée par la femme :
« Comment peux-tu être aussi froid et indifférent ? » ou « Comment veux-tu que je réagisse ? », ou encore « Comment veux-tu que je comprenne ce qui se passe dans ta tête ? »

Le message que l'homme perçoit :
« Tu n'as aucune raison valable de t'éloigner de moi. Tu agis ainsi par cruauté et parce que tu ne m'aimes pas vraiment. Tu n'es pas l'homme qu'il me faut. Tu me fais plus de mal que je ne t'en ai jamais fait. »

L'explication qu'il donne :
La voyant perturbée, il déclare : « J'avais besoin d'être seul pendant un certain temps. Ça n'a duré que deux jours, ce n'est pas si long que ça ! Après tout, je ne t'ai rien fait. Alors, pourquoi es-tu fâchée contre moi ? »

Le message qu'elle perçoit :
« Tu n'as aucune raison de te sentir blessée ou abandonnée, et si c'est le cas, je trouve que tu as tort. Tu es trop dépendante et dominatrice à la fois. Je fais ce que je veux, et si ça te dérange, ça m'est égal. »

Ce qu'elle peut faire pour atténuer sa désapprobation :
Si elle est vraiment offensée, elle peut expliquer : « Je sais que tu as besoin de rentrer en toi-même de temps en temps, mais sache que ton éloignement me fait toujours de la peine. Je ne dis pas que tu as tort, mais il serait important pour moi de savoir que tu comprends les sentiments que je ressens dans ces moments-là. »

Ce qu'il peut faire pour mieux affirmer son respect de ses sentiments :
Lui peut dire : « Je comprends que ça te fasse de la peine quand je m'éloigne de toi émotionnellement, et cela doit être douloureux. Voudrais-tu qu'on en parle ? » (On sait que c'est en se sachant écoutée qu'elle pourra plus facilement accepter le besoin de son partenaire de rentrer en lui-même à l'occasion.)

4 – Quand l'homme déçoit la femme

La question posée par la femme :
« Comment as-tu pu faire ça ? » ou « Pourquoi ne fais-tu pas ce que tu m'avais dit ? », ou bien « Tu m'avais pourtant promis de le faire », ou encore « Vas-tu apprendre à faire les choses comme il faut ! »

Le message que l'homme perçoit :
« Tu n'as aucune bonne raison de me décevoir et pourtant tu ne cesses de le faire. Je ne pourrai jamais être heureuse avec toi si tu ne changes pas ! »

L'explication qu'il donne :
« Voyons, la prochaine fois je ferai ce qu'il faut ! » ou « Ce n'est pas si grave que ça ! », ou encore « Mais je ne savais pas ce que tu voulais dire. »

Le message qu'elle perçoit :
« Si tu es fâchée, c'est ta faute ! Tu devrais te montrer plus compréhensive et ne pas te fâcher pour un rien. De toute façon, je désapprouve ta manière d'agir. »

Ce qu'elle peut faire pour atténuer sa désapprobation :
Quand elle se sent contrariée, elle devrait dire : « Je n'aime pas être déçue. Je croyais que tu allais m'appeler. Ça va, mais j'aurais besoin que tu me dises comment tu te sens quand... »

Ce qu'il peut faire pour mieux affirmer son respect de ses sentiments :
Lui devrait dire : « Je réalise que je t'ai déçue et je suis prêt à en parler. Comment t'es-tu sentie, toi ? » Là encore, il devrait écouter tout ce qu'elle a à dire, lui donner la chance de se faire entendre, et elle se sentirait ensuite beaucoup mieux. Après quelques minutes, il pourrait ajouter : « Qu'est-ce que je dois faire maintenant pour te démontrer mon soutien ? » ou « Comment puis-je te soutenir à l'avenir ? »

5 – S'il la blesse en ne respectant pas ses sentiments

La question posée par la femme :
« Comment peux-tu dire ça ? » ou « Comment peux-tu me traiter comme ça ? », ou bien « Pourquoi est-ce que tu ne m'écoutes pas ? », ou encore « Est-ce que tu tiens encore à moi ? », ou finalement « Est-ce que je te traite comme ça, moi ? »

Le message que l'homme perçoit :
« Tu te moques de moi ! Je suis tellement plus aimante que toi ! Je ne te pardonnerai jamais cet affront ! »

L'explication qu'il donne :
« Écoute, ce n'est pas ce que je voulais faire » ou « Voyons ! Je t'écoute souvent, qu'est-ce que tu penses que

je fais en ce moment ? », ou bien « Je ne t'ignore pas toujours ! », ou encore « Non, je ne me moque pas de toi ! »

Le message qu'elle perçoit :
« Tu n'as pas le droit de te fâcher, c'est une réaction absurde. Tu es trop sensible, il y a sûrement quelque chose qui ne va pas en toi. J'en ai assez. »

Ce qu'elle peut faire pour atténuer sa désapprobation :
Elle pourrait dire : « Je t'en prie, change de ton, je n'apprécie pas la façon dont tu me parles » ou « Tu es méchant et je n'aime pas ça, j'aurais besoin d'un moment de répit », ou bien « Ce n'est pas le genre de conversation que j'apprécie, si tu veux on va recommencer autrement », ou encore « Je ne mérite pas qu'on me traite comme ça, j'aimerais qu'on en reparle plus tard », ou enfin « Voudrais-tu ne pas m'interrompre ! », ou même « Voudrais-tu, s'il te plaît, écouter ce que je suis en train de te dire ! » (Puisque l'homme réagit mieux à des affirmations courtes et directes, il faut surtout éviter de lui servir des questions ou des sermons.)

Ce qu'il peut faire pour mieux affirmer son respect de ses sentiments :
Il pourrait dire : « Excuse-moi, tu ne mérites certainement pas que je te traite comme ça. » Ensuite, il pourrait prendre une inspiration profonde et simplement écouter ce qu'elle a à lui raconter. Puis, en s'entendant répliquer : « Tu ne m'écoutes jamais », il pourrait par exemple profiter de la première pause pour affirmer : « Tu as raison ! Parfois, je n'écoute pas du tout. Je m'en excuse ! Je réalise que tu ne mérites absolument pas un tel traitement. Si tu veux, on va recommencer. » Reprendre la discussion est un excellent moyen d'éviter qu'un dialogue ne s'envenime et ne tourne au vinaigre. Toutefois, si la femme ne désire plus discuter, il ne faut pas lui en tenir rigueur ni la blâmer et se rappeler que si l'homme reconnaît son droit de se sentir offusquée ou fâchée, elle deviendra capable de plus de tolérance.

6 – Quand il est pressé et qu'elle n'aime pas ça

La question posée par la femme :
« Pourquoi est-on toujours si pressés ? » ou « Pourquoi dois-tu toujours courir d'un endroit à l'autre ? »

Le message que l'homme perçoit :
« Tu n'as aucune raison de courir comme ça. Tu ne me rends pas heureuse et tu ne changeras jamais. De toute façon, il est clair que tu ne tiens pas à moi. »

L'explication qu'il donne :
« Ce n'est pas si grave que ça ! » ou « Ça a toujours été comme ça », ou bien « Maintenant, on ne peut plus rien y faire », ou encore « Ne t'inquiète pas, tu vas voir, ça va aller ! »

Le message qu'elle perçoit :
« Tu n'as aucun droit de te plaindre. Tu devrais te contenter de ce que tu as et ne pas te montrer aussi insatisfaite et malheureuse. Tu déprimes tout ton entourage avec tes sempiternelles lamentations. »

Ce qu'elle peut faire pour atténuer sa désapprobation :
Quand elle est ainsi bouleversée, elle peut dire : « On a peut-être raison de se presser, mais je n'aime pas ça. J'ai l'impression qu'on court toujours » ou « J'aime quand on a du temps pour faire les choses, et je déteste quand on doit courir. Ça m'horripile ! Pour notre prochaine sortie, pourrais-tu prévoir un quart d'heure de battement ? »

Ce qu'il peut faire pour mieux affirmer son respect de ses sentiments :
Il peut dire : « Je n'aime pas ça non plus, j'aimerais bien qu'on puisse ralentir. C'est de la folie ! » Dans cet exemple, il se rallie à ses sentiments à elle. Même s'il aime se presser, il choisit de la soutenir dans sa demande en montrant de la compréhension et de la compassion pour ses sentiments.

7 – Quand la conversation déprécie ses sentiments à elle

La question posée par la femme :
« Pourquoi as-tu dit ça ? » ou « Pourquoi me parles-tu sur ce ton-là ? », ou bien « Ne ressens-tu pas le moindre intérêt pour ce que je te dis ? », ou encore « Comment peux-tu dire ça ? »

Le message que l'homme perçoit :
« Tu n'as aucune raison valable de me traiter ainsi, donc tu ne m'aimes sûrement pas. Je ne compte pas beaucoup pour toi. Je te donne tellement et tu ne me donnes rien en retour ! »

L'explication qu'il donne :
« Ce que tu dis n'a aucun sens » ou « Mais ce n'est pas ce que j'ai dit ! », ou encore « J'ai déjà entendu tout ça. »

Le message qu'elle perçoit :
« Tu as tort de te fâcher, tu es irrationnelle. C'est moi qui ai raison, et pas toi. C'est toi qui causes toutes ces disputes, pas moi. »

Ce qu'elle peut faire pour atténuer sa désapprobation :
Elle pourrait dire : « Je n'aime pas ce que tu dis, c'est comme si tu me jugeais et je ne le mérite pas. Je t'en prie, essaie de me comprendre » ou « La journée a été difficile. Je sais que tu n'y es pour rien, mais j'ai besoin que tu comprennes ce que je ressens. D'accord ? » Ou elle peut simplement ignorer ce qu'il a dit et réclamer ce dont elle a besoin, en disant par exemple : « Je me sens bien malheureuse, voudrais-tu m'écouter un peu ? Ça m'aiderait tellement à me sentir mieux ! » (Après tout, l'homme a besoin de beaucoup d'encouragements pour accepter d'écouter.)

Ce qu'il peut faire pour mieux affirmer son respect de ses sentiments :
Il pourrait répondre : « Je regrette que ce que je dis ne

te plaise pas, conseille-moi sur ce que je dois dire. » En lui donnant la chance de lui expliquer ce qu'elle a entendu, il a une nouvelle occasion de lui dire : « Je suis désolé, je comprends pourquoi tu n'es pas d'accord. » Ensuite, il peut faire une pause et écouter en silence, en résistant à toute tentation de suggérer qu'elle n'a pas bien compris ce qu'il a dit. Dès qu'elle est contrariée, elle doit absolument exprimer ses sentiments pour faire disparaître sa frustration. Et pour que les explications de l'homme puissent aider sa partenaire, il faut d'abord qu'elle ait retrouvé son calme et qu'il l'ait convaincue qu'il comprend ses émotions et qu'il tient à elle.

SOUTENIR L'AUTRE
DANS LES MOMENTS DIFFICILES

Toute relation de couple connaît des moments difficiles de natures diverses : perte d'un emploi, décès d'un proche, maladie ou simple fatigue. Dans ces circonstances, il importe avant tout de ne pas rompre la communication. On y parviendra en veillant à garder une attitude empreinte d'amour, d'approbation et de respect. Il faut aussi accepter et comprendre que ni notre partenaire ni nous-mêmes ne pouvons être parfaits en permanence. Et en s'exerçant à régler dans l'harmonie les petits désagréments quotidiens, on rend la tâche moins difficile lorsqu'un grand défi se présente subitement dans le couple.

Dans chacun des exemples précédents, nous avons vu une femme bouleversée à cause de quelque chose qu'avait dit ou fait – ou que n'avait pas dit ou pas fait – son partenaire. Bien entendu, les hommes peuvent aussi être malmenés par leur femme, et toutes les suggestions faites sont valables pour les deux sexes. Si vous vivez une relation de couple, il peut être intéressant de demander à votre partenaire comment il réagit à ces différentes suggestions.

Profitez d'un moment d'harmonie dans le couple pour explorer les mots qui répondent le mieux aux attentes de votre partenaire, et pour lui indiquer ceux que vous aimez le mieux entendre. En fait, se mettre d'accord sur un petit nombre de formules préarrangées peut être une bonne idée et se révéler fort utile pour relâcher la tension lors d'un conflit futur.

Rappelez-vous de plus que, pour corrects que soient les termes que vous emploierez, c'est l'intention cachée derrière eux qui compte le plus. Même si vous reprenez à la virgule près les phrases suggérées dans les exemples donnés plus haut, la tension continuera à grimper entre vous et votre partenaire s'il sent que vous ne pensez pas vraiment ce que vous dites.

N'oubliez jamais non plus que le meilleur moyen de prévenir une dispute est souvent de savoir la désamorcer avant qu'elle n'éclate, et de rester sage et tranquille en attendant que la tempête passe. Prenez le temps nécessaire pour contrôler vos nerfs et être capable de manifester plus de compréhension, d'acceptation, de validation et d'approbation.

Effectuer certains des changements suggérés pourra de prime abord vous paraître bizarre, ou évoquer pour vous un genre de manipulation. Beaucoup de gens pensent en effet que l'amour véritable implique de toujours se montrer sous son vrai jour et de dire ce que l'on pense. Cette approche directe – pour ne pas dire brutale – ne tient absolument pas compte des sentiments de la personne à qui l'on s'adresse. Il est possible de se dire ses sentiments directement et honnêtement, mais d'une manière qui n'offense pas et ne blesse pas. La pratique de certaines des suggestions données ci-dessus constitue un excellent exercice pour apprendre à communiquer d'une manière plus aimante, en sachant éviter désapprobation et rudesse excessives. Et au bout d'un certain temps, cela peut devenir un comportement réflexe.

Si vous vous apercevez que votre partenaire tente d'appliquer les suggestions que vous venez de lire, ne ricanez pas et rappelez-vous qu'il essaie seulement – quoiqu'un peu maladroitement – de mieux vous démontrer son soutien dans votre relation. Bien sûr, au début ses expressions vous paraîtront sans doute manquer de naturel, voire de sincérité, mais dites-vous qu'il est impossible de transformer les habitudes de toute une vie en un jour, une semaine, ou même un mois. Veillez à montrer clairement votre appréciation à chaque étape de la discussion, sinon votre partenaire risque de se décourager et d'abandonner ses efforts.

ÉVITER LES DISPUTES GRÂCE À UNE MEILLEURE COMMUNICATION

On peut éviter les disputes et les querelles en comprenant mieux les besoins de son partenaire et en ayant à cœur de les satisfaire. L'exemple suivant démontre comment, quand la femme exprime ses sentiments de façon directe et quand l'homme sait lui signifier qu'il reconnaît la valeur de ses sentiments, le conflit peut être évité.

Ce jour-là, ma femme et moi partions en vacances. En quittant la maison, après une semaine harassante, je songeai que Bonnie devait se réjouir de prendre enfin ce congé que nous appelions de nos vœux depuis si longtemps. C'est alors qu'elle poussa un grand soupir et déclara : « J'ai l'impression que ma vie est une lente et interminable torture. »

Estomaqué, je pris une grande inspiration et lui dis : « Je comprends ce que tu veux dire. Moi aussi, j'ai l'impression que la vie n'en finit plus de me tordre comme un vieux torchon. » Et je fis le geste d'essorer un torchon.

Bonnie opina du chef et, à ma stupéfaction, me fit un grand sourire et changea de sujet de conversation, m'expliquant combien elle était heureuse de partir en voyage.

Six ans auparavant, une telle scène eût été inconcevable. Nous nous serions disputés et je lui aurais reproché, à tort, de m'avoir gâché ma journée. Je me serais irrité de l'entendre dire que sa vie était une lente et interminable torture. Je m'en serais offensé et j'aurais pensé qu'elle m'en tenait pour responsable. À la suite de quoi j'aurais adopté une attitude défensive pour lui expliquer que notre vie n'était pas une torture, et qu'elle aurait dû être bien contente de partir pour de merveilleuses vacances. Tout cela parce qu'à cette époque, je ne comprenais ni ne reconnaissais la légitimité du mode de pensée vénusien.

Cette fois-là, cependant, j'ai compris qu'elle ne faisait qu'exprimer un sentiment passager. Et comme je percevais son cheminement intellectuel, je n'ai pas eu besoin d'adopter une attitude défensive. Grâce à mon commentaire sur le torchon, elle a constaté que je comprenais le fond de sa pensée, et que je reconnaissais pleinement sa valeur. Et en retour, elle m'a donné la reconnaissance dont j'avais besoin, et m'a fait sentir son amour, son acceptation et son approbation. Parce que j'avais appris comment la rassurer sur la légitimité de ses sentiments, elle a été en mesure de recevoir l'amour dont elle avait besoin. Et nous ne nous sommes pas disputés.

10

Comment marquer
des points auprès
du sexe opposé

L'homme pense acquérir un immense crédit auprès d'une femme lorsqu'il fait une chose qu'il estime importante pour elle, comme lui acheter une nouvelle voiture ou l'emmener en vacances. Il croit mériter moins d'estime pour les gestes plus simples, comme lui ouvrir la portière, lui offrir des fleurs ou la prendre dans ses bras. Son système de pensée le pousse à croire que c'est en concentrant son temps, son énergie et son attention à offrir à sa belle des cadeaux luxueux qu'il pourra le mieux la combler. Malheureusement pour lui, il se trompe car sa femme n'a pas la même méthode de calcul que lui.

À ses yeux, peu importe la dimension ou le prix du cadeau qu'elle reçoit : dès lors qu'il lui est offert avec amour, il vaut un point. Qu'un présent soit somptueux ou minuscule, il vaudra toujours un point. Pourtant, l'homme continue à imaginer que, s'il remporte un point pour une bagatelle, il en marquera vingt, trente, voire cinquante, pour un don de plus grande valeur. Ce qui le pousse naturellement à s'évertuer à offrir un ou deux cadeaux spectaculaires.

Pour une femme, tous les cadeaux sont d'égale valeur,
pourvu qu'ils soient offerts avec amour.

L'homme ne réalise pas que, pour une femme, les petites choses comptent tout autant que les grandes. En d'autres termes, pour une femme, une simple rose compte autant qu'un bijou ou un joli meuble.

Et tant qu'ils ne comprendront pas cette divergence fondamentale entre leurs deux méthodes de calcul, les hommes et les femmes seront continuellement frustrés et déçus dans leurs relations de couple. Voici une illustration parfaite du problème.

Au cours d'une consultation, Pam m'a dit : « Je me mets en quatre pour Chuck, mais il m'ignore. Il ne s'intéresse qu'à son travail. »

Aussitôt, Chuck a répliqué : « Mais c'est mon travail qui nous permet de nous offrir une magnifique maison et des vacances de rêve. Elle devrait en être heureuse. »

Reprenant la parole, Pam lui lança : « Mais à quoi me serviront la maison et les vacances si nous ne nous aimons pas assez ? J'ai besoin que tu me donnes davantage de *toi-même*. »

Chuck reprit : « Tu as l'air de dire que toi, tu me donnes beaucoup plus. »

Et Pam conclut en disant : « C'est vrai ! Je suis toujours en train de faire des choses pour toi. Je fais la lessive, les repas, le ménage, tout ! Toi, tu ne fais qu'une chose : tu vas travailler, ce qui paie les factures, je le sais. Mais tu comptes sur moi pour faire tout le reste ! »

Chuck est médecin et gagne très bien sa vie. Son travail l'accapare beaucoup, mais il lui procure de confortables revenus. Et il n'arrivait pas à comprendre pourquoi sa femme était si mécontente alors qu'il gagnait beaucoup d'argent et permettait à sa famille de vivre agréablement.

Dans son esprit, plus il gagnait d'argent, moins il lui était nécessaire d'en faire à la maison pour satisfaire les besoins de Pam. En clair, il était convaincu que ses revenus mensuels substantiels lui octroyaient au moins trente points auprès de Pam. Puis, quand il a ouvert une nouvelle clinique et doublé ses revenus, il a pensé qu'il marquait désormais au moins soixante points par mois. Il ignorait que, tout mirobolants qu'ils fussent, ses revenus ne comptaient que pour un seul point auprès de Pam, autant qu'ils lui en auraient rapporté s'il avait gagné le SMIC !

Pire, comme ses nouvelles responsabilités l'absorbaient de plus en plus, Chuck s'occupait de moins en moins de

Pam, si bien qu'il lui semblait en réalité recevoir de moins en moins de marques d'attention de son époux. Pam en vint à calculer que le score mensuel de leur relation devait être environ de soixante points pour elle contre un seul pour Chuck, ce qui éveilla en elle un compréhensible ressentiment et la rendit très malheureuse.

Chuck, qui pensait contribuer au score du ménage de soixante bons points par mois, ne voyait évidemment pas les choses du même œil. Puisqu'il avait accru le montant de ses dons, sa femme devait en faire autant. Dans son esprit, le score était équitable et il aurait été pleinement satisfait de leur relation si seulement Pam avait été plus heureuse. Il lui reprochait d'être trop exigeante.

Après avoir suivi mon séminaire sur les relations de couple, Pam et Chuck sont parvenus à cesser de se blâmer l'un l'autre et à régler leur problème avec amour. Un couple sur le point de divorcer venait d'être sauvé.

Chuck apprit que les petites choses qu'il faisait pour sa femme comptaient tout autant que les grosses, et tout devint clair pour lui. Il décida de consacrer un peu moins de temps et d'énergie à gagner de l'argent, et un peu plus à s'occuper de sa femme et à chercher à la rendre heureuse. Et aussitôt, Pam retrouva le sourire et leurs relations revinrent au beau fixe.

Pam se dit qu'elle avait eu raison d'être malheureuse car la tendresse et la compagnie de Chuck étaient mille fois plus importantes à ses yeux que l'opulence de leur train de vie. Il admit avoir commis une erreur en privilégiant si longtemps ce dernier. Mais à présent qu'il savait comment Pam distribuait ses points, il se faisait fort d'en récolter un maximum.

DES PETITES CHOSES QUI FONT
UNE IMMENSE DIFFÉRENCE

Il y a une multitude de façons pour un homme de marquer des points auprès de sa partenaire sans avoir à se donner trop de mal. Il suffit de réfléchir un peu. À vrai dire, la plupart des hommes les connaissent déjà mais se soucient peu de les mettre en pratique parce qu'ils ne réalisent toujours pas l'importance des petites attentions aux yeux d'une femme.

Certains hommes multiplient ces attentions au début d'une relation, mais ils cessent très vite. Tout se passe comme si une force instinctive et mystérieuse les poussait à rechercher « la » grande chose qu'ils peuvent faire pour leur partenaire... qui ne leur en demande le plus souvent pas tant. En somme, un malentendu fausse leurs relations.

Et, en plus, le fait que les femmes distribuent les points un par un n'est pas seulement un choix, mais l'expression d'un véritable besoin. Elles ont besoin pour se sentir aimées d'être couvertes de témoignages d'amour par leur partenaire. Un ou deux gestes d'amour isolés, si énormes soient-ils, ne suffiront jamais à les combler.

Cette attitude est extrêmement difficile à comprendre pour un homme. Pour vous y aider, messieurs, je vous suggère d'imaginer le « réservoir d'amour » d'une femme comme le réservoir à essence d'une voiture : comme lui, il a besoin de pleins fréquents. Mais, contrairement aux voitures, qui peuvent rouler sans dommage avec un réservoir aux trois quarts vide, une femme ne se sent réellement aimée que quand son réservoir d'amour est près de déborder. Une seule solution : de petits remplissages fréquents – comptant chacun pour un point – pour le maintenir plein presque en permanence... et garder sa propriétaire heureuse et capable à son tour de retourner à son mari toute la tendresse dont il la couvre. Mais attention : il faut beaucoup de petites attentions pour maintenir le niveau du réservoir de Madame à ras bord.

Voici une liste de 101 choses simples qu'un homme peut faire pour alimenter le réservoir d'amour de sa femme.

101 « TRUCS » POUR MARQUER DES POINTS AUPRÈS D'UNE FEMME

1 – En rentrant à la maison, allez embrasser votre femme avant de faire quoi que ce soit d'autre.

2 – Posez-lui des questions spécifiques indiquant que

vous vous souvenez – et que vous vous préoccupez – de ce qu'elle vous raconte et de ce qui lui arrive. Par exemple : « Comment s'est passé ton rendez-vous chez le médecin ? »

3 – Exercez-vous à écouter ce qu'elle vous dit et à lui poser des questions pertinentes.

4 – Résistez à la tentation de lui donner des conseils et manifestez-lui plutôt votre tendresse.

5 – Accordez-lui vingt minutes d'attention exclusive et soutenue, sans toucher à votre journal ni vous laisser distraire par autre chose pendant ce temps.

6 – Surprenez-la en arrivant avec des fleurs, à l'occasion, et pas seulement pour son anniversaire ou pour la Saint-Valentin.

7 – Planifiez une sortie plusieurs jours à l'avance, au lieu d'attendre le vendredi soir pour lui demander ce qu'elle aimerait faire.

8 – Si c'est elle qui prépare habituellement le dîner, ou si c'est à son tour de le faire et qu'elle semble fatiguée, proposez-lui de le faire à sa place.

9 – Dites-lui qu'elle est très belle.

10 – Quand elle est contrariée, dites-lui que vous comprenez ses sentiments.

11 – Proposez-lui de l'aide quand elle est fatiguée.

12 – Prévoyez plus de temps lorsque vous sortez afin qu'elle n'ait pas à se presser.

13 – Téléphonez-lui pour la prévenir quand vous êtes en retard.

14 – Quand elle quête votre assistance, répondez-lui clairement que vous pouvez ou que vous ne pouvez pas l'aider, sans la culpabiliser parce qu'elle vous l'a demandée.

15 – Lorsqu'elle est moralement blessée, faites preuve de sympathie et dites-lui : « Je suis désolé que tu te sentes blessée. » Restez ensuite silencieux pour lui laisser le temps de réaliser que vous comprenez sa souffrance. Ne lui offrez pas de solutions et ne vous lancez pas dans des explications pour

démontrer que vous n'êtes pas responsable de ses malheurs.

16 – Lorsque vous sentez la nécessité de vous retirer dans votre caverne, prévenez-la de votre besoin de temps pour réfléchir et dites-lui bien que vous serez très bientôt de nouveau disponible pour elle.

17 – À votre sortie de votre caverne, parlez avec elle de ce qui a pu la tourmenter dans le calme, de manière respectueuse et sans reproches, pour éviter qu'elle ne s'imagine le pire.

18 – L'hiver, proposez de faire du feu.

19 – Quand elle vous parle, posez le journal, la revue ou le livre que vous tenez entre les mains, et éteignez la télévision, pour lui consacrer toute votre attention.

20 – Si c'est habituellement elle qui se charge de la cuisine ou de la vaisselle, proposez-lui régulièrement de la remplacer, surtout quand vous la voyez fatiguée.

21 – Sachez remarquer quand elle est perturbée ou fatiguée, et offrez de l'aider en la soulageant de quelques-unes de ses tâches.

22 – Pensez à lui rendre de menus services comme vous charger d'une course ou passer au pressing, et surtout n'oubliez pas de vous exécuter.

23 – Prévenez-la quand vous avez envie de faire la sieste ou de sortir.

24 – Prenez-la dans vos bras au moins quatre fois par jour.

Prenez-la dans vos bras au moins quatre fois par jour.

25 – Téléphonez-lui de votre lieu de travail pour lui demander comment elle va, lui raconter une anecdote, ou simplement pour lui dire : « Je t'aime ! »

26 – Dites-lui « Je t'aime » au moins deux ou trois fois par jour.

27 – Faites le lit et rangez la chambre.

28 – Si c'est elle qui lave vos chaussettes, retournez-les

du bon côté pour lui éviter cette tâche désagréable.

29 – Remarquez quand la poubelle est pleine et allez la vider.

30 – Quand vous êtes en déplacement, appelez-la pour lui dire que vous êtes bien arrivé et pour lui laisser un numéro où vous joindre en cas de besoin.

31 – Lavez sa voiture.

32 – Nettoyez l'intérieur de votre voiture avant de sortir avec elle.

33 – Si vous avez eu très chaud, prenez une douche avant de la câliner ou de vous coucher.

34 – Prenez son parti quand elle a un problème avec quelqu'un.

35 – Proposez-lui de lui masser le cou, le dos ou les pieds. Ou même les trois, pourquoi pas ?

36 – Faites-vous un devoir de lui montrer de l'affection de temps en temps, sans motivation purement sexuelle.

37 – Soyez patient quand elle se confie à vous. Et, surtout, ne regardez pas votre montre !

38 – Ne changez pas continuellement de chaîne quand elle regarde la télévision avec vous.

39 – Montrez-vous toujours affectueux avec elle, même et surtout en public.

40 – Ne lâchez pas sa main quand vous vous promenez main dans la main.

41 – Retenez le nom de ses boissons favorites et de ses plats préférés. Ne l'emmenez pas au restaurant indien si elle déteste les plats épicés.

42 – Suggérez différents restaurants pour vos sorties, pour ne pas lui laisser le fardeau du choix.

43 – Procurez-vous des billets pour les spectacles qu'elle préfère : théâtre, concert, opéra, ballet, etc.

44 – Provoquez des occasions où vous pouvez tous les deux bien vous habiller.

45 – Montrez de la compréhension quand elle est en retard ou quand elle décide de se changer juste au moment de sortir.

46 – En public, portez-lui plus d'attention qu'aux autres.

47 – Donnez-lui la première place dans vos préoccupations et accordez-lui notamment plus d'importance qu'à vos enfants. Veillez à ce qu'ils le comprennent bien, et elle aussi.

48 – Offrez-lui de petits cadeaux, comme une boîte de chocolats ou du parfum.

49 – Offrez-lui un vêtement ou un accessoire vestimentaire qu'elle a remarqué dans une vitrine (dans le cas d'un vêtement, vérifiez quelle taille elle porte en jetant un coup d'œil dans son placard).

50 – Prenez-la souvent en photo.

51 – Emmenez-la en week-end en amoureux.

52 – Conservez une photo récente d'elle dans votre portefeuille, et dites-le-lui.

53 – Quand vous devez coucher à l'hôtel, faites disposer un bouquet de fleurs et une corbeille de fruits ou une bouteille de champagne dans la chambre.

54 – Le jour de son anniversaire ou de votre anniversaire de mariage, écrivez-lui un petit mot tendre.

55 – Proposez-lui de conduire lorsque vous effectuez ensemble de longs trajets en voiture.

56 – Conduisez lentement et prudemment, en respectant ses préférences. Après tout, elle est assise à l'avant, juste à côté de vous, totalement impuissante.

57 – Pensez à vous enquérir de sa journée et à écouter sa réponse jusqu'au bout.

58 – Quand vous vous rendez avec elle dans un endroit que vous ne connaissez pas, repérez le parcours auparavant pour ne pas vous perdre.

59 – Emmenez-la danser, ou prenez ensemble des leçons de danse (si elle aime cela, bien sûr).

60 – Surprenez-la avec un mot d'amour ou un petit poème à sa gloire.

61 – Traitez-la comme vous le faisiez au début de votre union.

62 – Proposez de redessiner le jardin ou de redécorer

une pièce, mais prenez garde de ne pas entreprendre plus que vous ne pourrez accomplir.

63 – Proposez d'aiguiser les couteaux.

64 – Achetez de la colle forte pour réparer tout ce qui est brisé dans la maison.

65 – Remplacez les ampoules électriques dès qu'elles grillent.

66 – Aidez-la à trier les ordures.

67 – Lisez-lui à haute voix ou découpez-lui les articles de journaux qui pourraient l'intéresser.

68 – Notez lisiblement les messages téléphoniques que vous prenez pour elle.

69 – Laissez le sol de la salle de bains propre et sec et les serviettes repliées après votre passage.

70 – Ouvrez-lui la porte.

71 – Aidez-la à porter les sacs à provisions.

72 – Offrez-lui de porter tous les objets lourds à sa place.

73 – En voyage, occupez-vous des bagages et de leur chargement dans la voiture. Et portez-les.

74 – Après le dîner, proposez de récurer les grosses casseroles et les autres objets difficiles à nettoyer.

75 – Préparez une liste de « choses à faire », laissez-la dans la cuisine pour qu'elle y ajoute ce qu'elle juge nécessaire, et occupez-vous-en quand vous en avez le temps pour ne jamais la laisser trop s'allonger.

76 – Félicitez-la pour les petits plats qu'elle vous prépare.

77 – Regardez-la dans les yeux quand elle vous parle.

78 – Prenez-lui la main de temps à autre quand vous lui parlez.

79 – Intéressez-vous à ce qu'elle fait chaque jour, aux livres qu'elle lit, et aux gens qu'elle voit.

80 – En l'écoutant parler, rassurez-la en lui manifestant votre attention par des onomatopées ou des mots approbateurs tels que : « Oui, oui ! », « Ah ! », « Bon ! », « Hum ! », etc.

81 – Demandez-lui comment elle se sent.

82 – Si elle a été malade ou fatiguée, prenez de ses nouvelles.
83 – Si elle est fatiguée, préparez-lui un bon thé.
84 – Le soir, allez vous coucher en même temps qu'elle.
85 – Embrassez-la et dites-lui « Au revoir ! » en partant le matin.
86 – Riez à ses plaisanteries.
87 – Dites-lui « Merci ! » clairement chaque fois qu'elle fait quelque chose pour vous.
88 – Remarquez sa coiffure et complimentez-la.
89 – Provoquez les occasions d'être seul avec elle.
90 – Ne répondez pas au téléphone dans vos moments d'intimité, ou quand elle est en train de vous faire part de ses émotions.
91 – Faites du vélo, même pour un petit tour.
92 – Organisez et préparez un pique-nique (et n'oubliez pas la nappe ni une couverture pour le sol).
93 – Si c'est elle qui s'occupe du linge, proposez-lui de le faire à sa place.
94 – Faites une promenade ensemble sans les enfants.
95 – Mettez les choses au clair entre vous. Faites-lui comprendre que vous êtes d'accord pour qu'elle obtienne ce dont elle a besoin, mais que vous aussi devez recevoir ce qu'il vous faut. Avoir de la considération l'un pour l'autre ne signifie pas tout sacrifier.
96 – En revenant d'un voyage d'affaires, faites-lui savoir qu'elle vous a manqué.
97 – Apportez-lui son dessert préféré.
98 – Si elle se charge habituellement de faire les courses, remplacez-la.
99 – Mangez légèrement lors de vos dîners en tête à tête, pour ne pas vous sentir lourd et abruti par la suite.
100 – Rabaissez la lunette des toilettes derrière vous.
101 – Demandez-lui d'ajouter ses propres suggestions à cette liste.

L'EFFET MAGIQUE DES PETITES ATTENTIONS

Quand l'homme couvre sa femme de petites attentions, cela produit un effet presque magique. Il maintient son réservoir d'amour plein et gagne moult points, si bien que leurs scores sont à égalité. La femme sait qu'elle est aimée, ce qui lui permet d'être en confiance et d'aimer en retour sans retenue.

Faire de petites choses pour une femme exerce également un puissant effet thérapeutique sur l'homme. Sa nouvelle attitude efface autant sa propre amertume que celle de sa partenaire. En la comblant de sa sollicitude, il recommence à se sentir puissant et efficace. Et tous deux sont heureux.

Ce dont l'homme a besoin

Autant l'homme doit persévérer dans ses menues attentions, autant sa femme doit veiller à lui témoigner sa reconnaissance. Un sourire et un merci suffiront à lui faire comprendre qu'il a marqué un point. L'homme a besoin de ce genre d'encouragements pour continuer à donner. Il aime voir les conséquences de ses bonnes actions. N'oubliez pas que, s'il sent que sa femme tient ses efforts pour acquis, il perdra immédiatement toute velléité de générosité.

Cela ne veut pas dire qu'une femme doive considérer que tous ses problèmes de couple sont arrangés parce que son mari a accepté de sortir les poubelles ! Mais elle pourra simplement – et devra – lui signaler qu'elle apprécie son effort à sa juste valeur et l'en remercier. Et si chacun persévère dans cette voie, les nuages qui planent sur leur union se dissiperont peu à peu.

Ce qu'un homme a besoin de voir sa femme accepter

La femme doit admettre que l'instinct de l'homme le pousse à toujours concentrer son énergie sur les choses importantes en minimisant les plus petites. Accepter ce penchant naturel l'aidera à moins en souffrir. Et au lieu d'en vouloir à son mari parce qu'il lui donne moins qu'il ne reçoit d'elle, elle peut joindre ses efforts constructifs aux siens pour résoudre le problème. Pour qu'il le garde présent à l'esprit, elle pourra répéter souvent qu'elle apprécie ses petits cadeaux, et l'attention dont ils témoignent.

Elle se rappellera que les petits oublis d'un homme ne résultent pas d'un manque d'amour pour elle, mais plutôt de sa concentration exagérée sur les grandes choses. Au lieu de lui faire des reproches ou de le punir, elle l'encouragera pour le pousser insensiblement dans la bonne voie. Et, peu à peu, l'homme apprendra que les petites choses valent bien les grandes. Il renoncera progressivement à vouloir réussir à tout prix pour découvrir les joies de la détente en compagnie de sa femme et de sa famille.

REDIRIGER SON ÉNERGIE ET SON ATTENTION

Je me souviens très bien de l'époque où j'ai appris à rediriger mon énergie vers les petites tâches. Quand nous nous sommes mariés, Bonnie et moi, j'étais un véritable maniaque du travail. En plus d'écrire des livres et d'enseigner, je donnais environ cinquante heures de consultation par semaine ! Ma femme me rappelait sans cesse qu'elle avait besoin que je passe plus de temps avec elle et qu'elle se sentait seule et abandonnée. Parfois, elle me transmettait ses émotions par écrit. C'est ce qu'on appelle une lettre d'amour. Cela se termine toujours par de l'amour et contient des sentiments de colère, de tristesse, de peur et de peine. Nous explorerons plus en profondeur les formules et l'importance de ces lettres d'amour dans le chapitre 11. Voyons maintenant l'une des lettres qu'elle m'avait écrites pour se plaindre du temps excessif que je passais au travail.

Cher John,

Je t'écris cette lettre pour te faire part de mes émotions. Je n'ai pas l'intention de te dire ce que tu dois faire ; je veux simplement que tu comprennes mes sentiments. Je souffre que tu travailles autant. Je suis déçue que tu rentres à la maison complètement vidé, et je voudrais passer plus de temps avec toi.

J'ai de la peine parce que j'ai l'impression que tu t'occupes plus de tes patients que de moi, et je suis triste que tu sois si fatigué. Tu me manques.

J'ai bien peur que tu ne veuilles plus passer de temps avec moi, et je crains de devenir un fardeau supplémentaire dans ta vie. Loin de moi l'idée de te harceler, mais j'ai parfois l'impression que mes sentiments n'ont plus aucune importance à tes yeux.

Je m'excuse si lire ces lignes s'avère douloureux pour toi. Je sais que tu fais de ton mieux, et j'apprécie que tu consacres autant d'énergie à ta carrière.

Je t'aime.

Bonnie

Après avoir lu la lettre de Bonnie, j'ai dû admettre la justesse de ses reproches : en effet, je la négligeais, oui, je m'occupais plus de mes patients que d'elle. Je leur réservais toute mon attention, puis je rentrais à la maison épuisé, et j'ignorais ma femme.

Lorsqu'un homme travaille trop

Je ne la négligeais pas parce que je ne l'aimais pas, ni parce qu'elle ne comptait pas pour moi, mais parce que je n'avais plus rien à donner. Je croyais naïvement faire de mon mieux pour la choyer en travaillant d'arrache-pied pour lui procurer un meilleur train de vie. Mais quand j'ai compris comment elle percevait la situation, j'ai vite redressé la barre et adopté une autre attitude pour résoudre les problèmes de notre ménage.

Au lieu de recevoir huit patients par jour, j'ai décidé de ne plus en recevoir que sept, et je considérais ma femme comme le huitième. Je rentrais une heure plus tôt chaque soir et je faisais en sorte d'accorder l'attention dévouée et exclusive que je devais à la plus importante de mes patientes. Et je pris l'habitude de multiplier les petites attentions à son égard. Le succès de mon plan ne se fit pas attendre : non seulement Bonnie retrouva le sourire, mais notre bonheur à tous deux alla grandissant.

À présent que je me sentais aimé grâce à ce que je faisais pour soutenir ma femme et ma famille, je sentis mon désir obsessionnel de succès à tout prix diminuer. Je ralentis mon rythme de travail et, à ma grande surprise, non seulement notre relation en fut régénérée, mais je m'épanouis encore plus dans ma carrière, réussissant mieux en travaillant moins !

Je découvris que, quand j'étais fier de moi à la maison, cela se reflétait dans mon travail, et cela m'apprit que le succès dans le monde professionnel ne vient pas uniquement du travail, mais aussi de la capacité à inspirer confiance. Et quand je me sentais aimé par les miens, j'étais plus sûr de moi et, donc, j'inspirais plus de confiance aux autres.

Comment la femme peut aider son mari

Le soutien de Bonnie a joué un rôle essentiel dans ma transformation. En plus de m'exposer ses sentiments avec amour et honnêteté, elle est devenue beaucoup plus présente, n'hésitant pas à me rappeler de faire certaines choses pour elle, et me témoignant ensuite sa reconnaissance quand je les accomplissais. Qu'il était donc merveilleux de se voir aimé pour le moindre geste tendre ! Et, progressivement, je me défis de la fausse idée qui veut qu'il faille absolument accomplir de grandes choses ou offrir des cadeaux de prix pour être aimé. Ce fut toute une révélation !

QUAND LES FEMMES ACCORDENT DES POINTS

Comme nous l'avons vu, les femmes ont pour caractéristique d'apprécier tout autant les petites attentions que les grandes, et, dans le fond, c'est heureux pour l'homme. Pourtant, la plupart d'entre eux s'acharnent à réussir du mieux qu'ils le peuvent parce qu'ils croient que c'est ainsi que l'on gagne l'amour d'une femme. Assoiffés d'amour et d'admiration, ils ignorent que pour en recevoir à profusion, il n'est nullement nécessaire de réussir au plus haut niveau.

La plupart des hommes s'acharnent à réussir parce qu'ils croient que c'est ainsi que l'on gagne l'amour d'une femme.

La femme a la capacité de guérir cette illusion masculine trompeuse en valorisant les petites choses que son partenaire accomplit pour elle. Mais si elle-même ne comprend pas à quel point il est important pour l'homme de s'entendre ainsi féliciter, elle risque de ne pas le faire, surtout lorsque sa rancœur entrave le chemin.

GUÉRIR DU VIRUS DU RESSENTIMENT

Les femmes ont la faculté d'apprécier les petites choses de la vie. Toutefois, quand une femme se sent mal aimée, ou négligée, elle peut momentanément perdre cette capacité d'émerveillement. L'amertume que suscite en elle l'impression d'avoir donné à son partenaire beaucoup plus qu'il ne lui a rendu en retour la paralyse.

Le ressentiment est une véritable maladie, au même titre que le rhume ou la grippe. Quand une femme attrape cette maladie, elle a tendance à renier ce que son partenaire a fait pour elle, car, d'après son propre système de décompte des points, elle juge avoir fait beaucoup plus que lui.

Quand le score est de quarante à dix en sa faveur, le ressentiment s'installe. Quelque chose se passe chez une femme quand elle a l'impression de donner plus qu'elle ne reçoit : inconsciemment, elle déduit les dix points de son partenaire de ses quarante à elle, et obtient un nouveau score de trente à zéro. Mathématiquement, cela a beaucoup de sens et c'est compréhensible, mais ça ne marche pas. En soustrayant les points de son partenaire des siens, elle obtient un zéro, mais cela ne signifie pas qu'il soit nécessairement un zéro. En réalité, il ne mérite pas zéro mais dix points. Pourtant, lorsqu'il retrouve sa femme, l'homme perçoit une froideur dans son regard et dans le ton de sa voix qui lui fait bien sentir qu'il est à zéro. En réagissant comme s'il ne lui avait jamais rien donné, bien qu'il ait mérité dix points, elle minimise ses efforts.

Si la femme réduit ainsi le mérite de son partenaire, c'est parce qu'elle ne se sent pas aimée. De la disparité du score obtenu, elle conclut qu'elle n'a pas d'importance aux yeux de son mari et, ne se sentant pas aimée, elle devient pratiquement incapable de reconnaître les dix points qu'il a mérités. Ce n'est évidemment pas juste, mais c'est ce qui se passe.

Généralement, quand le couple en est arrivé à ce stade, l'homme, ne se jugeant pas apprécié, commence à perdre sa motivation et à faire de moins en moins d'efforts pour sa compagne. Il a attrapé le virus du ressentiment. Pendant ce temps, l'amertume de sa femme augmente aussi, et la situation se détériore de plus en plus. Et le virus du ressentiment finit par prendre le dessus de part et d'autre.

Ce que la femme peut faire

Pour résoudre ce problème, il faut en considérer les deux aspects avec compassion. Lui a besoin d'être apprécié, et elle a besoin de soutien, sinon leur mal ne fera qu'empirer.

Pour guérir son ressentiment, une femme doit commencer par assumer sa propre responsabilité. Elle doit se reconnaître responsable d'avoir contribué au problème, en donnant sans compter et en laissant le score devenir trop inégal entre son partenaire et elle sans réagir. Son « traitement » consistera donc à apprendre à moins donner. Elle a besoin de prendre soin d'elle-même, et de permettre à son mari de s'occuper davantage d'elle.

Lorsqu'une femme est envahie par l'amertume, elle ne laisse généralement à son partenaire aucune chance de lui porter assistance et, s'il essaie de le faire, dénigre sans pitié ses efforts. Un nouveau zéro pointé à l'actif de Monsieur. En reconnaissant qu'elle a trop donné, elle pourra cesser d'accabler son partenaire de reproches et effacer le tableau des scores, pour en recommencer un nouveau. Bref, elle peut lui donner une seconde chance et, grâce à la nouvelle compréhension qu'elle aura acquise, en tirer meilleur parti.

Ce que l'homme peut faire

De son côté, un homme qui ne se sent pas apprécié à sa juste valeur ne se démènera guère pour soutenir sa femme. On lui conseillera de prendre en compte l'état de détresse dans lequel elle se trouve, qui l'empêche de lui accorder des points alors qu'elle déborde d'amertume.

Il verra aussi son propre ressentiment s'atténuer s'il comprend qu'elle a d'abord besoin de recevoir beaucoup d'amour avant de pouvoir recommencer à donner. S'il a cela en tête, il trouvera la force de continuer à lui prodiguer de petites marques d'amour et d'affection. Mais il lui faudra le faire gratuitement pendant un certain laps de temps. Qu'il n'attende d'elle aucune gratitude.

Autre démarche positive : il pourra admettre sa responsabilité dans sa contamination par le virus du ressentiment, parce qu'il ne lui a pas prodigué les petites choses dont elle avait besoin.

Fort de cette nouvelle compréhension, il sera capable de l'entourer, sans rien espérer recevoir en retour, en attendant qu'elle guérisse de son virus. Et le fait de constater qu'il est capable de résoudre ce problème l'aidera aussi à atténuer son propre ressentiment. On peut donc dire que s'il continue à donner gratuitement, et si elle abandonne son habitude de donner sans compter et accepte son soutien avec amour, leur couple retrouvera vite son équilibre.

POURQUOI LES HOMMES DONNENT MOINS

Il est rare qu'un homme décide sciemment de prendre davantage et de donner moins. Pourtant, les hommes ont la réputation de contribuer moins à leur vie de couple que leur compagne. Les femmes se plaignent couramment que leur partenaire commence par être très tendre et généreux, puis devient progressivement passif, voire indifférent. Les hommes, de leur côté, affirment que les femmes sont d'abord très tolérantes et aimantes, puis deviennent exigeantes et amères. Ce mystère est vite élucidé dès lors qu'on sait que les hommes et les femmes jugent leur partenaire selon un système de valeurs différent.

Voici cinq raisons majeures pour lesquelles l'homme cesse de donner sa juste part dans l'économie du couple.

1 – L'équité représente l'idéal des Martiens. L'homme consacre toute son énergie à un projet professionnel et croit avoir marqué cinquante points. Une fois de retour au foyer conjugal, il attend de sa femme qu'elle marque elle aussi cinquante points pour contrebalancer son score. Il ne sait pas que, selon son système à elle, il n'a marqué qu'un point. Et puisqu'il estime disposer d'un confortable crédit, il réduit ses efforts.

Dans son esprit, cette façon d'agir est la plus aimante et la plus équitable qui soit, puisqu'il donne à sa femme la possibilité d'égaliser le score en marquant à son tour cinquante points. Il ne peut pas imaginer que son surplus de travail au bureau ne lui a valu qu'un point... Son raisonnement sur l'équité ne pourra donc s'appliquer que lorsqu'il aura appris que la femme ne donne jamais plus d'un point par don, quelles qu'en soient l'importance ou la valeur marchande. En pratique, voyons ce que cela signifie.

Pour l'homme : Il devra se rappeler qu'un gros cadeau ne lui rapportera pas plus de points qu'un petit. Tous valent un point aux yeux de la femme. Tous les dons d'amour sont de valeur égale. Et pour éviter toute rancœur, il faut apprendre à offrir les petites choses qui font une si grande différence.

Pour qu'une femme soit satisfaite, elle doit recevoir une abondance de petites attentions d'amour en plus des dons plus importants.

Pour la femme : Elle doit se rappeler que les hommes sont des Martiens, et qu'ils ne sont pas naturellement portés à manifester de petites attentions. Ce n'est pas qu'ils n'aiment pas suffisamment leur femme, mais ils sont convaincus d'avoir donné leur part. Il faut essayer de ne pas s'en offenser, et de solliciter le soutien de l'homme en lui demandant constamment de contribuer davantage. Il ne faut pas attendre d'avoir désespérément besoin de son soutien, ni que le score soit complètement déséquilibré, avant de demander plus.

Il ne faut pas exiger son soutien mais lui faire confiance en croyant réellement qu'il a le désir de l'accorder, même s'il lui faut pour cela quelques encouragements.

2 – L'idéal des Vénusiennes est l'amour inconditionnel. La femme donne autant qu'elle en est capable et ne s'aperçoit qu'elle a trop peu reçu en retour que lorsqu'elle se sent vidée et épuisée. Au début, à l'inverse de l'homme, elle ne tient pas de comptabilité de leurs scores respectifs et donne sans compter en pensant que son partenaire va faire de même.

Comme on l'a vu, l'homme est différent. Il donne beaucoup, jusqu'à ce que ses calculs lui indiquent que le score est inégal. Alors, il referme les vannes et attend que sa femme lui rende la pareille.

Tant que la femme semble heureuse de beaucoup lui donner, l'homme pense tout naturellement qu'elle a fait ses propres calculs et qu'il doit donc encore disposer d'un crédit de points. Il ne songe pas un instant qu'il a pu en fait donner moins qu'elle, parce que lui ne continuerait jamais à distribuer des marques d'amour si le score était fortement déséquilibré en sa faveur. Et si d'aventure il se trouvait contraint de donner encore davantage alors qu'il a déjà fourni plus que sa part, il ne le ferait sûrement pas avec le sourire. Il faut se rappeler cela.

Donc, quand une femme continue à donner librement en souriant, l'homme présume que le score doit être plus ou moins égal. Il ne réalise pas que les Vénusiennes ont cette capacité remarquable de pouvoir donner avec le sourire tant que la différence au score n'est pas d'au moins trente à zéro. Cette constatation a les répercussions pratiques que voici chez l'homme et chez la femme.

Pour l'homme : Il doit se rappeler que ce n'est pas parce que la femme donne avec le sourire que, nécessairement, le score est égal ou à peu près.

Pour la femme : Elle doit se rappeler qu'en donnant librement à un homme, elle lui fait croire que le score est à peu près égal. Pour le motiver à donner davantage, il faut cesser gentiment et gracieusement de trop lui donner.

Il faut lui permettre de faire de petites choses pour celle qu'il aime.

Il faut l'encourager en lui demandant de manifester son soutien à travers de petites attentions, puis lui donner de la considération en retour.

3 – Les Martiens donnent lorsqu'on le leur demande.

Les Martiens sont fiers de leur autonomie. Ils ne demandent pas d'aide à moins d'en avoir absolument besoin. Il est même indélicat d'offrir de l'aide à un Martien, à moins qu'il ne l'ait d'abord sollicitée.

Au contraire, les Vénusiennes offrent leur soutien sans se poser de questions. Quand elles aiment quelqu'un, elles lui donnent tout ce qu'elles peuvent donner. Elles n'attendent pas qu'on le leur demande. Plus elles aiment et plus elles donnent.

Lorsque son mari ne lui offre pas le soutien dont elle a besoin, la femme pense qu'il ne l'aime pas. Elle peut même mettre son amour à l'épreuve en ne lui demandant rien et en attendant qu'il l'offre de lui-même. Et lorsqu'il ne saisit pas l'occasion de le faire, elle a du ressentiment à son égard. Elle ne comprend pas qu'il attend simplement qu'elle lui demande ce dont elle a besoin.

Comme nous l'avons vu, l'homme attache beaucoup d'importance au fait que le score soit à peu près égal entre sa partenaire et lui. Lorsqu'il a l'impression d'avoir contribué pour plus qu'il n'a reçu, il va automatiquement se mettre à réclamer plus de soutien. Il est convaincu qu'il mérite de recevoir encore et il se met à demander davantage. Mais s'il a moins contribué que sa partenaire, il n'osera jamais demander plus. Non seulement il ne sollicitera pas un soutien accru, mais il va instinctivement chercher des moyens pour lui en donner davantage. Et quand la femme ne sollicite rien de lui, l'homme pense à tort que le score doit être relativement égal, ou qu'il doit avoir donné plus qu'il n'a reçu. Il ne sait absolument pas qu'elle attend que ce soit lui qui lui offre de la soutenir. Voyons quelles sont les applications pratiques de ce troisième principe dans la vie des hommes et des femmes.

Pour la femme : Elle doit se rappeler que l'homme attend de recevoir des indices avant de savoir qu'il est temps pour lui de donner plus. Il attend qu'on le lui demande. Il ne semble comprendre que quand la femme lui demande ouvertement de donner plus, ou lui rappelle son devoir de fournir davantage à leur relation.

D'autre part, lorsqu'elle le sollicite explicitement, il sait quoi donner, ce qui n'est pas évident pour beaucoup d'hommes.

Même si l'homme a l'impression de moins donner, à moins que la femme ne lui indique expressément les petites choses dont elle a besoin, il peut continuer à concentrer tous ses efforts sur de grandes tâches, son travail par exemple, en pensant que la solution réside nécessairement dans la réussite ou l'argent.

Pour l'homme : Il doit se rappeler que la femme ne réclame pas obligatoirement son soutien quand elle en a besoin. Elle estime que si l'homme l'aime vraiment, il le lui offrira de lui-même.

Il faut s'exercer à soutenir sa partenaire par de petites attentions.

4 – Les Vénusiennes disent oui, même quand le score est inégal. Les hommes ne réalisent pas que, s'ils demandent à leur femme de les soutenir, elle va dire oui, même si le score de leurs contributions respectives est inégal. Dès lors qu'elle est en mesure de le soutenir, elle le fera toujours. Elle n'éprouve pas le besoin de comptabiliser ce qu'elle donne. Attention, cependant : un homme doit prendre garde à ne pas trop demander, car si la femme a l'impression de recevoir moins qu'elle ne donne, elle se laissera rapidement envahir par un profond ressentiment : son partenaire ne la soutient pas autant qu'il le devrait.

L'homme croit à tort qu'aussi longtemps qu'elle répond à ses demandes et à ses besoins, une femme reçoit aussi ce dont elle a besoin. Il pense à tort que le score est égal alors qu'il ne l'est pas.

Je me souviens que, pendant les deux premières années de notre mariage, j'invitais ma femme au cinéma à peu près une fois par semaine. Un jour, elle s'est fâchée et m'a dit : « On fait toujours ce que tu veux. On ne fait jamais ce que j'aimerais faire moi. » J'étais réellement surpris car je croyais qu'aussi longtemps qu'elle disait oui et acceptait mes invitations, elle était aussi satisfaite que moi de la situation. Et je pensais qu'elle aimait le cinéma autant que je l'aimais.

Occasionnellement, elle me signalait qu'on jouait tel spectacle en ville, ou qu'elle souhaitait assister à tel concert. En passant devant le théâtre, il lui arrivait de dire spontanément : « Cette pièce a l'air amusante, on devrait aller la voir. » Mais quand, quelques jours plus tard, je lui disais : « On devrait aller voir tel film, la critique est excellente », elle me répondait « D'accord ! » avec beaucoup d'enthousiasme. J'avais commis l'erreur de croire qu'elle aimait autant que moi aller au cinéma alors que ce qu'elle voulait en réalité, c'était être avec moi. Le cinéma était un moyen de satisfaire ce désir, mais elle avait aussi envie de voir d'autres spectacles. Voilà pourquoi elle les mentionnait si souvent devant moi. Mais parce qu'elle acceptait toujours mes invitations au cinéma, je ne me doutais absolument pas qu'elle sacrifiait ses propres préférences pour me faire plaisir.

Les implications pratiques de ce quatrième principe pour les deux sexes sont les suivantes.

Pour l'homme : Il doit se rappeler que ce n'est pas parce que sa femme accède à ses demandes que le score est égal. Même si ce dernier est de vingt à zéro, elle continuera encore joyeusement à dire : « Bien sûr, je vais passer prendre ton complet au pressing pour toi. » Ce qui ne signifie pas que c'est ce qu'elle voudrait faire. Il faut donc veiller à lui demander ce qu'elle désire, à s'informer de ce qu'elle aime, à l'inviter aux endroits qui lui plaisent et à assister aux événements qu'elle préfère.

Pour la femme : Elle doit se rappeler qu'en acquiesçant immédiatement aux requêtes de son partenaire, elle lui donne de fait l'impression qu'il a contribué plus qu'elle, ou que le score est au moins égal entre eux. Si elle donne déjà davantage et reçoit moins en retour, elle doit cesser d'accéder aux demandes qu'il lui fait. Et au lieu de tout accepter, elle doit plutôt lui suggérer de faire plus pour elle.

5 – Les Martiens distribuent des points de pénalité.

Les femmes ne soupçonnent pas que les hommes leur attribuent des points de pénalité quand ils ne se sentent pas suffisamment aimés ou encouragés. Si elles ne leur montrent pas assez de confiance ou d'appréciation, si elles les rejettent ou les désapprouvent, ils pourront leur retirer des points en guise de pénalité.

Par exemple, lorsqu'un homme se sent mal aimé ou blessé parce que sa femme n'a pas suffisamment apprécié quelque chose qu'il a fait pour elle, il trouvera pleinement justifié de lui retirer des points qu'elle avait gagnés précédemment. Si elle avait gagné dix points pour son dévouement, il pourra très bien réagir en lui ôtant ces dix points. S'il s'est senti extrêmement blessé, il pourra même lui ôter vingt points, ce qui va la laisser avec dix points négatifs alors qu'une minute auparavant elle avait dix points à son crédit.

C'est un système très déstabilisant pour une femme. Elle peut avoir été généreuse avec son mari au point de mériter jusqu'à trente points, et en un seul instant de colère, il les lui enlève. Dans son esprit, il n'a soudainement plus besoin de donner quoi que ce soit à sa femme parce que c'est elle qui lui doit quelque chose. Et il est convaincu que sa façon d'agir est parfaitement équitable. Elle l'est peut-être sur le plan arithmétique, mais elle est loin de l'être sur le plan humain.

Ces points de pénalité sont très nocifs pour le couple. À cause d'eux, la femme se sent moins appréciée et l'homme devient moins généreux. S'il renie en esprit tout le soutien plein d'amour qu'elle lui avait témoigné, lorsqu'elle exprimera ses réactions négatives (ce qui arrivera sûrement de temps à autre), il perdra toute motivation à donner et adoptera une attitude passive. Ce qui se traduit en pratique par les conseils suivants.

Pour l'homme : Il doit se rappeler que les points de « démérite » ou de pénalité sont injustes et ne contribuent à rien de bon. Au moment où il se sent mal aimé, offensé ou blessé, il doit pouvoir pardonner à sa femme, et se rappeler toutes les bonnes choses qu'elle a faites pour lui plutôt que de les renier.

Au lieu de la punir, il devra lui demander le soutien dont il a besoin, et qu'elle lui donnera. Il devra délicatement lui dire le mal qu'elle a fait, et, ensuite, lui offrir l'occasion de s'excuser.

Punir ne sert absolument à rien ! L'homme se sentira beaucoup mieux s'il accorde à sa femme une chance de lui donner ce dont il a besoin.

Il doit se rappeler que, en bonne Vénusienne, elle ne sait pas ce dont l'homme a vraiment besoin, ni à quel point elle peut le blesser.

Pour la femme : Elle doit se rappeler que l'homme est porté à donner des points de pénalité, et qu'il y a deux façons de se protéger contre ce genre de punition.

La première consiste à admettre qu'il a tort d'éliminer arbitrairement les points qu'elle a mérités. Avec tout le respect possible, il faut que la femme lui fasse savoir de quelle manière elle réagit à un tel affront. Dans le chapitre suivant, nous apprendrons comment exprimer des sentiments difficiles ou négatifs.

La deuxième façon de se protéger contre cet abus, c'est de réaliser qu'un homme distribue des points de pénalité, ou annule les points positifs de sa partenaire, dès qu'il ne se sent plus suffisamment aimé et soutenu. À mesure qu'il recevra plus d'amour et de reconnaissance pour les petites choses qu'il fait pour sa compagne, il aura de moins en moins envie de donner des points négatifs. La femme doit essayer de comprendre ces différents besoins affectifs afin de le blesser de moins en moins.

Quand vous aurez appris à reconnaître sa souffrance, il faudra lui dire que vous regrettez ce que vous avez pu lui faire. Encore plus important, il faudra alors lui redonner l'amour qui lui a manqué. S'il ne se sent pas apprécié, donnez-lui toute l'appréciation dont il a besoin. S'il se sent rejeté ou dominé, dites-lui que vous l'acceptez tel qu'il est. S'il a l'impression que vous n'avez pas confiance en lui, exprimez-lui toute l'estime nécessaire. S'il ne se sent pas admiré, montrez-lui que vous l'admirez. S'il croit que vous le désapprouvez, donnez-lui toute l'approbation qu'il mérite et dont il a besoin. L'homme qui se sent aimé n'attribue jamais de points négatifs ou de pénalité à celle qu'il aime.

La partie la plus difficile de ce processus, c'est de découvrir ce qui lui a fait mal. La plupart du temps, lorsqu'un homme se retire en lui-même – dans sa caverne – il ne sait pas ce qui l'a blessé. Puis, quand il en ressort, il n'en parle généralement plus. Alors, comment une femme peut-elle savoir ce qui l'a offensé ? La lecture de ce livre et la compréhension des besoins différents de l'homme en amour sont un bon départ.

L'autre moyen de chercher à savoir ce qui a blessé un homme, c'est la communication. Comme je l'ai déjà dit, plus une femme devient capable de partager ses sentiments d'une manière respectueuse avec son mari, plus ce dernier devient capable d'apprendre à se confier et à partager ses peines et ses blessures avec elle.

COMMENT L'HOMME ACCORDE DES POINTS

La méthode masculine pour donner les points diffère de celle de la femme. Chaque fois que sa femme apprécie ce qu'il a fait pour elle, l'homme se sent aimé et lui accorde un point en retour. Pour que le score demeure assez égal, l'homme n'a besoin de rien d'autre que d'amour. Les femmes mésestiment la puissance de leur amour. C'est pourquoi elles cherchent souvent – et inutilement – à mériter celui de leur mari en lui donnant plus qu'elles n'ont réellement envie de donner.

Quand une femme apprécie ce que son mari fait pour elle, il reçoit déjà une bonne part de l'amour dont il a besoin. Rappelez-vous que les hommes ont d'abord besoin d'être appréciés. Il est certain qu'un homme attend aussi de sa femme une participation équitable dans l'exécution des tâches domestiques quotidiennes, mais s'il ne se sent pas apprécié, cette contribution n'aura pratiquement aucune valeur à ses yeux.

> *Bien sûr, un homme attend aussi de sa femme une participation équitable dans l'exécution des tâches domestiques quotidiennes, mais s'il ne se sent pas apprécié, la contribution de sa partenaire n'aura pratiquement aucune valeur à ses yeux.*

De la même façon, une femme est incapable de reconnaître la valeur des choses importantes que son partenaire fait pour elle s'il ne fait pas aussi une foule de petites choses. C'est cette foule de petites choses qui satisfait son besoin d'attention, de compréhension et de respect.

La réaction d'une femme aimante au comportement d'un homme est une source majeure d'amour pour lui. Lui aussi dispose d'un « réservoir d'amour », mais le sien ne se remplit pas nécessairement de ce qu'elle fait pour lui. Il se remplit surtout de la manière de réagir de la femme et des sentiments qu'elle a envers lui.

Quand une femme prépare le repas de son mari, il lui accorde de un à dix points, selon l'attitude qu'elle a envers lui. S'il sent chez elle le moindre ressentiment, ce repas aura très peu de valeur à ses yeux, et pourrait même lui valoir des points négatifs. Le secret, pour combler son mari, réside moins dans ce que la femme fait pour lui que dans la manière dont elle exprime ses sentiments amoureux envers lui.

Sur le plan psychologique, quand une femme est amoureuse, son comportement reflète nécessairement son amour. Et quand le comportement d'une femme est teinté d'amour, les sentiments de l'homme sont stimulés et il devient encore plus amoureux. Même si un homme n'est momentanément pas conscient de son amour pour une femme, il peut quand même agir amoureusement avec elle. Et si elle l'accepte et l'apprécie, il découvrira les sentiments qui agitent son cœur. Disons que l'action amoureuse est un excellent démarreur pour le moteur amoureux de l'homme.

La femme est bien différente. En général, elle ne se sent pas aimée si elle n'a pas conscience qu'on tient à elle, qu'on la comprend et qu'on la respecte. Elle ne se sentira pas nécessairement plus amoureuse parce qu'elle aura pris la décision de faire quelque chose de plus pour son partenaire. Cela pourrait même alimenter sa rancœur. Lorsqu'une femme ne ressent plus de sentiments amoureux, il lui faut concentrer son énergie pour guérir ses émotions négatives, et surtout pas s'efforcer de donner davantage.

L'homme doit accorder la priorité à son comportement amoureux, car c'est ainsi que le besoin d'amour de sa partenaire sera comblé. Alors, leurs cœurs s'ouvriront.

La femme a besoin d'accorder la priorité à ses attitudes et à ses sentiments amoureux, ce qui assurera la satisfaction des besoins affectifs de son partenaire. Au fur et à mesure qu'elle deviendra capable de les lui exprimer, elle verra la motivation de l'homme augmenter. Il pourra ainsi donner davantage. Et la femme lui ouvrira son cœur encore plus.

Les femmes ne remarquent pas toujours les moments où l'homme a vraiment besoin d'amour. Dans ces moments-là, la femme pourrait pourtant marquer vingt ou trente points d'un coup. En voici quelques exemples.

COMMENT UNE FEMME PEUT MARQUER DE NOMBREUX POINTS AUPRÈS D'UN HOMME

La situation	Le nombre de points que cela lui rapporte
1 – Il commet une erreur et elle ne lui dit pas : « Je te l'avais bien dit ! » Et s'abstient de tout conseil.	10 à 20

236

2 – Il la déçoit et elle ne 10 à 20
le punit pas.

3 – Il s'égare en condui- 10 à 20
sant et elle ne ronchonne
pas.

4 – Il s'égare et, au lieu de 20 à 30
se plaindre, elle trouve à
son erreur un aspect positif : « Regarde ce sublime
coucher de soleil ! On ne
l'aurait jamais vu si on
avait suivi la route
directe. »

5 – Il oublie d'apporter 10 à 20
une chose qu'elle lui avait
demandée et elle dit : « Ce
n'est pas grave, tu me
l'apporteras la prochaine
fois. »

6 – Il oublie une 20 à 30
nouvelle fois d'apporter
ladite chose et elle se
borne à dire : « Ce n'est
pas grave, mais pourrais-tu
aller me la chercher ? »

7 – Elle l'a blessé mais fait 10 à 40
l'effort de
comprendre pourquoi, de
s'excuser et de se montrer
pleine de
tendresse.

8 – Elle sollicite son sou- 10 à 20
tien et il le lui refuse, mais
elle ne s'en offusque pas et
continue à croire qu'il

l'aiderait s'il le pouvait. Elle ne montre ni rejet ni désapprobation.

9 – Elle sollicite de nou-   20 à 30
veau son appui et se le voit
une nouvelle fois refusé,
mais elle ne le blâme pas
et accepte son incapacité
momentanée à l'aider.

10 – Elle demande son   1 à 5
soutien sans trop d'insistance à un moment où il
juge le score égal.

11 – Bien que bouleversée,   10 à 30
elle réclame son soutien
sans trop insister, alors
qu'il a l'impression d'avoir
donné plus qu'il ne doit.

12 – Elle n'essaie pas de le   10 à 20
culpabiliser au moment où
il commence à se replier
en lui-même, c'est-à-dire à
se retirer dans sa caverne.

13 – Elle l'accueille à bras   10 à 20
ouverts, sans tenter de le
punir, lorsqu'il ressort de
sa caverne.

14 – Il s'excuse d'une   10 à 50
erreur, elle accepte ses
excuses et lui accorde son
pardon. (Plus l'erreur était
grave, plus il accordera de
points.)

15 – Il lui demande de   1 à 10
faire quelque chose et elle

refuse sans énumérer les raisons qui justifient sa réponse.

16 – Il lui demande un service, elle accepte de le lui rendre et reste de bonne humeur.   1 à 10

17 – Il multiplie les petites attentions pour se faire pardonner après une dispute, et elle se laisse dérider.   10 à 30

18 – Elle se montre tout heureuse de le retrouver quand il rentre à la maison.   10 à 20

19 – Elle désapprouve sa conduite mais se contente de se retirer dans une autre pièce pour reprendre ses esprits, et ne reparaît qu'une fois revenue à de meilleures dispositions.   10 à 20

20 – Elle sait parfois faire abstraction de choses qu'elle lui reprocherait sûrement en d'autres circonstances.   20 à 40

21 – Elle apprécie visiblement leurs ébats amoureux.   10 à 40

22 – Il a égaré ses clés et elle ne le lui reproche pas.   10 à 20

23 – Elle use de délicatesse pour exprimer sa désapprobation ou sa déception concernant un restaurant ou un spectacle.   10 à 20

24 – Elle se retient de lui 10 à 20
donner des conseils
lorsqu'il conduit ou gare la
voiture, et elle le remercie
de l'avoir amenée à bon
port.

25 – Elle sollicite son sou- 10 à 20
tien au lieu d'insister sur
ses erreurs.

26 – Elle lui confie ses 10 à 40
problèmes simplement,
sans les lui reprocher.

Quand une femme peut marquer encore plus de points

Chacun de ces exemples démontre la manière différente qu'ont les hommes et les femmes d'accorder des points. Mais la femme ne doit pas nécessairement faire tout cela, rassurez-vous ! Cette liste se rapporte juste aux moments où l'homme est le plus vulnérable, et s'il peut compter sur le soutien de sa femme dans ces moments-là, il va se montrer très généreux quant au nombre de points qu'il lui accordera.

Comme je l'ai expliqué dans le chapitre 7, la capacité amoureuse d'une femme dans les moments difficiles fluctue comme une vague. C'est lorsque cette capacité est en phase ascendante – dans la remontée de la vague – qu'elle peut marquer le plus de points auprès de son partenaire. Mais elle ne peut pas être aussi aimante en permanence.

Tout comme la capacité amoureuse de la femme fluctue, le besoin amoureux de l'homme varie. Dans chacun des exemples donnés, le nombre de points que l'homme peut accorder est toujours variable. Un minimum et un maximum. Plus son besoin d'amour est grand, et plus il accordera de points à celle qui lui en donnera.

Par exemple, s'il a commis une erreur et se sent gêné,

peiné ou honteux, son besoin d'amour sera plus grand et il aura tendance à accorder plus de points si sa partenaire lui offre le soutien qu'il désire. Plus l'erreur est importante et plus il accordera de points à sa compagne en retour de son amour. Mais, s'il a l'impression de ne pas recevoir assez, il aura tendance à lui donner des points de pénalité, ou à lui retirer des points qu'elle avait déjà gagnés, et ce toujours en proportion de son besoin d'amour. S'il se sent rejeté à cause d'une grave erreur, il pourra donner beaucoup de points négatifs.

Si l'homme a commis une erreur et se sent gêné, peiné ou honteux, il a plus besoin d'amour. Plus son erreur est grave, plus il accordera de points à sa partenaire en retour de l'amour qu'elle lui prodigue.

CE QUI MET LES HOMMES SUR LA DÉFENSIVE

L'homme peut être vivement fâché contre sa femme s'il a commis une erreur et qu'elle s'en montre irritée. Sa colère sera proportionnelle à l'importance de son erreur, faible pour une broutille et nettement plus violente pour une erreur grave. Les femmes se demandent parfois pourquoi l'homme est incapable de s'excuser quand il a commis une grave erreur. C'est simple, il a peur qu'elles ne la lui pardonnent pas. Il trouve trop pénible de reconnaître qu'il a échoué auprès de sa femme, en quelque sorte. Au lieu de s'excuser, il va souvent se fâcher contre elle parce qu'elle s'est offensée, et lui donner des points de pénalité.

Quand un homme a une attitude négative, il faut le traiter comme un ouragan et se mettre à l'abri en attendant qu'il se calme.

Quand un homme a une attitude négative, sa femme doit le traiter comme un ouragan et se mettre à l'abri. Lorsqu'il se sera calmé, il pourra lui accorder une abondance de points, en reconnaissance du fait qu'elle ne l'aura pas blâmé, ou qu'elle n'aura pas essayé de le faire changer.

Si elle tente de résister à la tempête, elle provoquera son déchaînement et il la tiendra pour responsable de tous les dégâts.

Voilà une façon inhabituelle pour les femmes de voir les choses parce que, sur Vénus, lorsqu'une personne est bouleversée, on ne l'ignore jamais. On n'aurait pas non plus l'idée de se cacher pour l'éviter. D'ailleurs, Vénus ne connaît pas d'ouragans. Alors, quand une personne est perturbée, tout le monde se met de la partie et tente de savoir ce qui la dérange, en lui posant beaucoup de questions. Mais, sur Mars, quand un ouragan se déchaîne, tout le monde se cache et attend qu'il s'éloigne.

QUAND LES HOMMES DISTRIBUENT
DES POINTS DE PÉNALITÉ

Il peut être très utile pour les femmes de comprendre que les hommes ont un système d'attribution des points différent du leur. Le fait qu'un homme accorde des points de pénalité est incompréhensible pour la femme, et cela peut l'empêcher de communiquer avec lui en toute sécurité. Ce serait évidemment merveilleux si les hommes comprenaient que leur système de points de pénalité est injuste, et acceptaient de changer leurs habitudes, mais on sait que les changements prennent du temps. Les femmes se consoleront cependant avec la certitude que l'homme est capable de leur retirer ces points de pénalité aussi vite qu'il les leur a donnés.

La situation de l'homme qui distribue des points négatifs est semblable à celle de la femme qui se rend compte qu'elle donne plus qu'elle ne reçoit dans sa relation de couple. Elle soustrait le score de son mari du sien et lui attribue un zéro. Dans ces moments-là, l'homme doit se montrer très compréhensif en constatant qu'elle est atteinte du virus du ressentiment, et lui donner encore plus d'amour.

De la même façon, lorsque l'homme distribue ses points de pénalité, la femme peut en conclure qu'il souffre d'une forme de virus du ressentiment. Il a besoin d'un surplus d'amour pour aller mieux. Et s'il l'obtient, il s'empressera d'octroyer des points de bonus à sa femme pour égaliser le score.

En apprenant à marquer des points dans le tableau de score masculin, la femme apprend à mieux soutenir son partenaire lorsqu'il se montre offensé et distant. Au lieu de faire de petites choses pour lui (comme dans la liste des « 101 "trucs" pour marquer des points auprès d'une femme », p. 213), ce qui correspond davantage à ce qu'elle voudrait, elle peut mieux concentrer son énergie pour lui donner ce qu'il désire (comme dans les exemples de « Comment une femme peut marquer de nombreux points auprès d'un homme », p. 236).

NOUS RAPPELER NOS DIFFÉRENCES

Les hommes et les femmes peuvent tirer de grands bénéfices de la connaissance des deux systèmes différents de calcul de points masculin et féminin. Il n'est pas nécessaire de consacrer plus d'énergie qu'on n'en dépense déjà, et il n'est pas aussi difficile qu'on le croit souvent d'améliorer sa vie de couple. Les relations affectives ne sont épuisantes que jusqu'au moment où on apprend à rediriger ses énergies vers les choses que son partenaire est en mesure d'apprécier pleinement.

11

Comment exprimer
des sentiments délicats

Il est difficile de s'exprimer avec amour quand on est troublé, déçu, frustré ou fâché. Lorsque des émotions négatives nous envahissent, nous perdons momentanément nos sentiments tendres – comme la confiance, l'attachement, la compréhension, l'acceptation, l'appréciation et le respect – et dans ces moments-là, malgré les meilleures intentions du monde, le dialogue tourne à la bataille. Dans le feu de l'action, nous oublions alors comment communiquer d'une manière positive et efficace, pour l'autre comme pour nous-mêmes.

Dans ce genre de circonstances, les femmes ont inconsciemment tendance à blâmer l'homme et à le tenir pour responsable de leurs déboires. Au lieu de se rappeler que son partenaire fait de son mieux, la femme présume le pire et attise la critique et le ressentiment. Quand elle sent remonter ses sentiments négatifs, elle peut difficilement parler sur un ton de confiance, d'acceptation et d'appréciation. Et elle ne réalise pas à quel point son attitude paraît négative et offensante pour son compagnon.

Lorsque les hommes sont bouleversés, ils sont portés à juger les femmes et les sentiments féminins. Au lieu de se rappeler que sa partenaire est sensible et vulnérable, l'homme oublie les besoins qu'elle a et se fait menaçant. Lorsque les sentiments négatifs l'envahissent, il lui est particulièrement difficile d'avoir un langage attentif, compréhensif et respectueux. Et il n'a pas conscience de l'effet que son attitude blessante peut avoir sur sa compagne.

C'est une situation où tout dialogue est vain, mais, heureusement, il y a une alternative. Au lieu de s'obstiner à se lancer au visage des sentiments blessants ou douloureux, on peut écrire une lettre à son partenaire et, ainsi, laisser ses émotions s'écouler sans crainte de blesser l'autre. En écoutant et en exprimant ses propres sentiments, on redevient immédiatement raisonnable et plus aimant.

En écrivant une lettre à sa femme, l'homme se montre plus attentif, plus compréhensif et plus respectueux envers elle. Et quand la femme écrit une lettre à l'homme qu'elle aime, elle ravive ses sentiments de confiance et d'estime. La transposition par écrit de ses sentiments négatifs est un excellent moyen de prendre conscience de l'image non aimante que l'on projette. En constatant cela, on apprend comment réajuster son approche. De plus, le seul fait de mettre par écrit ses émotions négatives contribue à en atténuer l'intensité, en libérant de l'espace pour des émotions positives. Une fois qu'on a ainsi exorcisé ses sentiments négatifs, on peut à nouveau s'approcher de son partenaire et lui parler sur un ton beaucoup plus amoureux, sans le juger ni le blâmer. Et là, les chances d'être compris et accepté tel que l'on est sont bien meilleures.

Après avoir écrit une telle lettre, vous pourrez ne plus ressentir le besoin de parler. Dans ce cas, faites quelque chose de gentil pour votre partenaire. De toute façon, que vous rédigiez une lettre pour faire part de vos sentiments ou simplement pour vous soulager, le seul fait de mettre vos émotions par écrit est un exercice fort utile.

Que vous rédigiez une lettre pour faire part de vos sentiments ou simplement pour vous soulager, le seul fait de mettre vos émotions par écrit est un exercice fort utile.

Mais, au lieu de coucher vos sentiments sur le papier, vous préféreriez peut-être effectuer le même processus mentalement. Vous n'avez qu'à vous taire et à passer en revue les événements dans votre tête. Imaginez que vous vous dites ce que vous ressentez, ce que vous pensez et ce que vous désirez, sans aucune retenue. En laissant cette forme de dialogue interne exprimer toute la vérité de vos sentiments, vous vous sentirez soudainement libéré de leur emprise négative. Peu importe que vous les exprimiez verbalement ou mentalement, par l'exploration et l'expression de vos sentiments négatifs vous leur enlevez tout pouvoir, et vous permettez à des émotions positives d'émerger. La technique de la lettre d'amour, décrite ci-après, peut énormément accroître l'efficacité de l'opération. Bien que ce soit une technique d'écriture, elle peut très bien s'appliquer aussi au processus mental.

LA TECHNIQUE DE LA LETTRE D'AMOUR

Cette technique de la lettre d'amour est l'un des meilleurs moyens de brider sa négativité et de communiquer avec amour. En couchant vos sentiments sur le papier d'une manière particulière, vous verrez vos émotions négatives automatiquement atténuées et vos sentiments positifs accrus. La technique de la lettre d'amour améliore le processus d'écriture classique et comprend trois étapes ou aspects.

Première étape : écrivez une lettre d'amour pour exprimer vos sentiments de colère, de tristesse, d'inquiétude, de regret et d'amour.
Deuxième étape : rédigez une lettre-réponse exprimant ce que vous aimeriez que votre partenaire vous dise.
Troisième étape : lisez vos deux missives à votre partenaire.

La technique de la lettre d'amour est très souple. Vous pouvez suivre les trois étapes ou seulement une ou deux. Exemple : deux étapes (les deux premières), pour vous aider à mettre de l'ordre dans vos sentiments et à redevenir aimant, puis à reprendre le dialogue avec votre partenaire sans être aveuglé par le ressentiment ni le blâme. À d'autres moments, vous vous arrêterez à chaque étape et discuterez du contenu de vos deux lettres avec votre partenaire.
Le seul fait de passer par ces trois étapes est une expérience forte dotée d'un réel pouvoir curatif pour votre par-

tenaire et pour vous. Cependant, ce processus complet peut ne pas convenir ou nécessiter parfois trop de temps. Dans certains cas, la première étape, c'est-à-dire écrire une lettre d'amour, peut suffire. Voyons quelques exemples de lettres.

PREMIÈRE ÉTAPE : ÉCRIRE UNE LETTRE D'AMOUR

Trouvez d'abord un endroit calme, isolé, où vous pourrez écrire en toute tranquillité. Votre lettre devra exprimer vos sentiments de colère, de tristesse, d'inquiétude, de regret, puis enfin d'amour. Cette formule permet un examen complet de tous vos sentiments et, en vous les faisant mieux comprendre, elle vous aide à les communiquer à votre partenaire de manière cohérente et aimante.

Quand est troublé, beaucoup d'émotions nous envahissent en même temps. Par exemple, lorsque votre partenaire vous déçoit, vous pourrez ressentir de la colère à cause de son hypersensibilité, être fâché parce qu'il ne vous apprécie pas assez, triste de le voir tellement accaparé par son travail, déçu qu'il ne vous fasse pas confiance, craindre qu'il ne vous pardonne jamais, être inquiet qu'il ne se préoccupe pas suffisamment de vous, peiné du reflux inavoué de votre amour pour lui... Mais, en même temps, vous appréciez que ce soit lui qui partage votre vie, et vous désirez toujours recevoir son amour et son attention.

Pour être capable de ressentir nos sentiments amoureux, il est parfois nécessaire d'explorer d'abord tous nos sentiments négatifs. Après avoir exprimé ces quatre niveaux de sentiments négatifs – la colère ; la tristesse ou la peine ; l'inquiétude ou la crainte ; et le regret –, il nous devient possible de ressentir pleinement et d'exprimer nos sentiments positifs sur l'amour. L'écriture de lettres d'amour atténue donc automatiquement l'intensité de nos sentiments négatifs, et nous permet de mieux ressentir nos émotions positives.

Voici donc quelques conseils pour l'écriture d'une lettre d'amour de base.

1 – Adressez-la à votre partenaire, et exprimez-vous comme s'il vous écoutait avec amour et compréhension.

2 – Commencez par évoquer votre colère, puis exposez votre peine ou votre tristesse. Parlez ensuite de vos craintes ou inquiétudes, puis de vos regrets. Laissez les mots d'amour pour la fin. Veillez à toujours respecter ces cinq étapes.

3 – Employez des mots simples et efforcez-vous d'accorder une place égale à chacun des cinq types de sentiments énumérés ci-dessus.

4 – Une fois que vous avez fini de rédiger une section, arrêtez-vous un instant pour réfléchir au sujet de la prochaine avant d'en entamer la rédaction.

5 – Ne terminez pas votre lettre sans avoir parlé d'amour. Soyez patient, laissez vos sentiments remonter à la surface, puis exprimez-les en termes simples.

6 – Apposez votre signature à la fin de la lettre. Prenez un instant pour réfléchir à vos besoins et à vos désirs, puis faites-en l'objet d'un post-scriptum.

Si cela peut vous aider et simplifier l'écriture de vos lettres d'amour, utilisez le guide pratique qui suit ce paragraphe. Il propose des amorces de phrases pour les cinq sections afin de faciliter l'expression de vos sentiments. Vous pouvez en utiliser quelques-unes, ou les utiliser toutes si vous le voulez. En général, les approches qui permettent de se défouler le plus efficacement sont : « Je suis fâché... », « J'ai de la peine... », « Je suis inquiet... », « Je crains ou j'ai peur que... », « Je regrette... », « J'aimerais que... » et « J'aime... ». Cependant, toute expression qui vous permet de parler plus facilement de ce que vous avez envie de dire peut les remplacer. Il faut en général une vingtaine de minutes pour écrire une lettre d'amour.

Guide pratique de la lettre d'amour

Cher [ou Chère]...

Première partie : les motifs de colère
Je n'aime pas que...
Je suis fâché parce que...
Je suis frustré parce que...
Il y a quelque chose qui me dérange...
J'aimerais que...

Deuxième partie : les motifs de tristesse ou de peine
Je suis déçu parce que...
Je suis triste que...
J'ai de la peine parce que...
J'aurais aimé que...
J'aimerais que...

Troisième partie : les motifs d'inquiétude ou d'angoisse
Je m'inquiète...
Je crains que...
J'ai peur que...
Je ne voudrais pas que...
J'ai besoin...
Je veux...

Quatrième partie : les motifs de regret
Je regrette...
Je suis embarrassé...
Cela me gêne que...
J'ai honte de...
Je ne voulais pas...
Je veux...

Cinquième partie : les mots d'amour
J'aime...
Je désire...

Je comprends...
Je pardonne...
J'apprécie...
Je te remercie...
Je sais que...

P.-S. : J'aimerais que tu me dises...

Et voici maintenant quelques situations typiques et des exemples de lettres d'amour qui vous aideront à mieux en saisir la technique.

Lettre d'amour à propos d'un oubli

Samantha était furieuse contre son mari, Tom, parce que celui-ci était allé faire la sieste et avait oublié d'accompagner leur fille Hayley à son rendez-vous chez le dentiste. Mais, au lieu de blâmer Tom, Samantha lui écrivit. Après l'avoir fait, elle revint auprès de Tom en meilleure possession de ses moyens, et conciliante à son égard.

Parce qu'elle lui avait écrit cette lettre, Samantha ne ressentait plus l'envie de sermonner ou de rejeter son mari. Et, au lieu d'entamer une explication qui aurait mené à la dispute, elle engagea un dialogue qui leur permit de passer ensuite une agréable soirée ensemble. La semaine suivante, Hayley n'a pas raté son rendez-vous chez le dentiste.

Voici la lettre de Samantha :

Cher Tom,

1 – La colère. Je suis furieuse que tu aies oublié ce rendez-vous. Je suis fâchée que tu aies dormi trop longtemps. Je n'aime pas quand tu fais la sieste et que tu oublies tout le reste. J'en ai assez de tout devoir prendre en charge. Tu comptes sur moi pour tout faire. Je suis fatiguée de cette situation.

2 – La tristesse et la peine. Je suis triste parce que Hayley a manqué son rendez-vous. J'ai de la peine que tu aies oublié. Je suis triste parce que j'ai l'impression de ne pas pouvoir compter sur toi. J'ai de la peine de te voir travailler si fort, et de te voir si fatigué. Et je suis peinée que tu n'aies plus assez de temps à me consacrer. Je suis blessée que tu ne sembles plus jamais ravi par ma présence. Tu m'affliges en oubliant des choses, et j'ai l'impression que tu te fiches de tout.

3 – L'inquiétude et l'angoisse. Je crains de devoir tout faire toute seule. J'ai peur de te faire confiance. J'ai peur que tu t'en moques. Je crains d'être obligée de m'en occuper moi-même la prochaine fois. Je suis inquiète parce que je ne peux pas tout faire toute seule et que j'ai besoin de ton aide, mais j'ai peur de compter sur toi. Je suis inquiète parce que tu travailles trop, et j'ai peur que tu tombes malade.

4 – Le regret. Je suis gênée quand tu rates un rendez-vous. Je suis mal à l'aise quand tu es en retard. Je n'aime pas être aussi exigeante, et je regrette mon manque de tolérance. J'ai honte de n'être pas plus aimante. Je ne voudrais pas que tu penses que je te rejette.

5 – L'amour. Je t'aime. Je comprends que tu étais fatigué. Tu travailles si dur ! Je sais que tu fais de ton mieux et je te pardonne d'avoir oublié. Merci d'avoir pris un autre rendez-vous. Merci d'accepter d'accompagner Hayley chez le dentiste. Je sais que nous comptons beaucoup pour toi. Je sais que tu m'aimes. J'ai de la chance de partager ma vie avec toi, et j'aimerais que nous passions une bonne soirée ensemble.

Je t'aime.

Samantha

P.-S. : J'aimerais que tu me dises que tu te chargeras d'accompagner Hayley chez le dentiste la semaine prochaine.

Lettre d'amour à propos de l'indifférence

Jim se préparait à partir en voyage d'affaires le lendemain matin, et toute la soirée sa femme, Virginia, chercha à l'attirer pour partager un moment d'intimité. Elle apporta un fruit exotique dans la chambre à coucher et lui offrit d'y goûter. Jim, concentré sur le livre qu'il était en train de lire dans son lit, fit un bref commentaire sur le fait qu'il n'avait pas faim. Virginia, se sentant rejetée, sortit de la chambre. Elle était blessée et irritée, mais, au lieu de revenir se plaindre et discuter de l'attitude et de l'indifférence de Jim, elle lui écrivit une lettre d'amour.

Une fois sa lettre écrite, Virginia, en état de mieux accepter et de pardonner à Jim, revint dans la chambre et lui dit :

« C'est notre dernière soirée avant ton départ, si tu voulais on pourrait passer un peu de temps ensemble, en toute intimité. » Jim déposa son livre, et ils passèrent d'agréables et délicieux moments. Le fait d'écrire une lettre d'amour avait permis à Virginia de rassembler assez de forces pour faire face à la situation et de persister dans ses efforts jusqu'à ce qu'elle ait obtenu l'attention de Jim. Et elle n'a même pas eu besoin de montrer sa lettre à son partenaire.

Voici la lettre de Virginia :

Cher Jim,

1 – La colère. Je supporte très mal que tu préfères lire pendant notre dernière soirée avant ton départ. Le fait que tu m'ignores m'irrite. Je suis blessée que tu ne veuilles pas passer ce précieux moment avec moi. Je suis même choquée que nous ne passions pas plus de temps ensemble. Tu es toujours accaparé par autre chose de plus important que moi. J'ai besoin de sentir que tu m'aimes.

2 – La tristesse et la peine. Je suis triste parce que tu ne veux pas être avec moi. Je suis peinée de te voir travailler si fort. J'ai l'impression que tu ne t'en apercevrais même pas si je décidais de m'absenter. Je regrette que tu sois toujours si occupé. Tu me fais beaucoup de peine en refusant de me parler, et je suis triste de constater que cela ne semble pas t'affecter du tout. Je ne me sens pas importante pour toi.

3 – L'inquiétude et l'angoisse. Je crains que tu ne saches même pas pourquoi je suis bouleversée, et j'ai peur que tu t'en moques. Je crains de partager mes sentiments avec toi, parce que j'ai peur que tu me rejettes. Ça m'inquiète parce que nous nous éloignons de plus en plus, et je crains de ne rien pouvoir y faire. Je crois que je t'ennuie et j'ai peur que tu ne m'aimes pas.

4 – Le regret. Je regrette de vouloir passer un moment avec toi alors que tu ne sembles pas du tout intéressé. Je suis gênée d'être vexée de la sorte. Je m'excuse d'avoir l'air si exigeante, et je regrette de n'être pas plus aimante et tolérante. Je regrette d'avoir agi aussi froidement en voyant que tu ne désirais pas m'accorder un peu de ton temps. Je regrette aussi de ne pas t'avoir donné une seconde chance. Je m'excuse d'avoir cessé d'avoir confiance en ton amour.

5 – L'amour. Oui, je t'aime. C'est pour cela que je t'ai apporté un fruit exotique. Je voulais te faire plaisir, et je voulais que nous partagions un moment ensemble. J'ai encore le désir de passer une soirée agréable avec toi. Je te pardonne d'avoir été si indifférent à mes avances, et je m'excuse de n'avoir pas réagi immédiatement. J'ai compris que tu étais en train de lire quelque chose d'important. Mais si tu voulais, on pourrait encore passer de magnifiques moments d'intimité ce soir.

Je t'aime.

Virginia

P.-S. : Voici ce que j'aimerais entendre de ta bouche : « Je t'aime aussi, Virginia, et j'aimerais passer une merveilleuse soirée d'amour avec toi. Et tu vas vraiment me manquer quand je serai parti. »

Lettre d'amour à propos d'une dispute

Michael et Vanessa se disputèrent à propos d'une décision financière. En quelques minutes seulement, ils se retrouvèrent en train de se quereller. En s'apercevant qu'il commençait à élever la voix, Michael s'arrêta de crier, prit une profonde inspiration, et dit : « J'ai besoin de temps pour réfléchir à cela et nous en reparlerons ensuite. » Puis il se retira dans une autre pièce et se mit à écrire une lettre d'amour.

Après avoir terminé sa lettre, il se sentit capable de retrouver Vanessa pour discuter d'une manière plus compréhensive et modérée. Résultat : ils ont résolu leur problème dans un climat d'amour.

Voici ce que Michael a écrit :

Chère Vanessa,

1 – La colère. Ça m'agace de te voir si émotive, et je regrette que tu ne me comprennes pas. Ça m'énerve que tu sois incapable de rester calme quand on discute. Je suis frustré que tu sois si sensible et que tu te blesses si facilement. Tu m'irrites en manquant de confiance en moi, et en me rejetant.

2 – La tristesse et la peine. Je suis peiné que nous nous disputions. Ton doute et ta méfiance me blessent. Je souffre parce que ton amour m'échappe, et j'ai de la peine parce que nous nous sommes querellés. Notre désaccord m'attriste.

3 – L'inquiétude et l'angoisse. Je crains de faire une erreur. Je m'inquiète parce que je suis incapable de faire ce que je veux sans t'offenser. J'ai peur de te confier mes sentiments, parce que je crains que tu ne me donnes tort. J'ai peur d'avoir l'air incompétent. Je crains que tu ne m'apprécies pas, et j'ai peur de te parler quand tu te fâches comme ça, parce que je ne sais pas quoi te dire.

4 – Le regret. Je regrette de t'avoir fait de la peine. Je regrette de n'être pas d'accord avec toi. Je m'excuse d'avoir été si froid et indifférent. Je déplore ma résistance systématique à tes idées. Je regrette d'être si empressé à faire ce que je veux. Je m'excuse de toujours te donner tort. Tu ne mérites pas d'être traitée comme ça, et je m'excuse de t'avoir jugée.

5 – L'amour. Je t'aime et je veux qu'on s'entende. Je pense pouvoir écouter tes sentiments maintenant, et je suis prêt à te soutenir. Je sais que je t'ai blessée et je m'excuse d'avoir douté de tes sentiments. Je t'aime tellement que je veux être ton héros. Je ne veux pas seulement être d'accord avec toi, je voudrais que tu m'admires. J'ai besoin d'être moi-même et je soutiens ton besoin d'être toi-même aussi. Je t'aime. Maintenant, quand nous allons discuter, je te promets d'être plus patient et compréhensif. Tu le mérites.

Je t'aime.

Michael

P.-S. : J'aimerais beaucoup t'entendre dire : « Je t'aime, Michael. J'apprécie vraiment l'homme attentif et compréhensif que tu es. Et je sais que nous pouvons résoudre notre différend actuel. »

Lettre d'amour à propos d'un malentendu ou d'une déception

Jane laissa un message téléphonique à son mari, Bill, lui demandant d'apporter une lettre à la maison. Pour une raison quelconque, Bill ne reçut jamais ce message. Le voyant rentrer les mains vides, Jane réagit immédiatement en lui manifestant son immense déception et sa frustration.

Bien que Bill ne fût pas en faute, en entendant Jane se plaindre et répéter sans arrêt qu'elle avait absolument besoin de cette lettre et qu'elle était très déçue, il se sentit naturellement blâmé et attaqué. Cependant, Jane ne réalisait pas que Bill recevait toute la frustration et la déception qu'elle exprimait comme des reproches personnels. Il était sur le point d'exploser et de la tenir pour responsable de son emportement.

Mais, au lieu de gâcher la soirée par ses contre-attaques défensives, Bill prit la sage décision de consacrer dix minutes à écrire une lettre d'amour à Jane. Sitôt sa lettre terminée, il revint vers sa femme et l'embrassa en disant : « Je suis peiné que tu n'aies pas reçu cette lettre. J'aurais préféré qu'on m'ait transmis le message. J'espère que tu m'aimes encore malgré tout. » Jane s'attendrit et lui manifesta son amour, et ils passèrent une belle soirée au lieu d'entamer une guerre froide.

Voici la lettre de Bill :

Chère Jane,

1 – La colère. Je déteste te voir aussi fâchée et je déteste également quand tu me fais des reproches. Ça m'irrite que tu sois aussi malheureuse, et que tu ne sois pas plus contente de me voir. J'ai l'impression de ne jamais rien faire de bien à tes yeux. Je voudrais que tu m'apprécies et que tu sois heureuse de me voir.

2 – La tristesse et la peine. Ça me rend triste de te voir aussi frustrée et déçue. J'ai de la peine que tu ne sois pas heureuse avec moi. Je voudrais te rendre heureuse, mais je suis peiné que mon travail nuise ainsi à notre vie amoureuse. Ça me rend triste de constater que tu n'apprécies pas toutes les bonnes choses dont nous pourrions jouir ensemble. J'ai de la peine de ne pas t'avoir apporté le courrier que tu attendais.

3 – L'inquiétude et l'angoisse. Ça m'inquiète d'être incapable de te rendre heureuse. Je crains que tu ne sois malheureuse toute la soirée. J'ai peur d'être trop franc ou trop proche de toi. Je crains d'avoir besoin de ton amour et de ne pas être à la hauteur. Et je suis inquiet en pensant que tu pourrais ne pas me pardonner.

4 – Le regret. Je regrette de ne pas t'avoir rapporté cette lettre. Je regrette que tu sois aussi malheureuse, et je suis désolé de ne pas avoir pensé à t'appeler. Je ne voulais pas te faire de peine, je voulais que tu sois contente en me voyant rentrer. Nous avons quatre jours de congé à partager et je voudrais que ce soit un moment merveilleux pour nous deux.

5 – L'amour. Je t'aime et je veux te voir heureuse. Je réalise que tu es bouleversée. Je comprends aussi qu'il te faut du temps pour accepter cette désillusion. Je suis certain que tu n'agis pas ainsi seulement pour me punir. Tu as seulement besoin que je te prenne dans mes bras et que je te comprenne. Je m'excuse, parfois je ne sais pas quoi faire et je t'en rends responsable. Merci d'être ma femme, je t'aime tellement. Tu n'es pas obligée d'être parfaite, ni toujours souriante, je comprends que tu sois très bouleversée à cause de cette lettre.

Je t'aime.

Bill

P.-S. : J'aimerais tellement t'entendre dire : « Je t'aime, Bill, et j'apprécie tout ce que tu fais pour moi. Merci d'être mon mari. »

DEUXIÈME ÉTAPE : LA LETTRE-RÉPONSE

La lettre-réponse est en effet la deuxième étape dans la technique de la lettre d'amour. Une fois que vous avez exprimé vos sentiments négatifs et positifs, les cinq à dix minutes que vous pouvez consacrer à la rédaction d'une lettre-réponse peuvent vous être très bénéfiques. Il s'agit d'écrire le genre de réponse que vous aimeriez recevoir de votre partenaire.

Voici comment procéder. Imaginez que votre partenaire est en état de répondre avec amour à vos sentiments blessés, ceux que vous avez exprimés dans votre lettre d'amour. Écrivez-vous une courte lettre semblable à celle que vous aimeriez recevoir de sa part. Inscrivez-y tout ce que vous voudriez lui entendre dire à propos des problèmes que vous lui avez exposés. Voici d'ailleurs quelques amorces pour vous aider à débuter :

Merci pour...
Je comprends que...
Je m'excuse de...
Je sais que tu mérites bien...
Je voudrais...
J'aime...

Parfois, une lettre-réponse a beaucoup plus d'impact qu'une lettre d'amour. En exprimant par écrit ce dont on a besoin et ce qu'on désire, on augmente sa disponibilité à recevoir le soutien qu'on mérite. De plus, en visualisant notre partenaire en train de nous répondre avec amour, nous nous mettons dans un état d'esprit qui ne peut que lui faciliter la tâche le moment venu.

Certaines personnes peuvent aisément noter sur papier les sentiments négatifs qui les troublent, mais elles ont beaucoup plus de difficultés à décrire leurs sentiments amoureux. Il est encore plus important pour ce type de personnes d'écrire des lettres-réponses et d'explorer ce qu'elles voudraient s'entendre dire par leur partenaire. Si c'est votre cas, assurez-vous en rédigeant la lettre de tenir compte de votre résistance occasionnelle à son soutien, pour mieux comprendre combien il doit être difficile pour votre partenaire de vous traiter avec amour à certains moments.

Comment découvrir les besoins
de son partenaire

Il arrive que les femmes ne veuillent pas écrire de lettre-réponse. Elles pensent que leur partenaire saura quoi dire. Un sentiment caché leur fait penser en elles-mêmes : « Je ne veux pas lui souffler ce que je veux qu'il dise, s'il m'aime réellement il devrait le savoir. » Ces femmes devraient se rappeler que les hommes sont des Martiens qui ne savent pas d'instinct ce dont les femmes ont besoin : il faut le leur indiquer. La réponse masculine reflète plus l'influence de sa planète que l'amour qu'il a pour sa compagne. S'il était d'origine vénusienne, il saurait quoi dire, mais il ne l'est pas. Les hommes ne savent donc pas comment réagir aux émotions de la femme. En général, notre culture n'enseigne pas aux hommes les besoins des femmes.

Un homme qui a vu et entendu son père réagir par des paroles tendres aux angoisses de sa mère aura une meilleure idée de ce qu'il doit faire. Mais, dans la plupart des cas, l'homme ne sait pas comment réagir parce qu'on ne le lui a jamais appris. La lettre-réponse est l'un des meilleurs moyens d'enseigner à l'homme les besoins de la femme. Et, lentement mais sûrement, il va les comprendre.

La lettre-réponse est l'un des meilleurs moyens d'enseigner à l'homme les besoins de la femme.

Parfois, les femmes me disent : « Si je lui dis ce que je veux entendre et qu'il me le répète, comment vais-je savoir qu'il ne le dit pas seulement du bout des lèvres, et que cela correspond vraiment à ce qu'il a envie de me dire du fond du cœur ? »

Voilà une autre question importante. Quand un homme n'aime pas une femme, il ne se donnera même pas la peine de lui dire ce qu'elle veut entendre. S'il fait le moindre effort pour tenter de répondre à sa demande, c'est à coup sûr parce qu'il veut que ça marche.

S'il n'a pas exactement le ton le plus sincère au départ,

c'est probablement parce qu'il s'essaie à un exercice tout nouveau pour lui. On a toujours l'air un peu gauche quand on apprend à faire quelque chose. S'il peut paraître faible, c'est que c'est un moment délicat pour lui. Il faut donc multiplier les signes d'encouragement : il a besoin qu'on lui dise qu'il est sur la bonne voie.

S'il a l'air plus ou moins sincère en essayant, c'est probablement aussi parce qu'il redoute que ses efforts ne soient pas couronnés de succès. Si sa femme lui manifeste son admiration, il se sentira plus sûr de lui et paraîtra plus sincère la fois d'après. L'homme n'est pas fou. Lorsqu'il s'aperçoit que la femme répond à sa nouvelle stratégie et que celle-ci produit un effet positif, il maintient sa conduite. Il faut seulement lui donner le temps d'apprendre.

Les femmes peuvent aussi beaucoup se documenter sur les besoins profonds de l'homme à partir des lettres-réponses qu'il écrit. Elles restent d'ailleurs généralement perplexes devant les réactions masculines qu'elles découvrent.

Pour recevoir le soutien dont nous avons besoin, il est nécessaire non seulement d'enseigner nos besoins à notre partenaire, mais aussi d'être disposé à recevoir le sien. La lettre-réponse est un moyen de faire savoir que l'on est disposé à accueillir un appui, préalable indispensable à toute bonne communication. Exprimer des sentiments douloureux en ayant l'air de dire : « Tu ne peux rien faire pour soulager mes blessures » n'est pas seulement inefficace, mais blessant pour l'autre. Mieux vaut se taire.

Voici un autre exemple de lettre d'amour et de lettre-réponse correspondante. Remarquez que la réponse est incluse dans le post-scriptum, qui est un peu plus long et plus élaboré que les précédents.

Lettre d'amour et lettre-réponse à propos de la résistance aux demandes de son partenaire

Theresa ayant sollicité le soutien de son mari, Paul, celui-ci le lui a refusé et a paru écrasé par sa demande. Aussitôt, Theresa a pris la plume.

Cher Paul,

1 – La colère. Le fait que tu me résistes m'énerve. Je t'en veux de ne pas m'offrir ton aide. Ça me choque de toujours devoir demander. Je fais tellement pour toi, et j'ai besoin de ton aide.

2 – La tristesse. Je suis triste parce que tu ne veux pas m'aider, et parce que je me sens terriblement seule. Je voudrais qu'on fasse beaucoup plus de choses ensemble. Ton soutien me manque.

3 – L'inquiétude. J'ai peur de te demander ton aide. Je crains ta colère. Je m'inquiète parce que je sais que si tu disais non, je serais blessée.

4 – Le regret. Je regrette toute l'amertume que j'ai à ton égard. Je suis désolée de te harceler et de te critiquer. Je regrette de ne pas plus t'apprécier. Je déplore de trop te donner puis de te demander d'en faire autant.

5 – L'amour. Je t'aime. Je comprends que tu fais de ton mieux et je sais que tu tiens à moi. J'aimerais pouvoir réclamer ton soutien de manière plus amoureuse. Tu es un père tellement aimant pour nos enfants.

Je t'aime.

Theresa

P.-S. : Voici la réponse que j'aimerais recevoir de toi :

Chère Theresa,

Merci de m'aimer autant. Merci de partager tes sentiments avec moi. Je comprends que tu sois offensée quand je te donne l'impression que tes demandes sont exagérées. Je sais que tu es aussi blessée quand je résiste à tes idées.

Je m'excuse de ne pas t'offrir mon aide plus souvent et je sais que tu la mérites. Je t'aime vraiment, et je suis très heureux que tu sois ma femme.

Je t'aime.

Paul

TROISIÈME ÉTAPE :
LIRE ENSEMBLE LES DEUX MISSIVES

Il est important de partager vos lettres parce que :

– Cela donne à votre partenaire l'occasion de vous soutenir.
– Cela vous permet de bénéficier de la compréhension dont vous avez besoin.
– Cela permet à votre partenaire de découvrir votre point de vue sans se sentir agressé.
– Cela aide une relation de couple à évoluer dans la bonne direction.
– Cela favorise la tendresse et la passion.
– Cela indique à votre partenaire ce qui est important pour vous, et lui apprend comment il peut vous apporter le soutien dont vous avez besoin.
– Cela aide les couples à renouer un dialogue constructif.
– Cela nous apprend à entendre exprimer des sentiments négatifs sans nous sentir menacés.

Voici maintenant cinq manières de partager vos lettres. Dans chacun de ces cas, on présumera que c'est la femme qui a écrit la lettre, mais ces méthodes sont tout aussi valables quand c'est l'homme qui l'a fait.

1 – Il lit sa lettre d'amour et sa lettre-réponse à haute voix, en sa présence, puis il lui prend la main et lui donne une réponse sincère et empreinte d'amour,

en comprenant mieux ce qu'elle a besoin d'entendre.

2 – Elle lit sa lettre d'amour et sa lettre-réponse, et il l'écoute attentivement. Il lui prend la main et lui donne ensuite une réponse sincère et empreinte d'amour, en comprenant mieux ce qu'elle a besoin d'entendre.

3 – Il lui lit d'abord sa lettre-réponse comme si c'était lui qui lui parlait, puis il lit sa lettre d'amour. Il est plus facile pour un homme d'entendre les sentiments négatifs de sa femme quand il sait déjà comment répondre à ces sentiments. Quand la femme fait d'abord savoir à l'homme ce qu'elle attend de lui, il est moins enclin à paniquer ensuite, en prenant connaissance de ses reproches et de ses doutes. Après avoir lu sa lettre d'amour, il lui prend la main et lui donne sa vraie réponse, sincère et empreinte d'amour, encore une fois en comprenant mieux ce qu'elle a besoin d'entendre.

4 – D'abord, elle lui lit sa lettre-réponse, ensuite elle lui lit sa lettre d'amour, à haute voix. Enfin, il lui prend la main et lui donne une réponse sincère et empreinte d'amour, en comprenant mieux ce qu'elle a besoin d'entendre.

5 – Elle lui donne ses deux lettres à lire en privé et, vingt-quatre heures après, il revient la remercier de les avoir écrites. Puis il lui prend la main et lui donne sa propre réponse, sincère et empreinte d'amour, en comprenant mieux ce qu'elle a besoin d'entendre.

Que faire si votre partenaire
ne sait pas répondre avec amour

À cause de leurs expériences passées, certains hommes et certaines femmes trouvent extrêmement difficile de prendre connaissance des lettres de leur partenaire. Dans ce cas, on ne devrait pas les forcer à les lire. Même quand votre partenaire accepte d'écouter la lecture d'une de vos lettres, il peut ne pas être en mesure d'y répondre sur-le-champ avec amour. Reprenons l'exemple de Paul et de Theresa.

Si Paul ne montre pas de sentiments amoureux après avoir entendu Theresa lire sa lettre, c'est qu'il est incapable de répondre amoureusement à ce moment-là. Mais il est possible qu'après un certain temps son attitude et ses sentiments changent.

Si, en lisant ou en écoutant les lettres, il a ressenti la colère et la souffrance qu'elles contiennent comme une attaque personnelle, il adopte une attitude défensive. Dans ce cas, il a besoin d'un peu de temps pour réfléchir à ce qui lui a été exposé.

Parfois, quand une personne prend connaissance d'une lettre d'amour de son partenaire, elle peut saisir les récriminations et la colère, mais avoir besoin de plus de temps pour arriver à saisir l'amour qu'elle contient. Relire la lettre après quelque temps, et spécialement les sections touchant le regret et l'amour, peut l'aider énormément. Parfois, avec les éléments que je possède, en prenant une lettre d'amour de ma femme, je vais lire la section amour en premier, puis je lirai le reste.

Si un homme est bouleversé par une lettre d'amour de sa femme, il peut réagir en écrivant sa propre lettre d'amour, ce qui va lui permettre de traiter les sentiments négatifs qui ont surgi en lui en lisant la lettre de sa compagne. Souvent, quelque chose me trouble mais je ne sais pas quoi, jusqu'à ce que ma femme m'écrive une lettre d'amour. Alors, tout à coup, je sais ce que j'ai besoin d'écrire. En écrivant ma lettre, je retrouve mes sentiments amoureux, puis je relis la sienne et redécouvre l'amour derrière sa souffrance.

Lorsqu'un homme est incapable de répondre immédiatement à une lettre d'amour, il doit savoir que ce n'est pas un acte répréhensible, et qu'il ne sera pas puni à cause de cela. Sa partenaire doit comprendre et accepter son besoin d'y repenser pendant quelque temps. Peut-être pourrait-il, pour montrer à sa femme qu'il la soutient, dire quelque chose comme : « Merci de m'avoir écrit cette lettre. J'ai besoin d'un peu de temps pour y penser, et nous en reparlerons ensuite, si tu veux bien. » Il importe surtout qu'il n'émette aucune critique au sujet de la lettre. Le partage des lettres intimes doit être un processus libre de toute menace.

Toutes ces suggestions sur le partage des lettres d'amour s'appliquent aussi lorsque c'est la femme qui a du mal à réagir amoureusement à une lettre de son mari. Je recommande généralement aux couples de lire les lettres qu'ils ont écrites à voix haute. En vous entendant lire sa lettre à voix haute, votre partenaire aura davantage l'impression que ses récriminations sont entendues. De toute façon, je vous conseille d'essayer les différentes manières de faire et d'adopter celle qui convient le mieux à votre couple.

ÉCHANGER DES LETTRES D'AMOUR SANS DANGER

Ce peut être une expérience terrifiante que d'échanger des lettres d'amour. La personne qui y a inscrit ses sentiments les plus personnels et les plus angoissants peut se sentir très vulnérable. Après tout, ce serait tellement douloureux si le partenaire les rejetait ! La raison d'être de ces lettres est justement d'exposer ses sentiments l'un à l'autre pour favoriser le rapprochement. Cela peut très bien fonctionner tant que ça se fait à l'abri de toute menace. Le destinataire doit se montrer particulièrement respectueux des sentiments exprimés par celui qui a écrit la lettre. S'il se sent incapable d'offrir un soutien respectueux en retour, alors il devra refuser de le faire jusqu'à ce qu'il ait acquis cette générosité du cœur.

On doit partager ses lettres d'amour avec une intention bienveillante uniquement. Lire ensemble une lettre intime doit impérativement se faire dans l'esprit de l'une ou l'autre des deux déclarations d'intention qui suivent.

Déclaration d'intention pour l'écriture et le partage d'une lettre d'amour

« J'ai écrit cette lettre pour m'aider à retrouver mes sentiments positifs et pour t'offrir l'amour que tu mérites. Dans le courant de ce processus, je dois aussi te faire part des sentiments négatifs qui me bloquent.

» Ta compréhension m'aidera à m'ouvrir, à m'épanouir et à me débarrasser de ces sentiments négatifs. J'ose croire que cela a de l'importance pour toi, et que tu réagiras à ces confidences de la meilleure façon possible.

» J'apprécie ta volonté de m'écouter et de me soutenir. De plus, j'espère que cette lettre t'aidera à comprendre mes demandes, mes besoins et mes désirs. »

Le partenaire qui entend lire cette lettre doit savoir l'écouter dans l'esprit de la déclaration d'intention qui suit.

Déclaration d'intention pour l'écoute d'une lettre d'amour

« Je promets de faire de mon mieux pour comprendre la légitimité de tes sentiments, pour accepter les différences qui nous séparent, pour respecter tes besoins autant que je respecte les miens, et pour apprécier le fait que tu essaies de ton mieux de me communiquer tes sentiments et ton amour. Je promets d'écouter et de ne pas tenter de corriger ou de nier tes sentiments. Je promets de t'accepter telle que tu es, et de ne pas tenter de te faire changer. J'accepte de t'écouter lire cette lettre parce que cela me tient à cœur et que je crois que nous pouvons résoudre nos problèmes ensemble. »

La première fois que vous pratiquez la technique de la lettre d'amour, vous aurez avantage à lire les textes ci-dessus à voix haute. Ces déclarations d'intention contribueront à vous rappeler qu'il faut respecter les sentiments de votre partenaire et y réagir avec amour.

LES MINILETTRES D'AMOUR

Si vous êtes bouleversé et que vous ne disposiez pas de vingt minutes ou d'une demi-heure pour écrire une lettre d'amour, vous pouvez écrire plutôt un mot, c'est-à-dire une minilettre d'amour. Ça ne prend que de trois à cinq minutes et cela peut être très utile. En voici des exemples. Vous remarquerez que, malgré la brièveté de ces minilettres, toutes comportent néanmoins les cinq étapes essentielles.

Cher Max,

1 – Ça m'énerve beaucoup que tu sois en retard !
2 – Je suis triste parce que tu m'as oubliée.
3 – J'ai peur que tu ne tiennes plus vraiment à moi.
4 – Je regrette d'être aussi intransigeante.
5 – Je t'aime et je te pardonne ton retard. Je sais que tu m'aimes vraiment. Merci de faire ton possible.

Je t'aime.

Sandie

Cher Henry,

1 – Je suis fâchée parce que tu es toujours fatigué. Ça m'énerve aussi que tu passes tant de temps devant la télévision.
2 – Je suis triste que tu ne veuilles pas me parler.
3 – J'ai bien peur que nous ne nous éloignions l'un de l'autre. Et je crains de t'agacer.
4 – Je regrette de t'avoir rejeté pendant le dîner. Je ne devrais pas te rendre responsable de mes problèmes.
5 – Ton amour me manque. Aurais-tu une petite heure à partager avec moi, ce soir ou très bientôt, afin que je te fasse part de ce qui se passe dans ma vie ?

Je t'aime.

Leslie

P.-S. : Et voici ce que j'aimerais t'entendre dire :

Chère Leslie,

Merci de m'avoir fait part de tes problèmes par écrit. Il me semble que je te manque, alors je serais heureux si nous nous accordions un moment d'intimité ce soir, entre huit et neuf heures.

Je t'aime.

Henry

QUAND ÉCRIRE UNE LETTRE D'AMOUR

Lorsque vous êtes bouleversé, cela vous aidera à vous sentir mieux. C'est pourquoi on peut fort bien en adresser une à une personne avec qui l'on n'entretient pas de relation amoureuse :

– un ami, un enfant ou un membre de sa famille ;
– un associé ou un client. Dans ce cas, bien sûr, on remplacera les « Je t'aime », par des « Je t'apprécie » ou une formule manifestant le respect. Et, sauf exception, on ne la relira pas non plus avec son destinataire ;
– soi-même ;
– Dieu ou un Être suprême, à qui l'on confiera ses soucis et dont l'on sollicitera l'assistance.

On peut aussi rédiger une « lettre d'amour à rebours ». S'il est trop difficile de pardonner à l'autre, on peut se mettre à sa place pendant quelques minutes et écrire une lettre qui nous est destinée. Vous serez surpris de la rapidité avec laquelle on devient magnanime dans ce cas.

Une lettre d'amour est normalement empreinte de tendresse, mais il pourra parfois vous paraître nécessaire d'en imaginer une version « méchante ». Si vous êtes fortement troublé et que vos sentiments vous poussent à la méchanceté et aux jugements sévères, confiez-vous sur papier puis brûlez la lettre. Mais ne la lisez surtout pas à votre partenaire, à moins que vous ne soyez tous les deux capables de faire face à la dureté des sentiments négatifs qui y sont exprimés. Dans un tel cas, même une lettre méchante peut rendre service.

Sachez aussi user de la « lettre d'amour à retardement ». Quand les événements présents vous bouleversent et vous ramènent à des problèmes irrésolus de votre enfance, faites un retour dans le temps et écrivez une lettre à l'un de vos parents en lui exposant vos sentiments et en sollicitant son aide.

POURQUOI NOUS DEVONS ÉCRIRE DES LETTRES D'AMOUR

Comme nous l'avons souvent dit dans ce livre, il est extrêmement important pour la femme de partager ses sentiments et de sentir qu'on prend soin d'elle, qu'on la comprend et qu'on la respecte. Il est tout aussi important pour l'homme de sentir qu'on l'apprécie, qu'on l'accepte et qu'on a confiance en lui. Le problème majeur survient si l'homme se sent mal aimé lorsque sa femme lui confie les sentiments qui la bouleversent.

Pour lui, de telles émotions négatives correspondent à des critiques, à des reproches, à des exigences et à de l'amertume. Et quand elle lui confie ce genre de sentiments, il a tout de suite l'impression qu'elle ne l'aime pas. La réussite d'une relation de couple dépend essentiellement de deux facteurs : la capacité qu'a l'homme d'écouter avec attention et avec amour, et la capacité qu'a la femme de partager ses sentiments avec respect et avec amour.

Toute relation de couple nécessite une bonne communication entre les partenaires au sujet de leurs sentiments et de leurs besoins changeants. Il serait trop idéaliste de souhaiter une communication parfaite, mais il y a toute une marge de progression entre une situation habituelle ou normale et la perfection.

Des attentes réalistes

Il n'est pas réaliste de s'attendre à une communication toujours facile. Il peut être très difficile d'exprimer certains sentiments sans blesser celui qui les écoute. Même les couples dont les liens amoureux sont excellents ont souvent beaucoup de mal à trouver une formule de communication qui convienne aux deux parties. Il est vraiment difficile de comprendre le point de vue d'une autre personne, particulièrement quand elle ne dit pas ce qu'on aimerait entendre. Il est tout aussi pénible de se montrer respectueux de l'autre quand ses propres sentiments ont été meurtris.

Beaucoup de couples, constatant leur incapacité à communiquer efficacement, en concluent à tort qu'ils ne s'aiment pas assez. Bien sûr, l'amour y est pour quelque chose, mais c'est beaucoup plus l'habileté dans les échanges qui est en cause.

Comment on apprend à communiquer

L'art de la communication efficace nous viendrait tout naturellement si nous avions tous été élevés dans une famille où les relations aimantes et honnêtes étaient à l'honneur. Mais, au cours des générations passées, la communication consistait essentiellement à éviter les situations négatives ou controversées. Avoir des sentiments négatifs, c'était comme avoir une maladie honteuse qu'il fallait cacher et nier.

Dans les familles dites moins civilisées, ce qu'on considérait comme des relations aimantes supposait sans doute, aussi, l'expression ou la rationalisation des sentiments négatifs à travers les cris, les punitions physiques, telles la fessée ou la flagellation, et maintes formes d'admonestation, toujours dans le but d'aider les enfants à distinguer le bien du mal.

Si nos parents avaient appris à communiquer avec amour, sans étouffer leurs émotions négatives, nous-mêmes, leurs enfants, nous serions sentis libres d'admettre et d'explorer nos sentiments négatifs par l'expérimentation et la compréhension de nos erreurs. Nous aurions appris à communiquer efficacement nos émotions, et particulièrement les plus délicates d'entre elles, à partir d'exemples réels. Pendant dix-huit ou vingt ans d'expérimentation et d'apprentissage, nous aurions progressivement appris à exprimer nos sentiments avec respect et de façon appropriée. Si tel avait été le cas, nous n'aurions pas besoin d'écrire tant de lettres d'amour.

Si notre passé avait été autre

Si nous avions eu un passé différent, nous aurions probablement observé notre père en train d'écouter patiemment et amoureusement notre mère exprimant et expliquant ses frustrations et ses déceptions. Nous aurions constaté que, jour après jour, un bon mari offre à sa femme l'attention et la compréhension dont elle a besoin.

Nous aurions aussi appris que la femme doit faire confiance à son mari et partager ouvertement ses sentiments avec lui (y compris ses frustrations et ses déceptions), sans lui adresser aucun reproche ni aucune marque de désapprobation. Enfin, nous aurions constaté qu'il est possible pour une personne d'être bouleversée sans repousser son partenaire avec manque de confiance, désapprobation ou indifférence.

Au cours de nos dix-huit ans de croissance, nous aurions progressivement appris à dominer nos émotions, comme nous avons appris à maîtriser les mathématiques. Cela aurait été une aptitude acquise comme celles qui nous permettent de marcher, de sauter, de chanter, de lire ou d'utiliser un carnet de chèques.

Mais tel n'a pas été le cas pour la plupart d'entre nous. Nous avons plutôt passé dix-huit ans à apprendre de mauvaises techniques de communication. Et, parce que nous manquons d'éducation en ce domaine, il nous est difficile, sinon impossible, de communiquer avec amour quand nous éprouvons des sentiments négatifs.

Pour arriver à comprendre à quel point cela est difficile, analysez vos propres réponses aux questions suivantes.

1 – Quand vous éprouvez de la colère ou de la rancœur, comment exprimez-vous votre amour si – au cours de vos années d'éducation – vous avez vu vos parents passer leur temps à s'expliquer, ou à tout faire pour éviter d'avoir à s'expliquer ?

2 – Comment obtenez-vous que vos enfants vous obéissent – sans devoir crier ni les punir si vos parents criaient contre vous et vous punissaient pour vous éduquer ?

3 – Comment demandez-vous l'aide dont vous avez besoin si, étant enfant, vous vous êtes constamment senti négligé ou déçu ?

4 – Comment pouvez-vous vous ouvrir pour confier vos émotions si vous craignez le rejet ?

5 – Comment arrivez-vous à partager vos émotions avec votre partenaire si vos sentiments intérieurs disent : « Je te déteste » ?

6 – Comment réussissez-vous à dire « Excuse-moi » si, étant enfant, on vous punissait pour vos erreurs ?

7 – Comment faites-vous pour admettre vos erreurs si vous craignez la punition et le rejet ?

8 – Comment parvenez-vous à exprimer vos émotions si, dans votre enfance, on vous jugeait et on vous rejetait constamment quand vous étiez troublé ou que vous pleuriez ?

9 – Comment peut-on penser que vous allez être capable de demander ce dont vous avez besoin si, étant enfant, on vous faisait sentir que vous aviez toujours tort de demander quoi que ce soit ?

10 – Comment pouvez-vous même savoir ce que vous ressentez si, dans votre enfance, vos parents n'avaient jamais le temps, la patience ni la conscience de s'enquérir de vos sentiments ou de ce qui vous ennuyait ?

11 – Comment pouvez-vous accepter les imperfections

de votre partenaire si, dans votre enfance, vous aviez l'impression de devoir être parfait pour mériter l'amour ?

12 – Comment pouvez-vous trouver la force d'écouter attentivement et patiemment les récriminations de votre partenaire si personne n'écoutait jamais les vôtres ?

13 – Comment pouvez-vous pardonner si personne ne vous a jamais accordé son pardon ?

14 – Comment pouvez-vous pleurer pour soulager votre peine et votre douleur si, enfant, on vous a constamment répété : « Ne pleure pas ! » ou « Les grandes personnes ne font pas ça », ou même « Il n'y a que les bébés qui pleurent » ?

15 – Comment serez-vous capable d'écouter les récriminations de votre partenaire si, dans votre enfance, on vous a tenu pour responsable des maux de votre mère, bien avant que vous puissiez comprendre que vous n'y étiez pour rien ?

16 – Comment serez-vous capable de comprendre la colère de votre partenaire si votre père et votre mère soulageaient leur frustration en vous criant dessus, ou en étant excessivement exigeants ?

17 – Comment pouvez-vous vous ouvrir en toute confiance à votre partenaire si les premières personnes à qui vous avez fait confiance dans la vie vous ont trahi d'une manière ou d'une autre ?

18 – Comment arriverez-vous à communiquer vos sentiments avec amour et respect si vous n'avez pas eu dix-huit ans de pratique, sans menace de rejet ou d'abandon ?

Ces dix-huit questions ont une réponse commune : il est possible d'apprendre à communiquer avec amour, mais il faut faire les efforts nécessaires. Nous devons compenser dix-huit années de négligence dans notre vie. Peu importe l'attitude qu'avaient nos parents. Personne n'est parfait. Si vous trouvez difficile de communiquer, ce n'est pas un mauvais sort qui vous afflige, et votre partenaire n'y est pour rien. C'est simplement un manque d'entraînement et une absence de climat propice pour s'exercer en toute sécurité.

En lisant les questions ci-dessus, certains sentiments ont pu surgir en vous. Ne ratez pas cette occasion spécifique pour exorciser vos malaises. Prenez vingt minutes (maintenant) pour écrire une lettre d'amour (à retardement) à l'un de vos parents. Prenez simplement un stylo et du papier et, en vous aidant de notre technique de la lettre d'amour, laissez couler vos sentiments. Faites-en l'essai tout de suite, et vous serez surpris des résultats.

DIRE TOUTE LA VÉRITÉ

Les lettres d'amour sont efficaces parce qu'elles vous aident à dire toute la vérité. Voici quelques raisons pour lesquelles une exploration partielle de vos sentiments ne suffit pas à guérir votre malaise.

1 – Cela ne vous apportera rien de ne ressentir que de la colère. Ça peut seulement vous fâcher davantage. Plus vous vous attarderez sur votre irritation et plus vous serez perturbé.

2 – Pleurer pendant des heures ne vous aidera jamais à dépasser votre peine, cela ne fera que vous laisser vide et insatisfait.

3 – Si vous ne ressentez que votre peur, vous aurez encore plus peur.

4 – Regretter sans oser explorer davantage vos sentiments ne fait qu'attiser en vous la honte et la culpabilité, et peut même ternir votre amour-propre.

5 – En essayant d'être toujours aimant, on étouffe inévitablement ses émotions négatives, ce qui rend à terme indifférent et amorphe.

La technique des lettres d'amour est un excellent guide pour écrire la vérité sur tous ses sentiments. Pour parvenir à guérir nos souffrances intérieures, il nous faut pouvoir ressentir chacune des quatre facettes primaires de douleur émotionnelle que sont la colère, la peine (ou la tristesse), la crainte (ou l'inquiétude) et le regret.

Pourquoi les lettres d'amour sont efficaces

En exprimant chacun de ces quatre niveaux de douleur émotionnelle, nous pouvons soulager notre mal, mais en n'écrivant que sur un ou deux d'entre eux, nous obtiendrons un résultat moindre. C'est parce que beaucoup de nos réactions négatives ne sont souvent pas de vrais sentiments, ce sont des mécanismes de défense que nous déployons inconsciemment pour éviter de faire face aux sentiments qui nous font mal, comme dans les exemples ci-après.

1 – Les gens qui se fâchent facilement cherchent généralement à cacher leur faiblesse, leur tristesse, leur peur ou leurs regrets. Mais, en laissant ces sentiments profonds remonter à la surface de leur cœur, ils pourraient se débarrasser de leur colère et devenir plus aimants.

2 – Les gens qui pleurent souvent ont habituellement du mal à se fâcher. Mais, quand on les aide à exprimer leur colère intérieure, ils se sentent beaucoup mieux et deviennent plus aimants.

3 – Les gens qui ont peur ont généralement besoin de sentir et d'exprimer leur colère, après quoi ils n'ont plus peur.

4 – Les gens qui ont souvent des regrets ou se sentent coupables ont habituellement besoin de sentir et d'exprimer leur souffrance et leur colère, après quoi ils peuvent retrouver l'amour-propre qu'ils méritent.

5 – Les gens qui se sentent toujours aimants, mais qui se demandent pourquoi ils sont déprimés ou incapables de réagir, devraient mettre par écrit leur réponse à la question suivante : « Si je devais être irrité ou bouleversé par quelque chose, qu'est-ce que ce serait ? » Cela peut les aider à mettre le doigt

sur les sentiments qui se cachent derrière leur tristesse et leur attitude indifférente. La lettre d'amour peut très bien servir à ces fins.

Des sentiments peuvent en cacher d'autres

Les exemples suivants démontrent comment les hommes et les femmes utilisent leurs émotions négatives pour étouffer, voire supprimer leur véritable souffrance. Il faut se rappeler que ce réflexe est automatique et se produit généralement sans que la personne s'en rende compte. Prenez un instant pour considérer les questions qui suivent.

- Vous arrive-t-il de sourire alors que vous êtes vraiment fâché ?
- Vous est-il arrivé de réagir avec colère alors que vous étiez intérieurement envahi par la peur ?
- Pouvez-vous rire et faire de l'humour alors que vous vous sentez triste et meurtri ?
- Vous êtes-vous jamais empressé de blâmer autrui pour des choses dont vous vous sentiez coupable ou qui vous angoissaient ?

Le tableau qui suit montre comment les hommes et les femmes nient régulièrement leurs véritables sentiments. Tous les hommes ne se reconnaîtront pas nécessairement dans la description masculine, ni les femmes dans la description féminine, mais ce tableau peut les aider à comprendre comment on peut demeurer totalement ignorant de ses propres sentiments.

COMMENT NOUS CAMOUFLONS NOS SENTIMENTS

Comment les hommes camouflent leur douleur morale (en général inconsciemment)

1 – L'homme peut utiliser la colère comme moyen de cacher des sentiments douloureux tels la tristesse, le regret, la culpabilité et la peur.

2 – L'homme peut recourir à l'indifférence et au découragement pour éviter de ressentir la douleur de la colère.

3 – L'homme peut se montrer offensé pour ne pas laisser voir qu'il est blessé.

4 – L'homme peut se montrer irrité et rigide par peur de laisser voir qu'il n'est pas sûr de lui ou qu'il a peur.

5 – L'homme peut avoir honte de camoufler sa colère ou sa peine.

6 – L'homme peut camoufler sa colère, sa peur, sa déception, son découragement ou sa honte sous des apparences calmes et paisibles.

Comment les femmes camouflent leur douleur morale (en général inconsciemment aussi)

1 – La femme peut se montrer préoccupée et inquiète pour éviter de ressentir la douleur de la colère, de la culpabilité, de la peur ou de la déception.

2 – La femme peut glisser dans la confusion pour éviter la colère, l'irritation et la frustration.

3 – La femme peut se montrer gênée pour ne pas faire voir qu'elle est embarrassée, fâchée, triste ou contrite.

4 – La femme peut utiliser la peur et l'incertitude pour éviter de se montrer fâchée, blessée ou triste.

5 – La femme peut se servir de sa peine pour cacher sa colère et sa peur.

6 – La femme peut utiliser l'espoir pour ne pas succomber à la colère, à la tristesse, à la peine et au regret.

| 7 – L'homme peut se montrer confiant pour cacher son incompétence. | 7 – La femme peut cacher sa détresse et sa déception derrière une apparence de joie et de gratitude. |
| 8 – L'homme peut dissimuler sa peur sous des dehors agressifs. | 8 – La femme peut recourir à l'amour et au pardon pour nier ses sentiments douloureux et sa colère. |

VAINCRE SES SENTIMENTS NÉGATIFS

Il est très difficile de reconnaître et d'accepter les sentiments négatifs d'une autre personne lorsqu'on n'a pas découvert et exploré ses propres émotions négatives. Il devient plus facile de partager nos sentiments et d'accepter ceux de notre partenaire, sans nous sentir blessés, impatients, frustrés ou offensés, dans la mesure où nous avons réussi à régler nos propres problèmes d'enfance.

Si vous opposez beaucoup de résistance à la reconnaissance de vos propres souffrances morales, vous en ferez autant devant l'expression de la souffrance des autres. Si vous montrez de l'impatience et de l'intolérance en entendant quelqu'un exprimer des émotions à caractère infantile, voilà une bonne indication de la façon dont vous vous traitez vous-même.

Pour rétablir la situation, il nous faut jouer le rôle de notre propre parent. Il faut reconnaître qu'il y a en nous une conscience (une personne émotionnelle) qui s'affole, même au moment où notre esprit rationnel nous dit qu'il n'y a pas de quoi s'affoler. Il nous faut isoler cette partie émotive de nous-mêmes et la traiter en parent aimant. Nous devons lui poser des questions comme : « Qu'est-ce qu'il y a, as-tu mal ? », « Qu'est-ce que tu ressens ? », « Qu'est-ce qui t'a bouleversé ? », « Qu'est-ce qui te fâche comme ça ? », « Qu'est-ce qui te fait de la peine ? », « De quoi as-tu peur ? » et « Qu'est-ce que tu veux ? »...

À force d'écouter parler votre cœur avec compassion, vous verrez vos sentiments négatifs miraculeusement guérir et vous pourrez réagir aux situations avec beaucoup plus d'amour et de respect. En comprenant nos sentiments à caractère infantile, nous permettons automatiquement à des sentiments plus aimants de s'infiltrer dans nos paroles.

Si, enfants, nos émotions avaient régulièrement été entendues et reconnues avec amour, nous ne nous retrouverions pas bloqués par des émotions négatives en tant qu'adultes. Mais, comme la plupart d'entre nous n'ont pas été soutenus de cette façon dans leur enfance, alors nous devons le faire pour nous-mêmes maintenant.

Comment votre passé affecte votre présent

Vous vous êtes sûrement déjà senti étouffé par des émotions négatives. Voici comment certains traumatismes mal digérés de notre enfance peuvent nous affecter à travers nos stress d'adultes.

1 – Lorsqu'une chose nous a ennuyés, nous persistons à nous sentir fâchés et agacés, alors même que notre raisonnement d'adulte nous dit que nous devrions nous calmer.

2 – Lorsqu'une chose nous a déçus, nous persistons à nous sentir tristes et blessés, même quand l'adulte en nous nous dit que nous devrions retrouver le sourire.

3 – Lorsque nous sommes bouleversés, nous sommes envahis de crainte et d'angoisse, en dépit des appels au calme et à la confiance en nous de notre raisonnement d'adulte.

4 – Quand nous nous sentons embarrassés, un mélange de regret et de honte nous paralyse, alors même que la part adulte de notre personnalité nous répète que nous n'avons aucune raison de réagir ainsi.

Étouffer ses sentiments négatifs :
une mauvaise solution

En tant qu'adultes, nous tentons de contrôler nos sentiments négatifs en les évitant. Nous avons recours à des substituts tels que l'alcool ou la drogue pour étouffer les messages que nous donnent nos sentiments inexprimés et nos besoins inassouvis. Après un verre de vin, le mal a disparu pour un moment. Mais il faut savoir qu'il reviendra encore et encore.

Paradoxalement, ce sont nos efforts pour éviter nos émotions négatives qui leur donnent le pouvoir de contrôler notre vie. En apprenant à écouter puis à prendre soin de nos émotions intérieures, celles-ci finissent par lâcher prise.

Paradoxalement, nos efforts pour fuir nos émotions
négatives renforcent l'emprise de ces dernières.

Lorsque vous êtes bouleversé, vous n'êtes certainement pas capable de communiquer aussi efficacement que vous le voudriez. À ce moment-là, les problèmes non résolus de votre passé refont surface. C'est comme si l'enfant à qui il n'était jamais permis de faire une crise en faisait une maintenant, et se retrouvait puni une fois de plus.

Nos émotions de jeunesse refoulées ont le pouvoir de nous contrôler en s'emparant de notre conscience d'adulte et en s'opposant à notre capacité de communiquer avec amour. Tant que nous sommes incapables de faire face à ces sentiments apparemment irrationnels venus de notre passé (qui semblent envahir notre vie quand nous avons le plus besoin d'équilibre), ils continueront à bloquer nos communications sur le plan amoureux.

Le secret, pour réussir à extérioriser ces émotions délicates, réside dans la sagesse et la détermination qui nous permettent d'exprimer ces sentiments négatifs par écrit, pour que nous devenions conscients de nos sentiments plus positifs. Plus nous serons capables d'inclure l'amour que notre partenaire mérite dans nos communications avec lui, plus notre relation de couple sera solide. En outre, il sera d'autant plus facile pour votre partenaire de vous soutenir que vous saurez lui confier vos bouleversements avec amour.

S'AIDER SOI-MÊME

La rédaction de lettres d'amour est un excellent moyen de vous aider vous-même mais, si vous n'en prenez pas immédiatement l'habitude, vous pourrez en oublier l'existence ou l'utilité. Je vous suggère donc de vous asseoir pour écrire une lettre d'amour selon notre méthode au moins une fois par semaine, sitôt que quelque chose vous tracasse.

La lettre d'amour est non seulement utile quand vous vous sentez perturbé dans vos relations avec votre partenaire, mais aussi quand vous êtes bouleversé pour quelque raison que ce soit. Il est bon également d'écrire une lettre d'amour quand vous éprouvez du ressentiment, de l'anxiété, de l'inquiétude, de la fatigue, de l'irritation, ou encore quand vous êtes malheureux, déprimé ou tout simplement stressé. Quand vous voulez vous sentir mieux, écrivez-en une. Ça ne changera pas nécessairement votre état d'esprit du tout au tout, mais ça vous remettra sûrement sur la bonne voie.

Dans mon premier livre, *Vous pouvez guérir ce que vous ressentez*, j'ai étudié plus en détail l'importance d'explorer ses sentiments et d'écrire des lettres d'amour. Et dans mes séries d'enregistrements sur cassettes, intitulées *Guérir le cœur*, je révèle des techniques de visualisation thérapeutiques et des exercices fondés sur la technique de la lettre d'amour, pour aider à combattre l'anxiété, atténuer le ressentiment, développer la capacité à pardonner, aimer l'enfant qui vit en soi et panser les blessures émotionnelles du passé.

Beaucoup d'autres livres et manuels ont aussi été écrits sur ces sujets par d'autres auteurs. La lecture de ces livres pourra vous aider à prendre contact avec vos sentiments intérieurs troublants et les éliminer. Rappelez-vous cependant que, si vous ne laissez pas votre côté émotionnel s'exprimer et se faire entendre, vous ne pouvez le guérir de ses problèmes. Les livres peuvent vous aider à mieux vous aimer, mais en écoutant, en écrivant et en exprimant verbalement tous vos sentiments personnels, vous le faites encore mieux.

Les livres peuvent vous aider à mieux vous aimer, mais écrire ou exprimer verbalement vos sentiments, ou même simplement leur prêter une oreille attentive, constitue déjà un grand pas dans la bonne direction.

En pratiquant la technique de la lettre d'amour, vous prendrez davantage contact avec la partie de vous-même qui a le plus besoin d'amour. En leur portant attention et en explorant vos émotions, vous aiderez cette partie de vous à grandir et à se développer.

À mesure que votre côté émotionnel recevra l'amour et la compréhension dont il a besoin, vous vous mettrez automatiquement à mieux communiquer. Vous pourrez réagir aux situations de façon plus aimante. Même si nous avons tous été programmés pour cacher nos sentiments comme pour réagir sur la défensive et sans amour, nous avons la capacité de nous reprogrammer, avec toutes les chances d'y réussir.

Pour vous reprogrammer, vous devez prendre connaissance des problèmes que vous avez refoulés par le passé et qui n'ont jamais pu trouver de solution, et les comprendre. C'est une part de vous-même qui a besoin d'être ressentie et comprise pour être guérie.

La rédaction de lettres d'amour est aussi une façon sûre d'exprimer des sentiments non assumés, des émotions négatives et des besoins, sans risquer d'être jugé ou rejeté. En écoutant nos sentiments, nous traitons sagement notre côté émotif comme s'il était un petit enfant pleurant dans les bras d'un parent. Et en explorant nos sentiments comme des vérités, sans réticence, nous nous accordons la permission d'avoir ces sentiments. En traitant cette partie infantile de nous-mêmes avec amour et respect, nous pouvons progressivement panser les blessures émotionnelles héritées de notre passé.

Bien des gens mûrissent trop vite, parce qu'ils rejettent ou refoulent leurs sentiments. Leurs blessures émotionnelles non traitées attendent toujours le moment de remonter à la surface et d'être guéries par l'amour. Et, bien qu'ils tentent d'étouffer ces sentiments, la souffrance et l'incapacité d'être heureux qui en découlent continuent de les affecter.

On reconnaît de plus en plus que la majorité des maladies physiques sont directement liées à des problèmes émotifs non résolus. Une souffrance émotionnelle refoulée se transforme généralement en souffrance physique et peut même causer une mort prématurée. De plus, la plupart de nos manies, obsessions et dépendances destructives sont l'expression de nos blessures émotionnelles.

L'obsession habituelle de la réussite chez l'homme est un effort désespéré pour gagner l'amour afin de soulager sa souffrance et son chaos émotionnel. L'obsession habituelle de perfection chez la femme est aussi une tentative désespérée de mériter l'amour et de réduire sa souffrance émotionnelle. Tout excès, de conduite ou de sentiment, peut être un moyen d'engourdir la souffrance découlant d'un passé troublé.

Notre société nous offre une grande variété de distractions pour nous aider à éviter la souffrance morale. Les lettres d'amour, elles, vous aident à regarder votre souffrance en face, à la ressentir et à la guérir. Chaque fois que vous écrivez une lettre d'amour, vous offrez à votre moi intérieur émotionnel et blessé l'amour, la compréhension et l'attention dont il a besoin pour guérir.

Le pouvoir de la solitude

Parfois, en exprimant vos sentiments par écrit dans la solitude, vous pouvez découvrir des niveaux d'émotion qu'il vous serait impossible d'atteindre en présence d'une autre personne. L'intimité de notre propre solitude crée le climat serein qu'il nous faut pour approfondir nos sentiments. Même si vous vivez une relation de couple dans laquelle il vous est possible de parler de tout et de n'importe quoi sans danger, je vous recommande de mettre vos sentiments sur papier de temps en temps, dans une solitude absolue. La rédaction de lettres d'amour en privé est aussi un exercice sain, parce qu'il permet de prendre du temps pour soi, un moment privilégié au cours duquel vous ne dépendez absolument de personne.

Je vous conseille d'inclure vos lettres d'amour dans votre journal intime, ou de les conserver dans un classeur. Si leur rédaction vous pose problème, n'hésitez pas à vous référer à la formule donnée plus haut dans ce chapitre. Elle vous aidera en vous rappelant les différentes phases ou sections d'une lettre d'amour bien construite, et en vous suggérant des amorces de phrases lorsque vous êtes bloqué et que vous ne savez pas trop comment attaquer un sujet.

Vous pouvez aussi introduire la formule-guide de la lettre d'amour dans un fichier-modèle de votre ordinateur. Vous n'aurez qu'à ouvrir ce fichier quand vous en aurez besoin, et quand votre lettre sera écrite vous l'enregistrerez avec la date. Et, bien sûr, vous l'imprimerez en un ou deux exemplaires, selon que vous désirez juste la relire ou la faire partager à quelqu'un.

En plus de votre activité d'écriture, je vous suggère de garder un classeur de toutes vos lettres. Relisez-les de temps en temps, quand vous n'êtes pas bouleversé, parce que c'est le meilleur moment pour réviser vos sentiments avec une plus grande objectivité. Cette objectivité pourra vous aider à exprimer vos émotions négatives de manière plus respectueuse ensuite. Aussi, quand vous écrivez une lettre d'amour alors que vous êtes encore sous le coup de l'émotion, vous pouvez vous sentir mieux après en la relisant.

Le pouvoir de l'intimité

Écrire des lettres d'amour en privé a un pouvoir thérapeutique certain, mais cela ne peut pas remplacer notre besoin d'être entendus et compris des autres. En rédigeant une lettre d'amour, on s'adresse de l'amour à soi-même, mais quand on partage sa lettre, on reçoit l'amour de l'autre. Pour être davantage capables de nous aimer nous-mêmes, il nous faut aussi recevoir de l'amour. Le partage de la vérité ouvre la porte de l'intimité pour laisser pénétrer notre amour.

Pour nous aimer nous-mêmes, il nous faut être aimés.

Pour recevoir plus d'amour, nous devons nous entourer de gens avec lesquels nous pouvons partager nos sentiments ouvertement et en toute sécurité. Il est primordial d'avoir dans sa vie certaines personnes à qui l'on peut absolument tout dire, tout raconter. Des personnes en qui vous avez pleine confiance et qui continueront à vous aimer sans risque de vous blesser par leurs critiques, leurs jugements ou leur rejet.

Lorsque vous pouvez dire qui vous êtes, et comment vous vous sentez, alors vous pouvez pleinement recevoir de l'amour. Si vous possédez cet amour, il est plus facile pour vous de montrer des symptômes émotionnels négatifs comme le ressentiment, la colère, la peur et ainsi de suite. Cela ne veut pas dire qu'il vous faut partager tout ce que vous avez découvert et ressenti en privé. Mais si vous avez encore des sentiments que vous avez peur d'exprimer, ces peurs ont besoin d'être graduellement éliminées.

Si vous êtes capable d'exprimer vos sentiments les plus personnels et les plus profonds, un thérapeute ou un ami intime peuvent être d'excellentes sources de soulagement et d'amour ravivé. Si vous ne connaissez pas de thérapeute, alors il peut être très utile qu'un ami lise vos lettres de temps en temps. Rédiger des lettres en privé vous fera du bien mais, ponctuellement, il est essentiel de partager vos lettres d'amour avec une autre personne qui vous aime bien et qui vous comprend.

Le pouvoir du groupe

Le pouvoir d'un soutien de groupe ne se décrit pas, c'est une chose qui doit être vécue. Un groupe sympathique et chaleureux peut faire des merveilles en nous aidant à entrer plus facilement en contact avec nos émotions profondes. En partageant vos sentiments avec un groupe, vous rencontrez plus de personnes capables de vous transmettre de l'amour. Le potentiel de croissance est multiplié par le nombre des participants. Même si vous ne vous exprimez pas vous-même dans le groupe, en écoutant les autres parler ouvertement et honnêtement de leurs sentiments, votre prise de conscience et votre compréhension se développeront sensiblement.

Lorsque je dirige des séminaires de groupe à travers les États-Unis, je découvre chaque fois en moi-même des parties de plus en plus profondes qui ont besoin d'être entendues et comprises. Dès que quelqu'un se lève et exprime ses sentiments, soudain, je me rappelle ou je ressens quelque chose. J'acquiers des connaissances nouvelles et importantes sur moi-même comme sur les autres. Quand arrive la fin de chaque séminaire, je me sens généralement beaucoup plus léger et bien plus aimant.

Un peu partout, de petits groupes de soutien se réunissent chaque semaine sur presque tous les sujets imaginables pour s'offrir un soutien mutuel. Ce genre de soutien de groupe est particulièrement utile si, étant enfant, nous n'avons pas été capables de nous exprimer en toute sécurité en groupe, ou dans notre famille. Toute activité positive de groupe donne de la force : ainsi le fait de parler ou d'écouter au sein d'un groupe disposé à nous aimer et à nous soutenir a un effet thérapeutique inestimable.

Je fréquente régulièrement un petit groupe de soutien masculin, et ma femme, Bonnie, se rend régulièrement aux réunions de son groupe de soutien féminin. Ces appuis extérieurs contribuent beaucoup au succès de notre relation de couple. Ils nous dégagent de l'obligation de compter seulement sur nous deux pour l'assistance dont nous avons besoin. De plus, écouter les autres raconter leurs succès et leurs échecs nous permet de relativiser nos propres problèmes.

Prendre le temps d'écouter

Écrire vos pensées et vos sentiments en privé, ou les évoquer en session de thérapie, dans votre couple ou dans un groupe de soutien, est une démarche très importante. En prenant le temps d'écouter vos propres sentiments, vous dites en substance au petit être sensible qui est en vous : « Tu es important pour moi, tu mérites d'être entendu, et je m'intéresse assez à toi pour t'écouter. »

En prêtant l'oreille à vos propres sentiments, vous dites en substance au petit être sensible qui se cache en vous : « Tu comptes à mes yeux, tu mérites d'être entendu, et je m'intéresse assez à toi pour t'écouter. »

J'espère que vous utiliserez cette technique de la lettre d'amour, parce que j'ai vu comment elle a transformé la vie de milliers de gens, y compris la mienne. À force d'écrire des lettres d'amour, cela devient de plus en plus facile et ça fonctionne mieux. Il faut de la pratique, mais cela en vaut la peine !

12

Comment solliciter
un soutien et l'obtenir

Si vous n'obtenez pas le soutien dont vous avez besoin dans votre relation de couple, c'est peut-être que vous ne le demandez pas assez, ou que vous le demandez mal. Dans toute relation, il est essentiel de solliciter l'amour et le soutien dont on a besoin. Comme il est dit dans l'Évangile selon saint Matthieu : « Demandez et on vous donnera ! »

Nous avons tous du mal à quêter le soutien dont nous avons besoin, les femmes encore bien plus que les hommes. C'est pourquoi je destine ce chapitre aux femmes. Naturellement, le lire aidera également les hommes à mieux comprendre les femmes.

POURQUOI LES FEMMES RÉPUGNENT
À DEMANDER

Les femmes pensent à tort qu'elles n'ont pas à demander de soutien. Parce qu'elles ressentent intuitivement les besoins des autres et leur donnent tout ce qu'elles peuvent, elles croient à tort que l'homme peut faire de même. Quand une femme est amoureuse, elle offre instinctivement son amour. Et c'est avec beaucoup de plaisir et d'enthousiasme qu'elle cherche les moyens d'offrir son soutien. Plus la femme est amoureuse et plus elle est motivée pour soutenir celui qu'elle aime.

Sur Vénus, tout le monde offrant son soutien spontanément, il n'y avait aucune raison de le solliciter. En fait, pour les Vénusiennes, on démontre qu'on aime quelqu'un en ne l'obligeant pas à quémander du soutien. Sur Vénus, « ne pas avoir à demander » est une des définitions de l'amour.

*Sur Vénus, « ne pas avoir à demander » est une
des définitions de l'amour.*

Parce que c'est l'un de ses points de référence, la femme pense que si son partenaire l'aime vraiment, il va lui offrir tout le soutien dont elle a besoin et qu'elle n'aura jamais à le lui demander. Elle peut même se forcer à ne rien lui demander, comme pour le tester et vérifier s'il l'aime réellement. Et pour qu'il réussisse ce test, elle exigera qu'il devine ses besoins, et qu'il lui offre son soutien sans qu'elle ait besoin de le solliciter.

Cette méthode ne peut absolument pas fonctionner avec un homme. Il faut se rappeler que les hommes viennent de Mars et que, pour obtenir du soutien sur Mars, il faut absolument le demander. Les hommes ne connaissent pas cette motivation instinctive qui pousse à offrir son soutien, ils ont besoin qu'on le leur demande. Ce peut être assez dérangeant pour une femme parce que, si vous demandez du soutien à un homme de la mauvaise façon, il peut se désintéresser de vous, et si vous ne lui en demandez pas, vous en recevrez très peu ou pas du tout.

Au début d'une relation, lorsque la femme ne reçoit pas le soutien qu'elle désire, elle pense que son partenaire ne le lui donne pas parce qu'il n'a plus rien à donner. Alors, avec beaucoup d'amour et de patience, elle continue à donner, en pensant que tôt ou tard il se rattrapera. Mais de son côté, l'homme pense qu'il a déjà assez donné puisque sa partenaire continue à lui donner en retour.

Il ne réalise pas qu'elle s'attend qu'il lui rende ce qu'elle lui donne alors. Il pense que si elle avait besoin de soutien, elle s'arrêterait de donner. Puisqu'elle est vénusienne, non seulement elle en veut plus, mais elle espère qu'il lui offrira son soutien sans qu'elle ait à le solliciter. Or, comme il attend qu'elle demande pour lui procurer le soutien qu'elle désire, il conclut que, si elle ne lui demande rien, c'est sûrement qu'il lui donne déjà suffisamment.

Au bout du compte, elle finira par lui demander de l'aide. Mais à ce moment-là, elle aura tellement donné et elle éprouvera tellement de ressentiment que sa demande prendra la forme d'une exigence. Certaines femmes sont offensées simplement parce qu'elles doivent quémander le soutien d'un homme. Alors, quand elles s'y résigneront, même s'il le leur accorde avec plaisir, elles éprouveront de l'amertume parce qu'elles auront dû le demander. Dans l'esprit d'une femme, ce qu'elle doit demander ne compte pas.

Les hommes réagissent mal aux exigences et au ressentiment. Même quand un homme est disposé à offrir son soutien, s'il sent une exigence ou une rancœur, il refusera. Face à l'exigence, il se désintéresse complètement et les chances pour la femme d'obtenir ce qu'elle veut sont donc réduites à néant. Dans certains cas, si l'homme s'aperçoit qu'elle exige plus, il va même lui donner moins pendant quelque temps.

Si la femme ne demande pas d'aide, l'homme pense qu'il lui en donne suffisamment.

Ce mode de comportement rend toute relation intime bien difficile pour la femme qui ne le connaît pas. Mais quoique ce problème paraisse insoluble, il existe des solutions. En vous rappelant que les hommes sont influencés par Mars, vous pourrez apprendre de nouvelles manières, plus efficaces, de demander ce qu'il vous faut.

Dans mes séminaires, j'ai enseigné à des milliers de femmes l'art de demander, grâce auquel elles ont connu un succès immédiat. Dans ce chapitre, nous allons étudier les trois étapes pour demander et obtenir ce que vous désirez. Ces étapes sont :

1 – Demander correctement ce que vous recevez déjà.
2 – Demander plus, même quand vous savez qu'il dira non, et accepter son refus.
3 – Demander en imposant le respect.

PREMIÈRE ÉTAPE : DEMANDER CORRECTEMENT CE QUE VOUS RECEVEZ DÉJÀ

Le premier pas dans votre cheminement pour obtenir ce que vous désirez de votre partenaire, c'est de savoir demander ce que vous recevez déjà. Commencez par bien prendre connaissance de tout ce que votre mari fait déjà pour vous. Accordez une attention spéciale aux petites choses qu'il fait, comme porter des paquets, réparer des objets, faire le ménage, vous téléphoner, et quantité de petites tâches et attentions qui pourraient passer inaperçues.

À ce stade, l'important est de commencer par lui demander de faire les petites choses qu'il a déjà l'habitude de faire, et de ne pas tenir ses actions pour acquises. Montrez-lui votre satisfaction lorsqu'il a accédé à vos désirs et accompli les petites choses que vous lui avez demandées. Cessez, au moins temporairement, de vous attendre à recevoir son soutien sans l'avoir sollicité.

Il est important dans cette première étape de ne pas lui demander plus qu'il n'a l'habitude de donner. Concentrez vos demandes sur les petites choses qu'il fait habituellement. Laissez-le s'habituer à vous entendre lui demander quelque chose sur un ton qui n'a rien d'exigeant.

Peu importe la délicatesse de votre demande, s'il croit détecter la moindre exigence dans le ton de votre voix, il l'entendra comme un reproche de ne pas vous avoir suffisamment donné. Il se sentira mal aimé et mal apprécié, et aura alors tendance à donner moins, jusqu'à ce que vous lui ayez démontré que vous appréciez ce qu'il fait déjà pour vous.

Le moindre soupçon d'exigence dans le ton de votre voix sera interprété par l'homme comme un reproche à son encontre. Et puisqu'il semble que ses efforts ne vous suffisent pas, il les réduira jusqu'à ce que vous lui paraissiez apprécier à sa juste valeur tout ce qu'il fait déjà pour vous.

Il se peut qu'il soit déjà conditionné par vous, ou par sa mère, à répondre non à tout ce que vous lui demandez. Lors de cette première phase, vous allez le rééduquer en l'entraînant à répondre positivement à vos demandes. Dès qu'un homme réalise que vous l'appréciez sans tenir ses services pour acquis, et qu'il est capable de vous faire plaisir, il voudra, dans la mesure du possible, répondre positivement à vos demandes. Puis il vous offrira son soutien automatiquement, mais il ne faut pas vous attendre que cette transformation cruciale s'effectue en une nuit.

Il y a une autre raison pour laquelle vous devez vous exercer à lui demander ce qu'il vous donne déjà. Il s'agit de vous assurer qu'il comprenne bien et qu'il réagisse bien à la manière dont vous lui demandez quelque chose. C'est ce dont je parle quand j'emploie l'expression « demander correctement ».

Savoir motiver un homme

Il y a cinq petits secrets pour demander correctement à un Martien de vous soutenir. Si vous ne les connaissez pas et que vous ne les utilisez pas comme il faut, votre mari peut se désintéresser de vous facilement.

1 – Le choix du moment opportun. Veillez à vous abstenir de lui demander de faire une chose qu'il s'apprêtait de toute façon à faire. Ainsi, s'il est sur le point de sortir les poubelles, ne lui dites pas : « Veux-tu sortir les poubelles, s'il te plaît ? » Il aura alors l'impression que vous lui dites ce qu'il doit faire. Il est essentiel de choisir le bon moment. Si votre mari est prêt à entreprendre quelque chose, n'allez pas croire qu'il va immédiatement tout lâcher pour faire ce que vous lui demanderez.

2 – Une attitude conciliante. Rappelez-vous qu'une demande n'est pas une exigence. Si vous tapez du pied ou manifestez du ressentiment, vous aurez beau choisir les mots les plus aimables et les plus délicats, il aura quand même l'impression que vous n'appréciez pas ce qu'il fait déjà pour vous. Il refusera et répondra probablement par la négative à votre demande.

3 – La brièveté. Évitez de lui donner une liste des raisons pour lesquelles il devrait vous aider. Arrangez-vous pour ne pas devoir le convaincre. Plus vous passerez de temps à lui donner des explications, plus il résistera. De longues explications pour justifier vos demandes vont lui donner l'impression que vous doutez qu'il puisse vous soutenir. Et il se sentira alors manipulé plutôt que libre de vous accorder son soutien.

Quand vous sollicitez le soutien d'un homme, agissez comme si vous ne supposiez pas une seconde qu'il vous faille le convaincre de vous l'apporter.

Tout comme une femme bouleversée ne veut pas entendre les raisons pour lesquelles elle ne devrait pas être bouleversée, l'homme ne veut pas entendre les raisons et les explications pour lesquelles il devrait soutenir sa partenaire. Les femmes ont la mauvaise habitude de donner une série de raisons pour justifier leurs besoins. Elles pensent que cela peut permettre à leur mari de comprendre la légitimité de leur demande, et par conséquent le motiver à agir. En l'écoutant, l'homme entend : « Voici pourquoi il faut que tu fasses ce que je te demande de faire. » Plus leur liste de raisons est longue et plus il y a de risques que l'homme y résiste. Vous pourriez lui exposer vos raisons s'il vous demandait : « Pourquoi ? » Mais, même dans ce cas, vous devriez avoir la prudence de le faire brièvement. Faites comme si vous étiez absolument sûre qu'il va vous exaucer s'il le peut, et soyez aussi brève que possible.

4 – Une approche directe. Les femmes pensent qu'elles demandent du soutien quand, en réalité, elles ne le font pas. Lorsqu'une femme sent qu'elle a besoin d'assistance, elle entreprend d'expliquer son problème à son mari, mais sans le solliciter ouvertement et clairement. Elle persiste à croire qu'il va lui offrir de la soutenir, mais elle évite de le lui demander directement. Une demande indirecte est sous-entendue, mais pas directement formulée. Devant ce genre de sollicitation détournée, l'homme a l'impression qu'on tient son soutien pour acquis et qu'on ne l'apprécie pas. On peut certainement utiliser des affirmations indirectes de temps en temps, mais lorsque la femme se sert trop souvent de cette formule, l'homme est porté à lui refuser son soutien. Il ne sait peut-être même pas pourquoi il résiste ainsi. Nous allons maintenant voir une série de phrases qui sont toutes des demandes indirectes, et la manière dont l'homme répond généralement à ces phrases.

CE QUE L'HOMME RISQUE DE (MAL) COMPRENDRE LORSQUE SA FEMME S'EXPRIME DE MANIÈRE DÉTOURNÉE

Ce qu'elle devrait dire (bref et direct)	Ce qu'elle ne doit pas dire (indirect)	Ce que l'homme risque de comprendre
« Tu veux bien passer chercher les enfants ? »	« Il faudrait aller chercher les enfants, et je n'ai absolument pas le temps de le faire. »	« Si tu peux passer chercher les enfants, fais-le, sinon j'aurai l'impression que tu ne me soutiens pas et je t'en voudrai. » (chantage affectif)
« Tu veux bien rentrer les provisions ? »	« Les provisions sont dans la voiture. »	« C'est à toi de les rentrer car j'ai déjà accompli ma part du travail en faisant les courses. » (exigence)

« Tu veux bien sortir la poubelle ? »	« La poubelle est pleine. »	« Une fois de plus, tu n'as pas sorti la poubelle. Tu ne m'aides vraiment pas beaucoup. » (critique)
« Tu veux bien nettoyer la cour ? »	« La cour est dégoûtante. »	« Une fois de plus, tu n'as pas nettoyé la cour. C'est pourtant ton boulot. Je ne peux pas passer ma vie à te rappeler ce que tu dois faire. » (rejet)
« Tu veux bien aller chercher le courrier ? »	« Le courrier est encore dans la boîte aux lettres. »	« Tu as oublié d'aller chercher le courrier. Tu aurais dû y penser. » (désapprobation)
« Tu veux bien nous emmener dîner au restaurant ? »	« Je n'ai pas le temps de préparer le dîner. »	« Avec tout ce que j'ai fait aujourd'hui, tu pourrais au moins nous emmener dîner au restaurant. » (insatisfaction)
« J'aimerais bien que nous sortions, un soir de cette semaine. »	« Nous ne sommes pas sortis depuis des semaines. »	« Tu me négliges. Tu ne prends pas soin de moi comme tu le devrais. Nous devrions sortir plus souvent. » (ressentiment)

« Tu veux bien te libérer un moment pour que nous discutions ? »	« Il faut qu'on parle. »	« C'est ta faute si nous parlons si peu. Tu devrais m'accorder plus de temps. » (reproche)

5 – Des mots appropriés. Une des erreurs que les femmes commettent le plus souvent lorsqu'elles sollicitent le soutien de leur mari est d'utiliser le verbe pouvoir en lieu et place du verbe vouloir : elles demandent « Peux-tu » ou « Pourrais-tu ? » alors qu'elles veulent dire « Veux-tu ? » ou « Voudrais-tu ? »... « Pourrais-tu sortir la poubelle ? » est une banale question destinée à obtenir un renseignement d'ordre pratique (« Serais-tu capable de sortir la poubelle ? »), alors que « Voudrais-tu sortir la poubelle ? » est un service demandé.

Or, comme je viens de l'expliquer, les hommes sont fort peu réceptifs aux demandes indirectes. Et une succession de « Peux-tu » et de « Pourrais-tu » finit par les irriter.

Lorsque je suggère aux femmes de demander du soutien, elles ont tendance à paniquer parce qu'elles ont souvent entendu de la part de leur partenaire des remarques comme :

« Arrête de me harceler ! »
« Arrête de sans cesse me demander quelque chose ! »
« Arrête de me dire ce que je dois faire ! »
« Je sais ce que j'ai à faire ! »
« Tu n'as pas besoin de me dire ça ! »

Le son de ces remarques est désagréable aux oreilles féminines, mais le message que les hommes cherchent à transmettre par leur biais est : « Je n'aime pas ta manière de demander. » Si la femme ne comprend pas comment l'homme perçoit certaines expressions, elle s'embourbe davantage. Elle a peur de formuler ses demandes et utilise des mots comme « Peux-tu » parce qu'elle pense que c'est plus poli. Bien que ce genre de formules soit bien accepté par les Vénusiennes, il ne donne que des résultats négatifs auprès des Martiens.

Selon la philosophie martienne telle que nous l'avons déjà décrite, c'est une insulte de dire à quelqu'un : « Peux-tu sortir la poubelle ? » Naturellement qu'il « peut » sortir la poubelle (il en est physiquement capable), mais là n'est pas la question. Sa femme cherche en fait à savoir s'il *veut* bien le faire... Et si elle utilise à mauvais escient le verbe « pouvoir », il risque fort de refuser, par pur et simple agacement.

Ce que les hommes voudraient qu'on leur demande

Quand, au cours de mes séminaires, j'explique la différence de signification – et d'effet – entre les verbes pouvoir et vouloir et leurs dérivés, les Vénusiennes pensent tout d'abord que j'accorde beaucoup trop d'importance à une chose qui n'en a pas tant. En fait, les femmes ne saisissent pas très bien cette différence, parce que pour elles « Peux-tu » est même plus poli que « Veux-tu ». Mais pour les hommes, il y a une énorme différence entre ces deux façons de parler. Et c'est parce que la gent masculine attache tellement d'importance à cette différence que j'inclus ici les commentaires de dix-sept hommes qui ont suivi mes séminaires.

1 – Quand on me dit : « Pourrais-tu nettoyer la cour ? », je le prends à la lettre et je réponds : « Je pourrais le faire, bien sûr. C'est possible ! » Mais je ne dis pas : « Je vais le faire ! » Je n'ai donc pas l'impression de m'être engagé à le faire. Mais si on me demande : « Voudrais-tu nettoyer la cour ? », je sens le besoin de décider et l'envie d'accorder mon soutien. Et si je dis oui, je le ferai sans doute parce que je m'y suis engagé.

2 – Quand elle dit : « J'ai besoin de ton aide, pourrais-tu m'aider, s'il te plaît ? », cela résonne à mes

oreilles comme une critique, comme si j'avais déjà failli à la tâche. Je n'ai pas l'impression d'être invité à agir comme le « bon mari » que je veux être auprès d'elle, ni qu'elle sollicite mon soutien. Mais : « J'ai besoin de ton aide, voudrais-tu porter ceci pour moi, s'il te plaît ? » me paraît une demande directe et une occasion de jouer mon rôle de « bon mari », et cela me donne envie de dire oui.

3 – Quand ma femme me dit : « Peux-tu changer la couche de Christophe ? », je me dis silencieusement : « Bien sûr que je peux la changer, j'en suis capable. Après tout, c'est relativement facile de changer une couche. » Et si je n'ai pas envie de le faire, je peux me trouver une excuse. Mais si elle me demande : « Veux-tu changer la couche de Christophe ? », je vais dire : « Oui, bien sûr ! », et je vais le faire. Ça me donne envie d'aider ma femme en même temps que j'ai l'impression de prendre soin de mes enfants.

4 – Quand j'entends : « Voudrais-tu m'aider s'il te plaît ? », j'ai la sensation qu'elle me donne l'occasion de lui rendre service et je suis bien d'accord pour l'aider. Mais quand j'entends : « Pourrais-tu m'aider, s'il te plaît ? », je me sens comme acculé. Elle ne me donne pas le choix. Si j'ai la capacité de l'aider, je dois le faire parce qu'elle s'attend que je le fasse. Je ne me sens donc pas apprécié.

5 – Je déteste entendre : « Peux-tu... » Je sens que je n'ai pas d'autre choix que de dire oui. Si je dis non, elle sera fâchée contre moi. Ce n'est pas une requête, mais une exigence, une obligation !

6 – Je m'occupe, ou je fais semblant d'être occupé, pour que la femme avec qui je travaille ne me dise pas : « Peux-tu faire ceci ou cela ? » Au moins, quand elle dit : « Veux-tu », j'ai l'impression qu'elle me laisse le choix, et j'ai envie de l'aider.

7 – Pas plus tard que la semaine dernière, ma femme m'a demandé : « Pourrais-tu planter les fleurs

aujourd'hui ? » et j'ai dit oui. Puis quand elle est rentrée à la maison, elle m'a demandé : « As-tu planté les fleurs ? » et j'ai répondu non. Elle m'a dit : « Peux-tu le faire demain ? » et j'ai encore répondu sans hésitation oui. Le même scénario s'est répété chaque jour depuis ce jour-là, et les fleurs ne sont toujours pas plantées. Je pense que si elle m'avait demandé : « Voudrais-tu planter les fleurs demain ? », j'y aurais songé plus sérieusement. Et si j'avais dit oui, je l'aurais fait.

8 – Quand je dis : « Oui, je pourrais faire ça », je ne m'engage pas à le faire. Je dis seulement que je pourrais le faire. Je n'ai pas promis de le faire, et je pense que ma femme n'a aucune raison de se fâcher pour ça. Si je disais : « Je vais le faire », je comprendrais qu'elle soit fâchée si je ne le faisais pas.

9 – J'ai été élevé avec cinq sœurs, et maintenant que je suis marié, j'ai trois filles. Quand ma femme me dit : « Peux-tu sortir la poubelle ? », je ne réponds pas. Quand elle demande : « Pourquoi ? », je ne sais pas quoi répondre non plus. Là, je viens de réaliser pourquoi. C'est que je me sens dominé, contrôlé ! Je réagis beaucoup mieux quand on me dit : « Voudrais-tu... ? »

10 – Quand j'entends un « Pourrais-tu », je vais immédiatement dire oui. Puis, dans les dix minutes suivantes, je réalise que je n'ai pas du tout l'intention de faire ce qu'on m'a demandé, et j'ignore la question. Mais quand j'entends : « Veux-tu faire telle chose ? », je bondis comme un soldat en disant : « Oui, je veux rendre service. » Et même si par la suite des objections surgissent dans mon esprit, je vais quand même m'acquitter de ma tâche parce que j'ai donné ma parole.

11 – Quand je réponds oui à une question qui commence par « Peux-tu ? », le ressentiment m'envahit. Je crains qu'elle ne me fasse une scène si je dis non, et je me sens manipulé. Mais quand elle

me prend par le « Voudrais-tu... », je me sens libre d'accepter ou de refuser. Et comme c'est moi qui décide, j'ai envie de dire oui.

12 – Quand une femme me demande : « Voudrais-tu faire ceci ? », je suis rassuré. Je sais qu'elle va m'accorder un point pour ma bonne action. Je me sens apprécié et heureux de donner.

13 – Quand j'entends un « Voudrais-tu... ? », je sens qu'elle a confiance en moi pour bien la servir. Mais quand j'entends un « Peux-tu... ? », je décèle une question derrière la question. Elle me demande si je peux sortir la poubelle alors qu'il est bien évident que je le peux. Mais, derrière sa question, je sens une exigence que son manque de confiance en moi l'empêche de m'adresser directement.

14 – Quand une femme commence ses demandes par « Voudrais-tu » ou « Veux-tu », je sens sa vulnérabilité, et je deviens beaucoup plus sensible à ses besoins. Je n'ai absolument pas envie de la rejeter en disant non. Mais quand elle me dit « Peux-tu », j'ai beaucoup plus de facilité à dire non, parce qu'à ce moment-là mes paroles ne sont pas un rejet. Elles sont simplement une affirmation impersonnelle du fait que je ne peux pas. Je crois donc qu'elle n'a pas à s'offenser personnellement si je dis non à son « Peux-tu ».

15 – Pour moi, « Voudrais-tu » a une connotation personnelle, et me donne envie de donner. Mais « Pourrais-tu » est très impersonnel et me donne envie de donner seulement si ça me convient, ou si je n'ai rien d'autre à faire.

16 – Lorsqu'une femme me dit : « Pourrais-tu m'aider, s'il te plaît ? », je sens son ressentiment et je vais lui résister. Mais si elle me dit : « Voudrais-tu m'aider, s'il te plaît ? », je n'éprouve aucun ressentiment, et même si cela était, je serais d'accord pour dire oui.

17 – Quand une femme me dit : « Pourrais-tu faire ceci pour moi ? », mon côté paresseux prend le dessus

et je réponds candidement : « J'aimerais mieux pas. » Mais quand j'entends : « Voudrais-tu, s'il te plaît... ? », ma créativité se réveille et je commence à chercher des moyens d'aider.

Un bon moyen pour les femmes de saisir la différence significative qui existe entre « vouloir » et « pouvoir » est de réfléchir un instant à la scène romantique qui suit.

Imaginez un homme demandant une femme en mariage sous un superbe clair de lune. Le cœur battant, il met un genou en terre, lui prend les mains, puis la regarde dans les yeux en demandant... « Peux-tu m'épouser ? »

Tout le romantisme de la scène vient de s'envoler d'un seul coup. L'utilisation du verbe pouvoir indique que le prétendant se juge indigne de se marier avec sa dulcinée. À ce moment précis, il s'est montré plein d'insécurité et sans amour-propre. S'il avait dit plutôt : « Veux-tu m'épouser ? », sa force et sa vulnérabilité seraient restées intactes, parce que c'est la bonne façon de demander une femme en mariage.

Pour la même raison, les hommes préfèrent les requêtes formulées à partir du verbe vouloir. Les termes dérivés du verbe pouvoir ont une connotation de faiblesse et de méfiance, et puis ils sont trop indirects et manipulateurs.

Quand une femme demande : « Pourrais-tu sortir la poubelle ? », son mari comprend : « Si tu peux la sortir, alors tu devrais le faire. Tu sais que moi je le ferais pour toi ! » Il sait bien qu'il est physiquement capable de le faire, qu'il *peut* le faire. Mais il trouve qu'en manœuvrant ainsi pour éviter de lui demander son aide, elle le manipule, à moins qu'elle ne considère son soutien comme acquis. Il ne sent pas de confiance en lui dans son attitude.

Je me souviens d'une femme expliquant ces différences en termes purement vénusiens : « Au début, j'étais incapable de voir la différence entre ces deux façons de demander. Puis j'ai inversé les choses. Je trouve la différence très claire quand je l'imagine me disant : "Non, je ne peux pas le faire", par opposition à : "Non, je ne veux pas le faire." Je ressens le "Je ne veux pas le faire" comme un rejet personnel, alors que le "Je ne peux pas le faire" ne m'attaque pas personnellement. Je comprends qu'il est tout simplement incapable de le faire. »

Erreurs courantes dans les demandes

Le plus difficile, quand on apprend à demander, c'est de se rappeler comment faire. Commencez autant que possible toujours vos questions par un dérivé du verbe vouloir. Cela paraît simple, mais ne vous méprenez pas ; cela réclamera beaucoup d'entraînement.

Pour solliciter le soutien d'un homme, soyez directe, soyez brève et commencez votre phrase par « Voudrais-tu » ou « Veux-tu ».

Mieux vaut éviter les formules trop indirectes ou trop longues, ainsi que les expressions telles que « Pourrais-tu » ou « Peux-tu ».

Voyons quelques exemples

Dites :	Ne dites pas :
« Voudrais-tu sortir la poubelle ? »	« La cuisine est un cloaque et je ne pourrai rien faire entrer de plus dans la poubelle. Il faudrait la vider. Pourrais-tu le faire ? » (formule de demande trop longue et utilisant le verbe pouvoir)
« Voudrais-tu m'aider à déplacer cette table ? »	« Je n'arrive pas à déplacer cette table et je dois le faire pour notre réception de ce soir. Pourrais-tu m'aider, s'il te plaît ? » (même remarque)
« Voudrais-tu ranger ceci pour moi, s'il te plaît ? »	« Je ne peux pas tout ranger seule. » (message détourné)

« Voudrais-tu aller chercher le reste des courses dans la voiture ? »	« Il reste quatre sacs de provisions dans la voiture, et j'en ai besoin pour préparer le dîner. Pourrais-tu aller me les chercher ? » (à la fois trop long et indirect, et utilise « Pourrais-tu ? »)
« Voudrais-tu acheter un litre de lait sur le chemin du retour ? »	« L'épicerie est sur ton chemin et je n'ai plus de lait pour Lauren. Et, fatiguée comme je le suis, je ne me sens pas le courage de ressortir. J'ai passé une journée épouvantable. Pourrais-tu acheter un litre de lait ? » (long, indirect, et utilise « Pourrais-tu ? »)
« Tu veux bien passer prendre Julie à l'école ? »	« Il faut que quelqu'un aille chercher Julie à l'école et je n'en ai pas le temps. Et toi ? Penses-tu que tu pourrais passer la prendre ? » (long, indirect, et utilise « Pourrais-tu ? »)
« Voudrais-tu emmener Zoé chez le vétérinaire, ce soir ? »	« Il est temps de refaire les vaccins de Zoé. Tu n'aurais pas envie de l'emmener chez le vétérinaire ce soir ? » (indirect)
« Tu veux bien nous emmener dîner au restaurant ? »	« Je suis trop fatiguée pour préparer un dîner et puis ça fait longtemps que nous ne sommes pas allés au restaurant. Tu n'aurais pas envie d'y aller, ce soir ? » (long et indirect)

« Voudrais-tu remonter ma fermeture à glissière ? »	« J'ai besoin de ton aide. Pourrais-tu remonter ma fermeture à glissière ? » (formule trop indirecte et utilisant « Pourrais-tu ? »)
« Voudrais-tu faire un feu dans la cheminée ? »	« Il fait très froid. Vas-tu faire un feu ? » (trop indirect)
« Voudrais-tu m'emmener au cinéma cette semaine ? »	« Veux-tu aller au cinéma cette semaine ? » (trop indirect)
« Voudrais-tu aider Lauren à mettre ses souliers ? »	« Lauren n'a pas encore enfilé ses souliers et nous sommes en retard. Je n'arrive pas à tout faire toute seule ; pourrais-tu m'aider ? » (long, indirect, et utilise « Pourrais-tu ? »)
« Voudrais-tu m'accorder quelques minutes, maintenant ou plus tard, si tu préfères, pour que nous discutions ? »	« Je ne sais plus ce qui se passe. Nous ne parlons jamais de rien et j'ai besoin de savoir ce que tu fais. » (long et indirect)

Comme vous avez dû le constater maintenant, ce que vous avez toujours pensé être des demandes n'en était pas du tout pour un Martien, qui comprend vos paroles tout autrement. Il faut faire un effort conscient pour effectuer les petites mais importantes modifications qui s'imposent dans votre façon de demander de l'aide. Et je vous suggère de pratiquer cette nouvelle manière de demander pendant au moins trois mois avant de passer à la deuxième étape. D'autres amorces de demandes pourraient être aussi bien reçues, comme « Me ferais-tu le plaisir de... », « Accepterais-tu de... » ou « Cela t'ennuierait-il de... », etc.

Poursuivez cette première phase jusqu'à ce que vous ayez pleinement pris conscience de toutes les fois où vous n'avez pas vraiment demandé le soutien de votre mari quand vous pensiez l'avoir fait. Prenez conscience de la façon dont vous formulez votre demande. En ayant cela en tête, exercez-vous à lui demander ce qu'il a déjà l'habitude de vous donner. Rappelez-vous qu'il faut être brève et directe. Et n'oubliez pas de lui exprimer votre satisfaction et vos remerciements en retour.

Questions courantes sur l'art et la manière de quêter une assistance

Cette première étape peut être très difficile à traverser. Voici donc certaines questions courantes qui vous donneront des indices sur la résistance que les femmes doivent vaincre pour réussir.

1 – Question : « Pourquoi dois-je lui demander son soutien quand je n'exige pas qu'il fasse de même pour lui offrir le mien ? »

Réponse : Rappelez-vous que les hommes viennent de Mars, qu'ils sont différents des femmes. C'est en acceptant ces différences chez votre mari, et en apprenant à vous en servir, que vous obtiendrez ce que vous voulez. Si, au contraire, vous essayez de le faire changer, il va résister avec entêtement. Même si ce n'est pas dans la nature d'une Vénusienne de demander ce dont elle a besoin, vous pouvez très bien le faire sans cesser d'être vous-même. Lorsque votre mari se sentira aimé et apprécié, il se sentira progressivement plus enclin à vous donner le soutien que vous lui avez demandé. Mais c'est la prochaine étape de ce processus d'apprentissage.

2 – Question : « Pourquoi dois-je m'émerveiller à voix haute de ce qu'il fait alors que je fais encore plus pour lui ? »

Réponse : Les Martiens donnent moins quand ils ne se sentent pas appréciés. Si vous voulez qu'il vous donne plus, alors il faut lui donner plus d'appréciation. C'est l'appréciation qui motive les hommes. Il est vrai que si vous lui donnez déjà plus qu'il ne vous donne en retour, vous trouverez difficile de lui montrer plus d'appréciation. Alors commencez à moins lui donner tout en l'appréciant mieux. En effectuant ce changement, non seulement vous l'aiderez à se sentir mieux aimé parce que soutenu, mais vous recevrez vous-même en retour le soutien dont vous avez besoin et que vous méritez.

3 – Question : « Si je dois lui demander le soutien dont j'ai besoin, il pensera peut-être qu'il me fait une faveur en accédant à ma demande. »

Réponse : Voici comment il va se sentir ; un cadeau d'amour est une faveur, et quand l'homme sent qu'il vous fait une faveur, il donne vraiment avec son cœur. Souvenez-vous, c'est un Martien et il ne compte pas les points de la même façon que vous. S'il a l'impression d'être obligé de donner, il vous opposera une résistance acharnée.

4 – Question : « S'il m'aime vraiment, il devrait m'offrir son soutien tout naturellement, je ne devrais pas avoir à le lui demander. »

Réponse : Encore une fois, rappelez-vous que les hommes sont des Martiens, qu'ils sont différents. L'homme attend toujours qu'on lui demande ce qu'on veut de lui. Au lieu de penser que s'il vous aimait il vous offrirait son soutien, pensez plutôt que s'il était vénusien, il vous offrirait son soutien. Mais vous le savez, il n'est pas vénusien, il est martien ! Et c'est en acceptant cette différence que vous le verrez progressivement devenir mieux disposé à vous soutenir, et à vous donner tout le soutien que vous pouvez désirer.

5 – Question : « Si je dois lui demander des choses, il va penser que je ne lui donne pas autant qu'il me donne, et j'ai peur qu'il ne se dise qu'il ne doit pas me donner plus ! »

Réponse : L'homme est plus généreux quand il n'est pas obligé de donner. De plus, lorsqu'un homme entend une femme lui demander respectueusement du soutien, il l'entend aussi lui dire qu'elle a droit à ce soutien. Il ne pense pas qu'elle a donné moins que lui. Au contraire, il pense qu'elle doit avoir donné plus, ou tout au moins autant que lui, puisque cela ne la dérange pas de demander.

6 – Question : « Quand je lui demande du soutien, j'ai peur d'être trop brève, je veux lui expliquer pourquoi j'ai besoin de son soutien parce que je ne veux pas paraître exigeante. »

Réponse : Quand l'homme entend sa partenaire lui demander quelque chose, il pense qu'elle a de bonnes raisons de le faire. Si elle se met à lui énumérer des raisons pour qu'il accepte de satisfaire sa demande, il va avoir l'impression qu'il n'a pas le droit de dire non. Et quand il n'a pas le droit de refuser, il a toujours l'impression qu'on le manipule, ou qu'on tient ses actions pour acquises.

S'il a besoin d'explications, il va les demander, et ce sera le moment de les lui donner. Mais, même alors, il faudra veiller à ne pas prendre trop de son temps. Donnez-lui une, ou tout au plus deux raisons. S'il a besoin d'en savoir davantage, il vous le dira.

DEUXIÈME ÉTAPE : DEMANDER PLUS
(MÊME QUAND VOUS SAVEZ QU'IL DIRA NON)

Avant de demander à votre mari de contribuer davantage, assurez-vous qu'il se sent apprécié pour ce qu'il donne déjà. Et si vous continuez à solliciter son aide sans lui demander plus, il se sentira non seulement apprécié, mais aussi accepté.

Étant habitué à vous entendre demander son soutien sans exiger davantage de sa part, il se sentira aimé en votre présence. Il n'aura pas l'impression de devoir changer pour que vous l'aimiez. À ce moment-là, il sera prêt à changer et à se donner corps et âme pour vous. Et à ce moment-là également, vous pourrez vous risquer à lui demander davantage sans qu'il ait l'impression de n'être pas assez bon pour vous.

La deuxième étape du processus consiste à lui faire réaliser qu'il peut dire non sans risquer de perdre votre amour. En sachant qu'il peut refuser lorsque vous lui en demandez plus, il se sentira libre d'accepter ou de refuser. Rappelez-vous que l'homme est beaucoup plus enclin à dire oui lorsqu'il sait qu'il a la liberté de dire non.

Un homme est beaucoup plus enclin à dire oui lorsqu'il sait qu'il a la liberté de dire non.

S'il est important que la femme apprenne comment demander, il est aussi important qu'elle apprenne comment accepter un refus. L'intuition de la femme lui permet généralement de pressentir la réponse de son mari avant même de lui faire sa requête. Si elle est convaincue qu'il refusera, elle n'osera pas lui demander quoi que ce soit. Elle se sentira plutôt rejetée. Lui, naturellement, ne comprendra pas ce qui se passe, parce que tout se situe dans sa tête à elle.

Lors de cette deuxième étape, vous devrez vous exercer à solliciter le soutien de votre partenaire dans les situations où, habituellement, vous auriez envie de le faire, mais ne le faites pas parce que vous sentez sa réticence. Allez-y ! Demandez-lui de vous aider, même si vous sentez qu'il peut vous résister. Même si vous savez qu'il refusera !

Par exemple, la femme dit à son mari, qui regarde la télévision : « Voudrais-tu aller à l'épicerie chercher du saumon pour le dîner ? » En lui posant cette question, elle est déjà convaincue qu'il refusera. Il est probablement stupéfait, parce que c'est la première fois qu'elle ose l'interrompre avec une demande comme celle-là au milieu d'une émission intéressante. Il lui donnera probablement une explication comme : « Le journal n'est pas terminé, tu ne pourrais pas y aller, toi ? »

Elle aura sans doute envie de lui répondre : « Bien sûr que je peux y aller, mais c'est toujours moi qui fais tout ici. Je ne suis pas ta bonne, et j'ai besoin d'aide. »

Madame, quand vous lui demandez quelque chose et que vous savez qu'il dira non, préparez d'avance votre réponse à son refus. Cette réponse pourra être : « D'accord ! » Mais si vous voulez lui faire une vraie réponse martienne, dites-lui plutôt : « Pas de problème ! » Il adorera ! Cela dit, le simple « d'accord » est déjà très bien.

Il est important que vous fassiez votre demande et que vous agissiez ensuite comme si vous reconnaissiez qu'il a le droit de vous dire non. Rappelez-vous qu'il doit sentir qu'il n'y a pas de danger à refuser, mais utilisez cette méthode seulement dans les situations où son refus ne peut avoir aucune conséquence sérieuse. Choisissez des situations où vous apprécieriez son aide mais pour lesquelles vous n'avez pas l'habitude de la lui demander. Et arrangez-vous pour que son refus ne vous dérange pas trop. Voici des exemples qui illustrent ce que je veux dire.

Les meilleures circonstances pour faire votre demande	Comment la formuler
Il est occupé et vous voulez qu'il passe chercher les enfants quelque part. D'ordinaire, vous ne le dérangez pas pour ça, et vous y allez vous-même.	« Julie vient d'appeler. Tu ne veux pas aller la chercher ? » Et lorsque, comme prévu, il vous répond par la négative, dites simplement : « Entendu ! »
Il rentre à la maison et s'attend que vous prépariez, comme chaque soir, le dîner. Vous aimeriez qu'il s'en charge parfois, mais vous ne le lui demandez jamais car vous devinez sa réticence à l'égard de la cuisine.	« M'aiderais-tu à préparer les pommes de terre ? » ou « Voudrais-tu préparer le dîner ? » ou encore, si le repas doit être relativement simple : « Tu veux bien faire la vaisselle ce soir ? » Et s'il vous répond non, vous lui dites très gracieusement : « D'accord ! »
Il veut aller au cinéma et vous préféreriez aller danser. D'ordinaire, quand il émet le désir d'aller au cinéma, vous n'osez même pas lui proposer d'aller plutôt en boîte.	« M'accompagnerais-tu en boîte, ce soir ? J'ai envie d'aller danser avec toi. » Et quand, comme prévu, il refuse, répondez seulement : « Entendu ! » avec le sourire.
Vous êtes tous les deux fatigués et prêts à aller vous coucher, mais le ramassage des ordures s'effectue tôt le matin. Vous le sentez épuisé et devinez qu'il refusera si vous lui demandez de sortir la poubelle.	« Tu veux bien sortir la poubelle ? Le service de ramassage passe demain matin. » S'il refuse, ne vous départez pas de votre sourire et sortez la poubelle vous-même, sans vous autoriser le moindre commentaire.

Votre mari est très absorbé et préoccupé par un projet important. Vous ne voulez pas le déranger, mais vous aimeriez tout de même lui parler. Normalement, vous éviteriez de vous adresser à lui pendant un certain temps, consciente de ses préoccupations.

« Aurais-tu un peu de temps à me consacrer ? » Et s'il répond par la négative, dites simplement et sans vous énerver : « D'accord ! »

Il est occupé et très concentré, mais vous avez besoin d'aller récupérer votre voiture au garage. En temps normal, vous vous débrouilleriez sans lui.

« Tu veux bien m'accompagner au garage ? » S'il refuse, répondez aussi aimablement que possible : « Entendu ! »

Dans chacun de ces exemples, vous vous préparez à son refus et vous vous exercez à lui montrer votre tolérance et votre confiance. Vous acceptez son refus en continuant à croire qu'il vous aiderait s'il le pouvait. Chaque fois que vous sollicitez le soutien d'un homme et que vous ne lui faites aucun reproche lorsqu'il vous le refuse, il vous accorde entre cinq et dix points, et, la prochaine fois que vous solliciterez son soutien, il sera d'autant plus réceptif à votre demande. En quelque sorte, en sollicitant son soutien d'une manière aimante, vous lui permettez d'augmenter sa capacité de donner davantage.

C'est une de mes employées qui m'a appris ce fait il y a plusieurs années. Nous collaborions à une activité caritative et nous avions besoin de volontaires. Elle s'apprêtait à appeler mon ami Tom pour lui demander de nous aider, mais je lui ai dit de laisser tomber parce que je savais que Tom était incapable de se libérer à ce moment-là. Elle m'a dit qu'elle allait l'appeler quand même. Je lui ai demandé pourquoi, et c'est là qu'elle m'a fait cette révélation : « Si je l'appelle pour lui demander de l'aide, il va me dire non, et je vais me montrer très gentille et compréhensive. La prochaine fois, quand je l'appellerai pour un autre projet, il sera très heureux de me dire oui, parce que je lui aurai laissé un souvenir positif. » Et elle avait raison.

Si vous sollicitez le soutien d'un homme et que vous ne le rejetez pas lorsqu'il vous le refuse, il s'en souviendra, et la fois suivante, il n'en sera que plus empressé à vous aider. D'autre part, si vous sacrifiez simplement vos besoins et que vous ne lui demandez rien, il n'aura même pas idée que vous pouvez avoir besoin de lui. Comment pourrait-il s'en douter si vous ne lui demandez rien ?

Si vous ne rejetez pas un homme qui vous a refusé le soutien que vous sollicitiez, il s'en souviendra et ne mettra que plus d'empressement à vous aider la fois suivante.

Si vous continuez à le solliciter gentiment à l'occasion, votre partenaire en viendra à élargir sa zone de confort et à dire oui. Et à ce moment-là, vous pourrez lui en demander plus sans risquer le refus. C'est l'un des moyens de renforcer une relation de couple.

Des relations de couple saines

Une relation de couple est saine quand les deux partenaires se sentent aussi à l'aise pour demander ce qu'ils veulent que libres de refuser s'ils choisissent de le faire.

Par exemple, un jour, un ami nous rendait visite et nous étions dans la cuisine quand ma fille Lauren, qui devait avoir cinq ans, me demanda de lui faire faire des pirouettes. Je lui ai dit : « Non, pas aujourd'hui, je suis trop fatigué. »

Elle insista en me disant : « Viens, papa, s'il te plaît, viens donc ! Juste une pirouette ! »

Mon ami dit alors : « Voyons donc, Lauren, ton papa est fatigué, il a travaillé toute la journée. Tu devrais le laisser tranquille. » Et Lauren répondit : « Mais j'ai le droit de le lui demander. »

Et mon ami de reprendre : « Mais tu sais que ton père t'aime, et qu'il est incapable de te dire non. »

(En l'occurrence, si le père est incapable de dire non, c'est son problème à lui, et non pas celui de la petite.)

Ma femme et mes trois filles ont immédiatement réagi en chœur en disant : « Ah si, il en est capable ! »

J'étais fier de ma famille. Il avait fallu beaucoup d'efforts, mais nous avions tous progressivement appris non seulement à savoir demander, mais aussi à accepter un refus.

TROISIÈME ÉTAPE : DEMANDER
EN IMPOSANT LE RESPECT

Après avoir expérimenté la deuxième étape et appris à accepter gracieusement un refus, vous êtes prête à aborder cette troisième étape. À ce stade, vous utiliserez tout le pouvoir dont vous disposez pour obtenir ce que vous voulez. Vous sollicitez le soutien de votre mari et, s'il se met à chercher des excuses pour vous résister, vous ne dites pas « D'accord ! » comme à la deuxième étape. Vous vous déclarez temporairement d'accord sur son droit de vous résister, mais vous insistez jusqu'à ce qu'il finisse par accepter.

Si vous vous apprêtez à aller au lit tous les deux et que vous lui demandez : « Irais-tu à l'épicerie chercher du lait ? » et qu'il vous répond : « Je suis très fatigué, je vais me coucher », au lieu de le libérer sur le coup en disant « D'accord ! », ne dites rien. Restez là et acceptez son refus *a priori*. Et en ne vous opposant pas à sa résistance, vous aurez plus de chances qu'il finisse par accepter.

L'art de demander en imposant le respect consiste à demeurer silencieuse après avoir fait votre demande. Une fois la question posée, attendez-vous à voir votre interlocuteur grogner, se plaindre, rechigner, rager et chercher des excuses. J'appelle cette résistance de l'homme aux demandes de la femme la « grogne ». Plus un homme est concentré sur autre chose au moment de votre demande, plus il va grogner. Mais cette grogne n'a rien à voir avec sa volonté de vous soutenir, elle n'est qu'une indication de son degré de concentration au moment de votre demande.

La femme va généralement mal interpréter la grogne de son mari. Elle croit à tort qu'il ne veut pas accéder à sa demande. Mais il n'en est rien. Sa grogne indique qu'il est en train de considérer la demande qu'elle lui a faite. S'il refusait de la considérer, il dirait très calmement et simplement non sur-le-champ. Quand un homme grogne, c'est bon signe. Cela veut dire qu'il est en train de considérer votre demande par rapport à ses besoins.

Quand un homme grogne, c'est bon signe. Cela veut dire qu'il est en train de considérer votre demande par rapport à ses besoins.

Il doit passer par un processus de résistance interne, en tentant de se détourner de ce sur quoi il était concentré, pour aller vers l'objet de votre demande. Comme une porte dont les charnières sont rouillées, en se détournant ainsi, l'homme émet des bruits tout à fait inhabituels, mais si vous ignorez sa grogne, il va très bientôt redevenir doux et silencieux.

Souvent, quand l'homme grogne, il est en train d'accepter votre demande. Parce que la plupart des femmes interprètent mal cette réaction, ou bien elles évitent de solliciter le soutien de leur partenaire, ou bien elles s'offensent et le rejettent elles-mêmes à leur tour.

Dans l'exemple donné, alors qu'il se prépare à aller au lit, il est naturel qu'il grogne. « Je suis fatigué, dit-il d'un air ennuyé, je vais me coucher. » Si vous interprétez sa réponse comme un rejet, vous pouvez répliquer en disant : « J'ai fait le dîner, j'ai fait la vaisselle, j'ai mis les enfants au lit, et tout ce que tu trouves à faire, c'est de t'étendre sur ce lit ! Je ne te demande pas tant que ça. Tu pourrais au moins m'aider maintenant. Je suis épuisée, et j'ai l'impression de tout faire toute seule. »

C'est là que les partenaires commencent habituellement à se disputer. D'un autre côté, si vous savez que c'est seulement de la grogne, et que cette grogne est généralement un début d'acceptation, vous serez capable de garder le silence. Et ce silence indiquera à votre partenaire que vous avez encore confiance en sa capacité de s'adapter et de vous dire oui.

On peut encore comparer ce processus à une séance de stretching. Chaque demande correspond à un exercice d'assouplissement, et tout exercice doit être progressif. Si l'homme n'est pas en forme, il peut être incapable de le faire. C'est pourquoi vous devez préparer votre mari à cette troisième étape en le faisant passer d'abord par les deux étapes préliminaires.

De plus, tout le monde sait qu'il est plus difficile de s'étirer le matin, au lever. Plus tard dans la journée, on peut pousser ses mouvements plus loin, plus aisément. Quand vous entendez un homme grogner, imaginez-vous qu'il est en train de s'étirer le matin et que, dès qu'il aura fini, il sera en pleine forme. Mais il a d'abord besoin de s'étirer.

Programmer un homme pour qu'il dise oui

C'est lorsque ma femme m'a demandé d'aller chercher du lait alors que je m'apprêtais à me coucher que j'ai découvert ce procédé. Je me souviens d'avoir grogné très fort. Mais au lieu de s'obstiner, ma femme est tout simplement restée silencieuse, certaine que je finirais par obtempérer. Et c'est en continuant à grogner, et en claquant la porte, que je suis finalement sorti, que j'ai sauté dans ma voiture, et que je suis allé à l'épicerie.

Alors il s'est passé quelque chose d'extraordinaire, quelque chose qui arrive à tout homme mais que les femmes ne savent pas. À mesure que j'approchais de mon nouvel objectif, le lait, mon humeur s'est calmée et j'ai commencé à ressentir l'amour que j'avais pour ma femme et mon désir de lui offrir mon soutien, de l'aider. Je me suis mis à me voir comme le « bon mari » et, croyez-moi, c'est une sensation bien agréable.

Une fois au magasin, j'étais heureux d'être venu chercher le lait, et en touchant la bouteille, je sentais que je venais d'atteindre mon objectif. Un homme se sent toujours heureux quand il atteint son objectif. J'ai vivement soulevé la bouteille de lait et je me suis retourné avec un fier sourire comme pour dire : « Hé ! Regardez-moi ! Je suis venu chercher du lait pour ma femme ! Je suis l'un de ces hommes généreux, un vrai bon mari ! »

Quand je suis revenu à la maison avec le lait, elle était ravie. Elle m'a embrassé et m'a dit : « Merci beaucoup ! Je suis contente de ne pas avoir dû me rhabiller pour sortir. » Si elle m'avait ignoré, je lui en aurais probablement voulu. Et la fois d'après, quand elle m'aurait demandé d'aller chercher du lait, j'aurais probablement grogné encore bien plus fort. Mais elle ne m'a pas ignoré, elle m'a submergé d'amour.

En observant ma propre réaction, je me disais : « Quelle femme merveilleuse ! Malgré ma résistance et ma grogne, elle m'apprécie toujours ! »

La fois suivante, quand elle m'a demandé d'aller chercher du lait, j'ai un peu moins grogné, et quand je suis revenu, elle m'a encore montré son appréciation. Alors, la troisième fois, je lui ai automatiquement et immédiatement répondu : « Avec plaisir ! »

Une semaine plus tard, je me suis rendu compte qu'on allait bientôt manquer de lait et je lui ai proposé d'aller en chercher. Elle m'a dit qu'elle allait à l'épicerie et qu'elle en achèterait. À ma propre surprise, je me sentis déçu. J'avais envie d'aller chercher le lait ! Son amour m'avait programmé à dire oui. Aujourd'hui encore, quand elle me demande d'aller chercher du lait, je vous assure que je suis très heureux de dire oui.

J'ai personnellement vécu cette étonnante transformation. Son acceptation de ma grogne et son appréciation à mon retour ont vaincu ma résistance. Et à partir de ce moment-là, plus ma femme pratiquait cette méthode pour demander quelque chose en imposant le respect, plus il devint facile pour moi d'accéder à ses demandes.

Le silence lourd de sens

L'un des éléments essentiels de la méthode de demande imposant le respect, c'est la nécessité de garder le silence après avoir exprimé sa demande. Il s'agit de permettre à son partenaire de vaincre sa propre résistance. Gardez-vous bien de désapprouver ses grognements. Tant que vous faites cette pause psychologique et que vous restez silencieuse, il est possible qu'il vous accorde le soutien que vous lui demandez. Mais dès que vous brisez le silence, vous perdez votre pouvoir.

Voici quelques commentaires souvent automatiques qui font que les femmes brisent le silence et, sans le vouloir, perdent leur pouvoir.

« Oh, laisse tomber ! »

« Je ne peux pas croire que tu me refuses ça, avec tout ce que je fais pour toi ! »

« Je ne te demande pourtant pas grand-chose. »

« Ça te prendra à peine un quart d'heure. »

« Là, tu me fais de la peine, tu me déçois vraiment ! »

« Ne me dis pas que tu ne ferais pas ça pour moi ? »

« Pourquoi est-ce que tu ne peux pas le faire ? »

Pendant que l'homme grogne et s'énerve, la femme ressent le besoin de justifier sa demande et commet l'erreur de briser le silence. Elle s'explique avec son partenaire pour tenter de le convaincre d'accéder à sa demande. Dans ce cas, qu'il dise oui ou non, il résistera davantage la prochaine fois avant de lui accorder ce qu'elle demande.

L'une des clés essentielles du succès de la méthode est de bien garder le silence après avoir formulé sa demande.

Donc, pour lui donner la chance d'accéder à votre requête, faites toujours une pause psychologique – et silencieuse – après avoir fait votre demande. Laissez-le grogner et dire n'importe quoi, puis contentez-vous d'écouter. Finalement, il vous dira oui. Ne vous imaginez surtout pas qu'il vous en voudra par la suite. Il ne vous en tiendra jamais rigueur à moins que vous ne discutiez avec lui. Et même s'il vous tourne le dos en grognant, il finira par céder, à condition que vous reconnaissiez tous les deux que c'est son droit d'accepter ou de refuser votre demande.

Mais attention ! Il peut ne pas dire oui tout de suite, ou essayer de discuter avec vous en vous posant des questions pendant que vous faites cette pause. Il peut vous demander par exemple :

« Pourquoi ne peux-tu pas le faire toi-même ? »
« Je n'ai vraiment pas le temps, voudrais-tu le faire ? »
« Je suis occupé et je n'ai pas le temps. Et toi ? »

Souvent, il pose ces questions par principe, il n'attend pas vraiment de réponse. Ne parlez pas, à moins d'être convaincue qu'il en exige une. S'il le faut absolument, donnez-lui la réponse la plus courte possible, puis reformulez votre demande. Demander en imposant le respect signifie demander avec confiance, et avec l'assurance qu'il va vous offrir son soutien s'il en est capable.

S'il vous répond par un non ou vous pose des questions, servez-lui une réponse courte en lui faisant comprendre que vos besoins sont aussi importants que les siens. Ensuite, réitérez votre demande. Voici des exemples de ce genre d'échange.

Ce qu'il dit pour résister à votre demande :	Ce que vous pouvez répondre :
« Je n'ai pas le temps, peux-tu le faire ? »	« Je suis si occupée, voudrais-tu le faire, s'il te plaît ? » Puis redevenez parfaitement silencieuse.
« Non, je ne veux pas le faire. »	« Tu me ferais tellement plaisir ! Fais-le donc pour moi ! » Puis redevenez parfaitement silencieuse.

« Je suis occupé, et toi ? »	« Moi aussi. Est-ce que tu voudrais bien le faire, s'il te plaît ? » Puis redevenez parfaitement silencieuse.
« Non, je n'ai pas envie de le faire. »	« Moi non plus, mais j'apprécierais vraiment que tu le fasses pour moi. » Puis redevenez parfaitement silencieuse.

Remarquez que vous n'essayez pas vraiment de le convaincre, vous ne faites que contrebalancer sa résistance. S'il est fatigué, n'essayez pas de lui prouver que vous êtes plus fatiguée que lui, et qu'il devrait vous aider. Ou s'il pense qu'il est trop occupé, ne tentez pas de le convaincre que vous êtes encore plus occupée que lui. Évitez de lui donner des raisons pour lesquelles il devrait faire ce que vous lui demandez. Rappelez-vous que vous devez demander quelque chose, et non exiger quelque chose.

S'il persiste dans sa résistance, alors rabattez-vous sur la phase deux et acceptez son refus avec grâce. Ce n'est pas le moment de lui faire part de votre déception. Rappelez-vous que, si vous devez laisser faire cette fois-ci, il se souviendra de votre attitude amoureuse et sera plus enclin à vous offrir son soutien la prochaine fois.

En progressant dans l'application de ce que vous avez appris, vous deviendrez plus habile dans l'art de demander et d'obtenir le soutien de votre mari quand vous en avez besoin. Même une fois parvenue au niveau de la pause psychologique de la troisième étape, il vous faudra encore mettre les recommandations des phases un et deux en pratique. Souvenez-vous qu'il est toujours important de demander correctement les petites choses dont vous avez besoin, comme d'accepter avec grâce les rejets que vous pouvez subir de la part de votre partenaire.

POURQUOI L'HOMME EST SI SUSCEPTIBLE

Vous pouvez vous demander pourquoi l'homme est aussi susceptible quand la femme lui demande de la soutenir. Ce n'est pas parce qu'il est paresseux, mais parce qu'il a un besoin viscéral d'être accepté. Et toute requête qui lui demande plus que ce qu'il donne déjà, en somme tout ce qui peut ressembler à une insinuation qu'il ne fait pas assez ou qu'il ne donne pas assez, lui donne l'impression qu'il n'est pas accepté tel qu'il est.

Tout comme la femme est plus sensible à son besoin d'être entendue et comprise lorsqu'elle fait part de ses sentiments, l'homme est plus sensible à son besoin d'être accepté pour lui-même, tel qu'il est. Toute tentative de l'améliorer lui donne l'impression que vous voulez le changer, parce qu'il n'est pas à la hauteur de vos attentes.

Vous vous souvenez que les Martiens ne croyaient pas qu'on doive tenter d'arranger ce qui n'est pas brisé. Alors, lorsque l'homme constate que sa femme lui demande davantage et qu'elle essaie de le changer, le message qu'il reçoit, c'est qu'elle doit penser qu'il est brisé ou défectueux. Et il est bien compréhensible qu'il ne se sente pas aimé tel qu'il est.

Si vous assimilez l'art de demander le soutien de votre mari, votre relation de couple s'enrichira progressivement. À mesure que vous serez plus capable de recevoir l'amour et le soutien dont vous avez besoin, votre partenaire sera naturellement plus heureux. C'est quand ils ont réussi à satisfaire les personnes qui leur tiennent le plus à cœur que les hommes sont le plus heureux. En apprenant à demander correctement le soutien qu'il vous faut, non seulement vous aiderez votre mari à se sentir plus aimé, mais vous vous assurerez de recevoir l'amour dont vous avez besoin et que vous méritez.

Dans le prochain chapitre, nous apprendrons comment entretenir la magie de l'amour.

13

Entretenir
la magie de l'amour

L'un des paradoxes des relations de couple, c'est qu'au moment où tout va bien, où chacun des partenaires se sent le plus aimé, l'un d'eux peut soudainement avoir envie de s'éloigner de l'autre émotionnellement, ou de réagir de manière moins aimante. Vous reconnaîtrez sans doute certaines des situations exposées dans les exemples suivants.

1 – Vous brûlez d'amour pour votre partenaire puis, soudainement, un beau matin, vous vous réveillez avec l'impression de ne plus pouvoir le supporter.

2 – Vous avez toujours été aimant, patient et tolérant, puis, sans crier gare, vous devenez exigeant et insatisfait.

3 – Vous vous disputez avec votre partenaire et tout à coup, vous, qui ne conceviez pas la vie sans lui, songez au divorce.

4 – Votre partenaire fait quelque chose de gentil pour vous et, soudain, la rancœur vous envahit au souvenir de toutes les fois où il vous a négligé.

5 – Tout à coup, vous ne ressentez plus rien en présence de votre partenaire, alors qu'il vous attirait jusqu'à présent comme un aimant.

6 – Vous êtes heureux avec votre partenaire, mais tout à coup vous ressentez la fragilité de votre couple et votre incapacité à satisfaire vos besoins de base.

7 – Alors que vous vivez une relation empreinte de confiance et d'amour, vous voilà soudain en proie au doute et au désespoir.

8 – Vous avez toujours dispensé votre amour généreusement, sans réserve, puis tout à coup vous vous mettez à compter chaque marque d'attention et à vous énerver à tout propos.

9 – Alors que votre partenaire vous attirait profondément, dès qu'il s'engage sérieusement dans votre relation, vous vous désintéressez de lui ou recommencez à regarder les autres.

10 – Vous avez envie de faire l'amour avec votre partenaire, mais jamais en même temps que lui.

11 – Vous vous sentiez parfaitement bien dans votre peau et satisfait de votre existence et, soudain, tout va mal et vous envisagez de rompre avec votre partenaire.

12 – Vous passez une journée exaltante et vous avez hâte de voir votre partenaire, mais lorsqu'il vous rejoint, vous vous sentez subitement déçu, déprimé, repoussé, épuisé et émotionnellement distant.

Vous avez peut-être remarqué que votre partenaire était lui aussi victime de certaines de ces brutales sautes d'humeur. Ne vous affolez pas : il est tout à fait fréquent que deux personnes qui s'aiment follement un jour se détestent et se disputent le lendemain, pour mieux se retrouver le surlendemain. Cependant, si nous ne comprenons pas pourquoi ces changements se produisent, nous pouvons penser devenir fous, ou, pire encore, en retirer la fallacieuse impression que notre amour est mort. Mais, heureusement, il y a une explication.

L'amour fait ressortir nos sentiments refoulés. Un jour nous nous sentons aimés, et le lendemain nous n'avons plus confiance en l'amour. Les douloureux souvenirs de nos rejets passés refont surface au moment où nous devons mettre toute notre confiance dans l'amour de notre partenaire et l'accepter tel qu'il est.

Quand nous ressentons le plus d'amour, qu'il provienne de nous-mêmes ou des autres, nos sentiments refoulés ont tendance à resurgir et à paralyser temporairement notre capacité à ressentir l'amour. Ils remontent à la surface pour se faire apaiser ou guérir. Et c'est là que nous pouvons subitement devenir irritables, défensifs, critiques, exigeants, indifférents, fâchés ou envahis par l'amertume.

Les sentiments que nous n'avons pas été capables d'exprimer dans le passé envahissent notre conscience dès que nous devenons capables de les ressentir sans danger. L'amour dégèle nos sentiments refoulés, et ces derniers refont progressivement surface quand nous sommes engagés dans une relation affective.

C'est comme si vos émotions refoulées attendaient le moment où vous recevez beaucoup d'amour pour se présenter et guérir. Nous portons tous notre fardeau de problèmes non résolus, de blessures antérieures qui restent cachées jusqu'au jour où nous redevenons amoureux. Puis, au moment où nous nous sentons à nouveau capables d'être nous-mêmes, ces sentiments meurtris refont surface.

Si nous arrivons à contrôler ces sentiments, alors nous nous sentons mieux et nous ravivons notre potentiel d'amour et de créativité. Mais si, après une dispute, nous blâmons notre partenaire au lieu de ces intrus du passé, nous nous laissons bouleverser et recommençons à étouffer nos sentiments.

Comment les sentiments refoulés resurgissent

Le problème est que ces sentiments refoulés ne s'identifient pas lorsqu'ils reviennent hanter notre vie. Si les sentiments d'abandon ou de rejet de votre enfance refont surface, alors vous vous sentez abandonné ou rejeté par votre partenaire. La douleur du passé est projetée sur le présent, et des choses anodines font soudain très mal.

Nous refoulons nos sentiments pendant des années. Puis un jour nous tombons amoureux, et l'amour nous procure une impression de sécurité qui nous permet de relâcher notre vigilance et de recommencer à éprouver nos sentiments, même ceux qui étaient endormis. Donc, l'amour nous rend plus réceptifs et plus sensibles à la douleur.

Pourquoi les couples peuvent se disputer même quand tout va bien

Nos émotions du passé remontent soudainement, non seulement lorsque nous sommes amoureux, mais aussi à d'autres moments où nous nous sentons bien, quand nous sommes heureux ou contents. C'est là que, même quand tout semble aller bien, les couples peuvent se disputer sans raison apparente.

Par exemple, les couples peuvent se disputer lorsqu'ils déménagent, au moment de redécorer leur appartement, lors d'une remise de diplôme, lors d'une cérémonie religieuse ou d'un mariage, lorsqu'ils reçoivent ou se font des cadeaux, en vacances ou au cours d'une balade, en fêtant Noël ou le jour de l'an, lors de changements professionnels ou personnels, au moment de choisir un chien ou un chat, après avoir gagné beaucoup d'argent ou après avoir gagné à la loterie ou au casino, au moment d'acheter une voiture ou d'effectuer certaines dépenses, lorsqu'il est question de changer certains défauts ou mauvaises habitudes, ou à propos de leur vie sexuelle...

En ces différentes occasions, l'un ou l'autre des partenaires peut subitement ressentir des émotions, des humeurs ou avoir des réactions inexplicables, avant, durant ou immédiatement après l'événement. Ce peut être très instructif de relire la liste ci-dessus – et d'imaginer d'autres occasions s'il le faut – pour essayer de comprendre comment vos parents peuvent avoir été victimes de leurs émotions refoulées à certains moments, et comment vous avez vous-même fait l'expérience de telles confrontations difficiles au cours de vos relations de couple.

LE PRINCIPE DES 90/10

En comprenant comment nos problèmes non résolus du passé refont périodiquement surface, il devient plus facile de saisir comment nous pouvons être blessés par notre partenaire. Il faut savoir que, quand nous sommes bouleversés, à peu près 90 % de notre trouble vient de notre passé et n'a rien à voir avec ce que nous croyons être sa cause. Donc, en général, il n'y a que 10 % de notre trouble qui se rapporte aux circonstances présentes.

Voyons un exemple. Si notre partenaire semble nous critiquer un peu trop, cela peut nous faire de la peine. Cependant, en tant qu'adultes, nous sommes capables de penser qu'il n'a pas voulu nous faire de peine, ou qu'il a eu une mauvaise journée, par exemple. Et ce raisonnement fait qu'on n'est pas trop blessés par sa critique. Nous ne le prenons pas comme une offense personnelle. Mais un autre jour, cela peut nous faire très mal, parce qu'à ce moment-là nos blessures du passé remontent à la surface et nous rendent plus sensibles aux critiques de notre partenaire. Cela fait plus mal parce que, dans notre enfance, nous avons beaucoup souffert d'être critiqués. Et les critiques de notre partenaire font plus mal parce qu'elles s'ajoutent aux souffrances passées qu'elles ont contribué à réveiller.

Dans notre enfance, nous n'étions pas capables de mesurer notre innocence et la négativité de nos parents. C'est pourquoi nous recevions toute critique, tout reproche et tout rejet comme une attaque personnelle.

Lorsque de telles émotions infantiles refont surface, nous interprétons plus facilement les commentaires de notre partenaire comme des critiques, des reproches ou des rejets. Il devient donc très difficile d'avoir des discussions adultes dans ces moments-là. Nos perceptions sont toutes faussées. Lorsque notre partenaire nous semble trop critique, 10 % seulement de notre trouble provient de ces critiques, et les 90 % restants sont la conséquence directe du retour de nos sentiments passés.

Imaginez que quelqu'un vous touche ou vous accroche légèrement le bras en vous croisant. Cela ne vous fait pas mal. Imaginez maintenant que vous avez une blessure ouverte ou une contusion et que quelqu'un vous tâte le bras ou vous bouscule. Là, c'est beaucoup plus douloureux. De la même manière, lorsque les souffrances du passé s'ajoutent aux sensations du présent, nous devenons hypersensibles au moindre toucher ou au plus petit choc subi au cours de nos relations affectives.

Au début d'une relation, nous sommes moins exposés. Il faut du temps pour que nos émotions du passé se manifestent, mais lorsqu'elles le font, nos réactions changent inévitablement. Dans la plupart de nos relations affectives, 90 % de ce qui nous bouleverse ne nous dérangerait même pas si nos émotions du passé ne revenaient pas hanter notre présent.

Comment nous soutenir l'un l'autre

Quand le passé d'un homme le rattrape, il file généralement se réfugier dans sa caverne. Dans ces moments-là, il est hypersensible et a besoin de beaucoup de compréhension. Lorsque le passé d'une femme resurgit, c'est que son amour de soi s'effondre. Elle descend alors dans le puits de ses émotions et a besoin de beaucoup d'amour et de tendresse.

La connaissance de ces phénomènes peut vous aider à contrôler vos émotions passées lorsqu'elles vous reviennent. Quand votre partenaire vous irrite, avant de lui faire des reproches, commencez par noter vos sentiments sur un papier. Votre négativité s'échappera automatiquement et vos souffrances du passé guériront si vous utilisez la méthode de la lettre d'amour que vous avez apprise dans ce livre. Cela vous aidera à vous ramener dans le présent pour réagir au comportement de votre partenaire avec de la confiance, de la compréhension, de l'acceptation et de la magnanimité.

Vous bénéficierez aussi de la connaissance du principe

du 90/10 lorsque votre partenaire réagira trop fortement. Si vous savez qu'il est influencé par son passé, vous pourrez lui manifester plus de compréhension et de soutien.

Lorsque vous sentez que son passé est en train de refaire surface, n'allez surtout pas accuser votre partenaire de réagir exagérément. Cela ne lui fera que plus de mal. Après tout, si vous frappiez quelqu'un à l'endroit où il est blessé, vous ne pourriez sûrement pas l'accuser de réagir trop fort, n'est-ce pas ?

La compréhension de ce phénomène de résurgence de nos émotions du passé peut grandement aider à saisir le comportement de notre partenaire à certains moments. Cela fait partie de son système de guérison émotionnelle. Donnez-lui plutôt du temps pour se calmer et reprendre ses esprits. Si vous trouvez trop difficile de l'écouter exprimer ses sentiments, encouragez-le à écrire une lettre d'amour avant de parler avec lui de ce qui l'émeut tant.

Une lettre de guérison

Prendre conscience de l'effet du passé sur vos réactions présentes peut vous aider à guérir vos blessures émotionnelles. Si vous êtes fâché avec votre partenaire d'une manière ou d'une autre, écrivez-lui une lettre d'amour. Et pendant que vous l'écrivez, demandez-vous en quoi cela peut avoir une relation quelconque avec votre passé. En effet, au fur et à mesure que vous écrivez, des souvenirs peuvent revenir et vous faire découvrir qu'en réalité vous êtes fâché contre votre mère ou votre père, par exemple. Lorsque cela se produit, continuez à écrire mais adressez plutôt votre lettre à celui de vos parents qui est l'objet de votre trouble. Ensuite, écrivez une lettre-réponse très affectueuse, et partagez-la avec votre partenaire.

Il aimera beaucoup cette lettre que vous lui ferez lire. Il est toujours bien agréable de constater que votre partenaire considère que 90 % de son irritation provient de son passé et pas de vous. Sans cette compréhension de notre passé, nous avons tendance à reprocher à notre partenaire toute notre irritation, ou du moins il le ressent comme tel.

Pour que votre partenaire devienne plus sensible à vos sentiments, partagez aussi vos blessures du passé avec lui. Là, il va vraiment comprendre vos émotions. Et la lettre d'amour est un excellent moyen pour ce faire.

ON N'EST JAMAIS BOULEVERSÉ
POUR LA RAISON QUE L'ON CROIT

En pratiquant la technique de la lettre d'amour et en explorant vos sentiments, vous découvrirez qu'en général vous êtes toujours bouleversé par autre chose que ce que vous pensiez. En explorant et en ressentant les raisons plus profondes de notre désagrément, la négativité disparaît peu à peu. Et tout comme nous pouvons être soudainement envahis par des émotions négatives, nous pouvons tout aussi soudainement nous en libérer. Voici quelques exemples.

1 – Un bon matin, en se réveillant, Jim se sentit insupportablement agacé par sa femme. Tout ce qu'elle pouvait faire le dérangeait. En lui écrivant une lettre d'amour, il découvrit qu'il était en réalité fâché contre sa mère, qui l'avait trop dominé. Aussitôt, il écrivit une courte lettre à celle-ci, en se reportant à l'époque des agissements qu'il lui reprochait. Dès qu'il eut terminé sa lettre, il s'aperçut que son animosité envers sa femme s'était envolée.

2 – Quelques mois après être tombée amoureuse de son futur mari, Lisa se surprit tout à coup à le critiquer sans cesse. En rédigeant une lettre d'amour à son intention, elle se rendit compte qu'en réalité elle redoutait de ne pas être assez « bien » pour lui, et qu'il se lasse d'elle. Prendre conscience de cette peur profonde lui permit de retrouver toute sa passion pour son mari.

3 – Au lendemain d'une merveilleuse soirée en tête à

tête, Bill et Jane se disputèrent amèrement. Tout commença – banalement – quand Jane se fâcha parce que Bill avait oublié de faire une chose. Mais, au lieu de se montrer aussi compréhensif que d'habitude, Bill se mit tout de suite à penser au divorce. Un peu plus tard, alors qu'il écrivait une lettre d'amour à Jane, il comprit qu'il redoutait surtout d'être seul et abandonné, car cette dispute avait réveillé en lui le souvenir de celles de ses parents et de l'angoisse qu'elles suscitaient en lui quand il était enfant. Il écrivit alors une lettre à ses parents, et se sentit aussitôt soulagé et de nouveau épris de sa femme comme au premier jour.

4 – Tom suait sang et eau pour rendre un projet en temps voulu. Quand il rentra chez lui, il trouva sa femme, Susan, très fâchée et pleine d'amertume à son égard. Même si elle comprenait la situation, elle ne supportait plus que Tom la délaisse ainsi. En lui écrivant une lettre d'amour, elle réalisa qu'elle reportait sur lui la rancœur qu'elle vouait à son père pour l'avoir jadis abandonnée à une mère abusive. Les sentiments d'impuissance et de solitude vécus dans son enfance venaient de resurgir pour être guéris. Susan écrivit aussi à son père et redevint elle-même.

5 – Rachel était folle de Philippe. Mais quand il lui déclara son amour et lui proposa de s'installer chez lui, le doute l'envahit et sa passion parut s'éteindre. En s'appliquant à lui écrire une lettre d'amour, elle s'aperçut qu'elle était en réalité fâchée contre son père, qui n'avait pas su rendre sa mère heureuse. Dès qu'elle lui eut écrit une lettre, elle se sentit libérée du poids du passé, et redevint aussi amoureuse de Philippe qu'auparavant.

Écrire des lettres d'amour ne fait pas toujours immédiatement resurgir les fantômes du passé, mais, en libérant votre esprit de son négativisme et en vous aidant à explorer plus profondément vos émotions, vous comprendrez peu à peu combien, aux causes immédiates de votre trouble, s'ajoutent souvent des souvenirs enfouis.

LES RÉACTIONS À RETARDEMENT

Les problèmes non résolus de votre passé peuvent resurgir quand vous tombez amoureux, mais aussi dès que vous êtes satisfait. Je me rappelle très bien la première fois que cela m'est arrivé, voici bien longtemps. J'avais envie de faire l'amour, mais ma partenaire n'était pas d'humeur à cela. Tant pis. Le lendemain, je lui ai de nouveau fait des avances, en vain. Et ce scénario s'est répété pendant deux semaines. J'avoue que je commençais à en avoir assez. Et comme, en ce temps-là, je ne savais pas encore exprimer mes sentiments de manière constructive, j'ai feint de trouver la situation normale. Je refoulais énergiquement mes émotions véritables et m'efforçais de continuer à me montrer aimant... si bien que j'accumulai des tonnes de ressentiment. Je ne savais plus que faire pour reconquérir mon amie. Je me rappelle même lui avoir offert une ravissante chemise de nuit, dans l'espoir avoué de lui rendre le goût de la bagatelle. Mon cadeau parut lui plaire, mais quand je lui suggérai de l'essayer, elle me dit qu'elle n'était pas dans l'état d'esprit adéquat... Cette fois encore, au lieu de lui parler, je fis taire mes interrogations et résolus d'oublier ma déconvenue en me plongeant à corps perdu dans mon travail.

Un soir, deux semaines plus tard, mon amie m'accueillit à mon retour du bureau vêtue de la fameuse chemise de nuit. Dîner aux chandelles, lumières tamisées, musique douce... l'ambiance était furieusement romantique. J'aurais pu bondir de joie mais, en fait, je fus submergé par un flot de rancœur. Je me disais : « C'est elle qui devrait maintenant souffrir pendant quatre semaines. » Tout le ressentiment accumulé depuis un mois venait de refaire surface d'un seul coup. Heureusement, ce soir-là, nous avons pu discuter et quand j'ai réalisé combien elle désirait me rendre heureux, je me suis aussitôt senti délivré de toute mon amertume.

Quand le ressentiment empoisonne soudain le couple

J'ai retrouvé ce modèle de comportement dans bien des situations. J'ai aussi observé ce phénomène dans ma pratique de consultant. Lorsque l'un des partenaires est prêt à effectuer les changements qui s'imposent, l'autre devient soudainement indifférent et incapable d'apprécier.

Dès que Bill se montrait disposé à offrir à Mary ce qu'elle avait toujours demandé, elle lui opposait une réaction qui semblait dire : « Oublie ça, il est trop tard ! » ou bien : « Et puis après ? »...

J'ai maintes fois conseillé des couples mariés depuis plus de vingt ans, dont les enfants étaient devenus adultes et avaient quitté la maison, et dont la femme demandait soudainement le divorce. Dans de tels cas, souvent l'homme se réveille brutalement et se met à vouloir changer ou à chercher de l'aide. Et, au moment où à coups de sacrifices inouïs il commence à apporter les modifications qui s'imposent et à tenter de lui donner l'amour qu'elle attend depuis vingt ans, elle l'accueille avec un froid ressentiment.

C'est comme si elle voulait qu'il souffre pendant vingt ans, comme elle. Mais heureusement ce n'est pas le cas. En poursuivant le dialogue sur leurs sentiments respectifs, l'homme découvre et réalise combien sa femme s'est sentie négligée, et elle se montre progressivement plus réceptive aux changements qu'il a effectués pour lui plaire. Le cas opposé peut aussi se présenter. L'homme veut divorcer et la femme accepte de changer, mais en fait il résiste à ce changement.

La crise des attentes accrues

Une autre forme de réaction à retardement se produit au niveau social. En sociologie, on appelle cela la crise des attentes accrues. C'est un phénomène qui se produisait beaucoup aux États-Unis dans les années 60, sous l'administration Johnson. Pour la première fois, les minorités se sont vu octroyer plus de droits qu'elles n'en avaient jamais eu auparavant. Il en résulta des explosions de colère, et beaucoup de violence. Toutes les frustrations raciales accumulées ont été soudainement relâchées.

C'est un autre exemple de sentiments refoulés qui refont surface. En se sentant reconnues et soutenues, les minorités ont donné libre cours à tout le ressentiment et à toute la colère qu'elles avaient accumulés. Les problèmes non résolus du passé resurgissent en quête de solutions. C'est à ce même phénomène que l'on assiste actuellement dans les pays où la population retrouve finalement la liberté dont elle a été très longtemps privée par des régimes autoritaires.

POURQUOI DES GENS SAINS ONT PARFOIS BESOIN D'ÊTRE CONSEILLÉS

Dans une relation de couple, l'amour grandit avec l'intimité, ce qui fait que les sentiments plus profonds et plus douloureux qui se présentent, comme la peur et la honte, peuvent avoir besoin d'être guéris. Et parce que en général nous ne savons pas comment traiter ces sentiments particulièrement douloureux, nous sommes dans l'impasse.

Pour parvenir à guérir ce genre d'émotions, il faut d'abord les communiquer, mais nous avons généralement trop peur, ou trop honte, d'admettre ce genre de sentiments. Et c'est là que nous pouvons devenir déprimés, anxieux, ennuyés, ou simplement épuisés, sans raison apparente. Ce sont là des indications que nos troubles passés ont refait surface et nous hantent, créant un blocage.

Dans une telle situation, vous aurez envie de vous éloigner de l'amour, ou de vous abandonner aux manies compulsives et nocives qui vous servent d'évasion. Mais c'est au contraire le moment de faire face à vos sentiments, et non de les fuir. Quand des sentiments très profonds surgissent, il serait même sage de recourir aux services d'un thérapeute.

Lorsque de telles émotions lointaines nous reviennent, nous projetons habituellement ces sentiments sur notre partenaire. Si nous étions incapables d'exprimer ces sentiments à nos parents ou à nos anciens partenaires, nous sommes incapables de les partager avec notre partenaire actuel. Dans ces conditions, peu importent la compréhension et le soutien que nous manifeste ce partenaire, nous ne nous sentons pas en sécurité en sa présence. C'est que nos sentiments sont bloqués.

Voici le paradoxe : parce que vous vous sentez en sécurité pour tout partager avec votre partenaire, vos appréhensions les plus profondes peuvent refaire surface. Mais lorsque ces peurs reviennent, vous vous sentez craintif et incapable de partager ce que vous ressentez. Cette peur peut même vous paralyser et, lorsque cela se produit, ces sentiments restent bloqués en remontant.

Voici le paradoxe : c'est parce que vous vous sentez en confiance avec votre partenaire que vos appréhensions les plus profondes peuvent remonter à la surface de votre conscience. Mais dès qu'elles reparaissent, l'angoisse vous envahit si bien que vous fermez votre cœur à votre partenaire.

Le recours à un conseiller ou à un thérapeute peut énormément aider dans ce cas. En présence de quelqu'un qui ne vous fait pas peur, vous pouvez analyser les sentiments qui remontent en vous. Mais en présence de votre partenaire, vous demeurez paralysé et incapable de fonctionner.

Voilà pourquoi même des personnes ayant vécu des relations affectives très heureuses ont parfois besoin de l'aide d'un thérapeute. Le partage en groupe de soutien peut aussi produire le même effet libérateur. La présence d'étrangers qui ne nous connaissent pas intimement mais qui nous accordent leur soutien peut permettre l'ouverture nécessaire au partage et à la libération de nos sentiments douloureux.

Lorsque nos émotions trop vives sont projetées sur notre partenaire, il est incapable de nous aider. Tout ce qu'il peut faire, c'est nous encourager à chercher ailleurs l'aide dont nous avons absolument besoin. La compréhension de l'influence de notre passé sur nos relations affectives libère notre esprit de manière que nous acceptions le flux et le reflux de nos émotions amoureuses. Elle nous permet de faire confiance à l'amour et à son pouvoir de guérison. Pour maintenir notre amour en vie, il nous faut être souples et nous adapter aux changements continuels des saisons de l'amour.

LES SAISONS DE L'AMOUR

Les relations de couple sont comme les plantes d'un jardin. Pour qu'elles s'épanouissent et fleurissent, il faut les arroser régulièrement. Il faut leur prodiguer des soins particuliers, en tenant compte des saisons et des aléas de la météo. Il faut semer de nouvelles graines et enlever les mauvaises herbes. De la même manière, pour maintenir la magie de l'amour, il faut comprendre les saisons qui l'influencent et lui donner les petits soins dont il a besoin pour s'épanouir.

Le printemps de l'amour

On dit que, quand on tombe amoureux, c'est comme l'arrivée du printemps. On a l'impression qu'on sera toujours heureux. On ne peut pas imaginer de ne plus aimer notre partenaire. C'est le temps de l'innocence. L'amour semble éternel. C'est un moment magique où tout paraît parfait et fonctionne sans difficulté. Notre partenaire nous semble l'être idéal. Nous valsons harmonieusement et nous nous félicitons de notre bonne fortune.

L'été de l'amour

Advient cette période estivale qui nous fait comprendre que notre partenaire n'est peut-être pas aussi parfait que nous l'avions imaginé, et que nous devons travailler pour maintenir une relation saine. Nous réalisons que non seulement notre partenaire subit l'influence d'une autre planète, mais qu'il est soumis à la fragilité de la nature humaine.

La frustration et la déception font leur apparition, les mauvaises herbes ont besoin d'être arrachées et les plantes réclament plus d'eau pour résister aux brûlures du soleil. Il est devenu moins facile de donner et de recevoir de l'amour. Nous découvrons que nous ne sommes pas toujours heureux, et que nous ne nous sentons pas toujours aimants. Notre image de l'amour a changé.

À ce point, bien des couples perdent leurs illusions. Les partenaires ne sont pas prêts à travailler à ce que leur relation tienne. Ils sont irréalistes au point de croire que le printemps devrait toujours durer. Ils blâment leur partenaire et abandonnent. Ils ne réalisent pas que l'amour n'est pas toujours facile, qu'il peut parfois requérir des efforts sérieux lorsque le soleil de nos difficultés se fait trop brûlant. Au cours de l'été de l'amour, nous devons prendre soin des besoins de notre partenaire tout en nous assurant de recevoir l'amour qu'il nous faut. Et tout cela ne se produit pas automatiquement.

L'automne de l'amour

Après avoir prodigué les meilleurs soins pendant l'été, c'est le moment de récolter les fruits de notre labeur. L'automne doré est arrivé. C'est une période riche et gratifiante. Notre amour a plus de maturité et nous savons mieux accepter et comprendre les imperfections de notre partenaire comme les nôtres. C'est le moment de l'action de grâces et du partage. Ayant travaillé dur tout l'été, nous pouvons nous reposer et apprécier l'amour que nous avons créé.

L'hiver de l'amour

Voilà que le temps change encore et qu'il se refroidit. Pendant de longs mois la nature dort. C'est le temps du repos, de la réflexion et du renouveau. Dans les relations de couple, c'est le moment de guérir nos problèmes non résolus. C'est le moment où le couvercle saute et où nos émotions refoulées remontent à la surface. C'est un moment de croissance solitaire, où il vaut mieux puiser davantage dans nos propres ressources amoureuses que compter sur celles de notre partenaire pour nous épanouir. C'est comme une cure. C'est le moment où l'homme hiberne au fond de sa caverne et où la femme descend au fond de son puits.

Après nous être aimés et guéris dans la pénombre de l'hiver, le printemps revient inévitablement et le cycle est complet. Une fois de plus, nous nous retrouvons animés par l'espoir, l'amour et l'abondance des possibilités. Et, selon la profondeur de notre examen de conscience et l'efficacité de notre cure hivernale, nous retrouvons la capacité d'ouvrir notre cœur et de laisser l'amour printanier nous envahir.

DES RELATIONS HARMONIEUSES

Après avoir étudié ce guide pour améliorer la communication et pour obtenir ce dont vous avez besoin, vous disposez de ce qu'il faut pour vivre des relations de couple harmonieuses. Vous avez toutes les raisons d'être optimiste, car vous êtes bien mieux équipé qu'auparavant pour faire face à toutes les saisons de l'amour.

J'ai été témoin du bouleversement de milliers de relations de couple, souvent même du jour au lendemain. Ils arrivaient le samedi matin pour suivre un de mes séminaires et le dimanche, à l'heure du déjeuner, ils étaient déjà retombés amoureux. En exploitant les connaissances que vous avez puisées dans ce livre et en vous rappelant que les hommes sont des Martiens et les femmes des Vénusiennes, vous pouvez obtenir les mêmes résultats.

Je vous rappelle cependant que l'amour est saisonnier. Au printemps, il est facile, en été il demande du travail, en automne il est généreux et il récompense, et en hiver il commande le renouveau par le vide. L'information qu'il vous faut pour traverser l'été et travailler sur vos relations de couple peut être facilement oubliée. Et l'amour d'automne s'oublie aisément aussi lorsque vient l'hiver.

Souvenez-vous qu'en plein été de l'amour, quand les choses sont difficiles et que vous n'obtenez pas tout l'amour que vous désirez de votre relation, vous pouvez subitement oublier tout ce que vous avez appris dans ce livre. Tout cela peut être oublié en un instant. Et vous pourrez vous mettre à blâmer votre partenaire et renoncer à chercher à combler ses besoins.

Lorsque le vide de l'hiver s'installe, vous pourrez être envahi par le désespoir, vous en viendrez peut-être à vous blâmer et à oublier comment pourvoir à vos propres besoins. Il vous arrivera de douter de vous-même et de votre partenaire, de devenir cynique, ou de vouloir tout lâcher. Cela fait partie du cycle naturel de l'amour. Rappelez-vous que l'heure la plus sombre est toujours celle qui précède juste l'aube.

Pour réussir nos relations de couple, nous devons accepter et comprendre les différentes saisons de l'amour. Parfois l'amour coule aisément et naturellement, d'autres fois il requiert un effort. À certains moments, notre cœur déborde, et à d'autres nous sommes vidés. Nous ne devons pas nous attendre que notre partenaire soit toujours aimant, ou qu'il se rappelle toujours comment être aimant. Nous devons aussi nous offrir le cadeau de la compréhension, ne pas exiger de toujours nous souvenir de tout ce que nous avons appris sur les façons de dispenser notre amour.

Rappelez-vous que le processus de l'apprentissage comporte non seulement la connaissance et l'application des données ou des règles, mais parfois aussi l'oubli et le réapprentissage. Tout au long de ce livre, vous avez découvert des choses que vos parents ne pouvaient pas vous enseigner parce qu'ils ne les connaissaient pas. Mais maintenant que vous les connaissez, soyez réaliste. Accordez-vous la permission de faire des erreurs. C'est que plusieurs des savoirs que vous venez d'acquérir seront oubliés pendant un certain temps.

Un principe d'éducation veut que pour apprendre quelque chose il faille l'avoir entendu deux cents fois. Il serait donc irréaliste d'exiger de vous-même, ou de votre partenaire, de vous souvenir de toutes les nouvelles notions que avez apprises dans ce livre. Il faut être patient et croire en l'efficacité de la méthode du pas à pas. Il faut du temps pour assimiler ces idées et les appliquer dans votre vie.

Non seulement il faut entendre une chose deux cents fois pour la retenir, mais il peut aussi être nécessaire de désapprendre ce que nous savions pour intégrer cette nouvelle donnée dans notre quotidien. Nous ne sommes pas des enfants innocents essayant d'apprendre à vivre des relations harmonieuses. Nous avons déjà été programmés par nos parents, par la culture dans laquelle nous avons grandi, et par nos propres expériences douloureuses. L'intégration de cette nouvelle philosophie des relations harmonieuses représente un défi de taille pour la plupart d'entre nous. Sachez que vous êtes parmi les pionniers, que vous vous aventurez sur un territoire pratiquement vierge. Attendez-vous à vous égarer de temps en temps. Attendez-vous que votre partenaire s'égare aussi. Utilisez ce guide comme une carte pour vous orienter à travers les embûches de ce terrain inconnu, jour après jour.

La prochaine fois que vous trouverez votre partenaire trop frustrant, rappelez-vous que les hommes viennent de Mars et les femmes, de Vénus. Même si vous ne reteniez qu'une seule chose dans ce livre, vous rappeler que les hommes et les femmes sont supposés être différents vous aidera à mieux aimer, et à mieux être aimé. Souvenez-vous qu'en cessant de juger et de blâmer, et en persistant à demander pour obtenir ce dont on a besoin, on peut créer les relations affectives qu'on requiert, qu'on désire et qu'on mérite.

Tous les espoirs vous sont permis. Je vous souhaite de vous épanouir en amour à la lumière de ces nouvelles connaissances. Et je vous remercie de m'avoir permis d'instaurer une différence dans votre vie.

Remerciements

Merci à ma femme, Bonnie, d'avoir parcouru avec moi le chemin menant à ce livre et de m'avoir permis de partager notre expérience personnelle avec nos lecteurs. Je la remercie tout particulièrement de m'avoir aidé à comprendre et à exposer le plus justement possible le point de vue féminin.

Je remercie nos trois filles, Shannon, Julie et Lauren, pour leur amour sans faille et leur soutien. Le défi que représenta pour moi le fait de devenir à mon tour père m'a permis de mieux comprendre les efforts de mes propres parents et me les a fait aimer encore davantage. Et, surtout, mon rôle de père m'a particulièrement aidé à comprendre et à aimer mon propre père.

Je remercie mon père et ma mère de l'immense tendresse avec laquelle ils ont éduqué leurs sept enfants. Je remercie mon frère aîné, David, des efforts qu'il a déployés pour comprendre et apprécier mes idées. Je remercie mon frère William de m'avoir encouragé à aller toujours plus loin. Je remercie mon frère Robert pour toutes les conversations que nous avons eues jusqu'au petit matin, et pour les brillantes idées qu'il saura toujours m'inspirer. Je remercie mon frère Tom pour ses encouragements et son esprit positif. Je remercie ma sœur Virginia, qui a cru en moi et su apprécier mes séminaires. Je remercie mon jeune frère défunt, Jimmy, pour son amour et son admiration qui continuent à me soutenir dans les moments difficiles.

Je remercie mon agent, Patti Breitman, dont l'esprit créatif et l'enthousiasme ont permis la réalisation de ce livre, de sa conception à son impression. Je remercie Carole

Bidnick de son soutien inspiré au début de ce projet. Je remercie Susan Moldow et Nancy Peske pour leurs critiques et leurs conseils d'expertes. Je remercie le personnel de Harper Collins pour son aide efficace.

Je remercie les milliers de gens qui ont participé à mes séminaires sur les relations de couple, qui ont partagé leurs expériences avec moi et qui m'ont encouragé à écrire ce livre. Leur concours dévoué m'a permis de développer et de mettre au point cet exposé simple d'un sujet aussi complexe.

Je remercie les patients qui m'ont admis dans l'intimité de leurs conflits conjugaux et qui ont eu confiance en ma capacité de les guider vers une solution positive.

Je remercie Steve Martineau pour sa grande sagesse et son influence qui se retrouvent tout au long de ce livre.

Je remercie les organisateurs qui se sont dévoués corps et âme à la réalisation des Séminaires de relations de couple John Gray, au cours desquels les idées développées dans ce livre ont été testées et mises à l'épreuve : Elley et Ian Coren à Santa Cruz, Debra Mudd, Gary et Helen Francell à Honolulu, Bill et Judy Elbring à San Francisco, David Obstfeld et Fred Kliner à Washington, Elizabeth Kling à Baltimore, Clark et Dottie Bartell à Seattle, Michael Najarian à Phoenix, Gloria Manchester à Los Angeles, Sandee Mac à Houston, Earlene Carrillo à Las Vegas, David Farlow à San Diego, Bart et Merril Jacobs à Dallas, ainsi que Ove Johhansson et Ewa Martensson à Stockholm.

Je remercie Richard Cohen et Cindy Black, des éditions Beyond Words, pour leur soutien sincère et généreux envers mon précédent livre, *Men, Women and Relationships* (Les hommes, les femmes et leurs relations), qui a donné naissance aux idées de cet ouvrage.

Je remercie John Vestman, des Studios Trianon, qui a assuré avec un grand professionnalisme l'enregistrement de mes séminaires, ainsi que Dave Morton et le personnel de Cassette Express pour leur travail de grande qualité sur ces bandes.

Je remercie les membres de mon groupe de soutien masculin d'avoir partagé leurs secrets avec moi, et plus particulièrement Lenney Eiger, Charles Wood, Jacques Early, David Placek et Chris Johns, pour leur précieuse contribution à l'élaboration de ce manuscrit.

Je remercie ma secrétaire, Ariana, pour le sérieux et l'efficacité avec lesquels elle a pris en charge le bureau pendant la réalisation de ce projet.

Je remercie mon avocat (et le grand-père adoptif de mes enfants), Jerry Riefold, d'avoir toujours été là.

Je remercie Clifford McGuire de sa constante et fidèle amitié depuis vingt ans. Jamais je n'aurais pu trouver meilleur conseiller et ami.

Les ateliers Mars-Vénus

Il existe des ateliers de formation qui permettent d'approfondir toutes les notions expliquées dans cet ouvrage ainsi que dans les autres ouvrages de John Gray.

Ces ateliers sont des moments privilégiés qui nous aident à mieux comprendre et à intégrer tout ce qui est dit.

Ce qu'en dit John Gray :
« Ces extraordinaires ateliers vous donneront l'occasion d'améliorer de manière permanente vos relations et votre vie. »

Ce que les participants pensent des ateliers :
« Cet atelier nous permet de grandir, de mieux vivre notre vie quotidienne à travers de meilleures relations. Un grand merci pour cet enseignement précieux. »

Joëlle

« Cet atelier m'a fait évoluer dans la compréhension du langage de l'autre. Moins théorique que le livre, il permet de mettre en pratique des éléments qui n'étaient que compris. »

Marc

« Très intéressant, voire passionnant de par le sujet mais aussi de par la qualité de l'animateur. »

Éric

« J'ai pris conscience que mon mari ne fonctionnait pas comme moi. Je serai donc beaucoup plus indulgente pour certaines choses que je ne comprenais pas et qui m'énervaient. J'ai appris plein de petits trucs qui vont me faciliter le quotidien. »

Martine

Pour connaître les dates et lieux de ces ateliers qui ont lieu en France, en Belgique et en Suisse, téléphonez au numéro suivant :

00 32 475 45 76 65.
En France : 04 42 59 32 76

Ou bien écrivez à l'adresse suivante :

ILYO
À l'attention de M. Paul Dewandre
avenue Coghen, 278
B-1180 Bruxelles.

Vous pouvez aussi consulter le site internet
www.marsvenus.fr